KB020022

동화로 여는 국어 수업, 동화로 크는 아이들

동화로 여는 국어 수업, 동화로 크는 아이들

사이사이의 힘

●●● 프롤로그 ●●●

내 가슴을 몹시 뛰게 하는 일

어제와 별반 다르지 않은 오늘이었다. 정원이가 "우리도 해요."라고 말하기 전까진.

『별 볼 일 없는 4학년』에서 피터네 반 아이들이 주제를 정해 연구 활동을 하는 부분을 읽어 주는데 갑자기 정원이가 "그거 재미있겠다. 한번 해봐요."라고 했고 다른 아이들도 "좋아요." 했다. 그때부터 아이들은 한 시간 내내 웅성거리며 헤쳐 모이기를 반복했다. 분주함 속에 온갖 질문이 쏟아지고 나서 마침내 공부 모임이 정해졌다.

생각이 많아 할 말도 많은 이찬이가 지구의 4대 위기는 '빙하시대, 운석과 충돌, 지구온난화, 우주 전쟁'인데 이 중에서 우주 전쟁이 가장 큰 위기라서 'UFO와 외계인 생명체'를 연구해 보겠다고 했다. 정원이랑 만재는 재혁이와 힘을 합쳐 '미래 과학'에 대하여 조사하려고 엄마의 허락을 받아 국립과천과학관에 가서 자료를 찾겠다고 했다.

"우와! 그렇게 열심히 한다고?"

믿기지 않았지만 열심히 해 보라고 했다. 자칭 칠공주들은 '세계 여러 나라의 전통 의상'을 알아보겠단다. 도서관에서 책을 빌려 조사하고 종이접기로 옷 만들기를 할 거란다. 역시 여자아이들이다. 할 수 있는 것을 찾아서 잘한다. 마지막까지 아무것도 안 하고 있던 '사차원 친구' 네 명은 만화책을 만들겠다고 했다. 암튼 시작은 무척 창대하고 열광적이다.

"두 시에 놀이터에서 만나."

"일단 어린이 도서관 3층에서 검색하고 2층에서 책 찾아보자."

"만화책 가져와."

내일은 동네 아파트 마당과 어린이 도서관이 요란하겠다. 계획한 대로 안 될 수도 있고 삐치거나 싸우기도 하겠지만 그게 뭐 어떤가! 그러는 사이 멋진 우정의 경험을 쌓을 수 있다면 그대로 좋지 아니한가!

"가슴이 막 뛰어요. 내일이 빨리 왔으면 좋겠어요."

수업을 마치고 학원으로 가야 하는 아이들이 이렇게 멋진 말을 했다. 순간 신종플루보다 더 강력한 뭔가가 우리 사이에 확 퍼져 나가는 걸 느꼈다. 동화를 읽고 동화와 함께 자라는 아이들을 보는 순간, 내 가슴도 몹시 뛰기 시작했다. 내일도 우리는 동화를 읽고 동화와 함께 놀 것이다.

날마다 똑같던 우리 교실이 동화를 읽는 순간 신기하고 놀라운 마법으로 채워졌다. 이 책에 실린 글은 지난 2003년부터 지금까지 아이들과 함께 동화를 읽었던 이야기다. 무엇보다 동화를 읽을 때마다 나와 아이들에게 찾아와 함께 울고 웃어 준 동화 속 멋진 인물들을 만나는 즐거움에 대한 기록이다. 동화와 함께 자라는 아이들의 모습을 그대로 담았다. 모두 4장로 나누어져 있고 각 장 마지막에 참고 자료를 소개하였다.

1장은 1, 2학년 아이들과 함께한 책 읽기이다. 저학년에서는 주로 작품이 주는 재미와 감동을 스스럼없이 드러내기를 하였다. 재미난 대목 찾아 몸으로 나타내기를 하며 줄거리를 파악했다. 책 징검다리 놀이와 책 속에 숨은 글자 벌레 찾기를 하며 글자에 대한 두려움을 없애고 어휘력도 키웠다. 등장인물이 되어 보니 인물의 성격을 알 수 있었고, 이불 덮고 책 읽기는 상상했던 것보다 더 따뜻하고 정겨웠다. 그 과정에서 우리는 책 읽기가 즐거운 놀이라는 것을 온몸으로 느끼게 되었다.

2장은 3, 4학년과 함께한 동화 읽기다. 짝 활동과 모둠 활동을 하며 혼자 읽기가 아닌 '함께 읽기'를 경험하였다. 책을 읽은 뒤에는 북 아트를 이용하여 무대와 작은 책 만들기를 하며 사건이 전개되는 이야기의 공간을 구체적으로 살펴볼 수 있었고, 상황극 표현과 뒷이야기 쓰기를 통해 인물에 대한 공동 탐구를 이어갔다. 또 한 가지, '책 읽는 어머니'들이 모여 '학교 도서관'과 지역의 '어린이 도서관'을 잇는 통로를 마련하고 내 아이가 아닌 우리 아이들의 삶과 교육을 함께 고민하고 실천한 사례를 실었다.

3장은 5, 6학년 중심의 독서 활동이다. 주로 친구 관계나 왕따 문제, 게임과 컴퓨터, 분단과 통일 그리고 우리 신화 등 아이들의 삶을 둘러싼 제반 문제를 문학 작품을 통해 알아보고 생각을 키워 나갔다. '도서관에서 일주일'은 문학과 아이들이 만나 일으킨 화학적 변화를 꼼꼼하게 기록한 이야기로 배움에 대한 아이들의 성찰이 담겨 있다.

4장은 지난 2010년 3월부터 한 해 동안 어린이문학 토론 동아리인 '책 먹는 두더지' 활동에 대해 소개하였다. 단편 동화를 읽고 토론한 뒤에 소박한 비평 활동을 하였다. '함께 읽기'에서 좀 더 나아가 '자율적인 독자 되기'를 실천한 이야기들이다. 이 과정에서 아이들은 다른 사람들의 생각과 의견을 받아들이고 자신의 문제를 솔직하게 드러내며 책 읽는 즐거움을 찾아가는 자립하는 독자의 모습을 보여 준다.

부족한 책을 내면서 감사드리고 싶은 분들과 도움을 받은 이들이 참 많다. 무엇보다 동화를 읽어 줄 때마다 기대를 갖고 즐거워해 준 아이들과 평택 오성초등학교와 군포 곡란초등학교에서 함께 동화를 읽었던 어머니들이 생각난다. 어린이문학과 문학교육의 화두를 던져 주고 이끌어 주신 김상욱 선생님, 문학과 배움에 대한 환대를 가르쳐 주신 김환희, 서경구, 조은숙 선생님, 그리고 아동문학의 가치와 올바른 연구 자세를 일깨워 주신 원종찬, 김제곤 선생님께 감사드린다. 아동문학을 공부하며 좋은 벗들을 많이 만났다. 오랜 벗 현진이와 권호 샘, 닮고 싶은 강승숙 선생님, 그리고 매 주 머리를 맞대고 동화를 읽으며 국어 수업을 고민하던 전국초등국어교과 군포 · 의왕 모임 '오늘이' 선생님들, 춘천교대 아동문학교육학과와 인하대 한국학과 동학들에게도 감사를 드린다. 그들과 대화하며 초등교사로 아동문학 연구자로 고민의 실타래를 풀고 방법을 찾아갈 수 있었다. '교단일기'를 실어 준 월간 「어린이와 문학」과 「창비어린이」, 국어 수업을 연재했던 「우리교육」, 삶을 가꾸는 글쓰기를 배울 수 있었던 '함께 만드는 참교육 마당' 여러 선생님들이 있었기에 이 책이 세상으로 나갈 수 있었다. 마지막으로 가족들에게 감사하다. 어릴 적부터 많은 이야기를 들려주시고 교사의 꿈을 갖게 하신 부모님, 늦은 나이의 공부를 응원해 주신 시부모님, 나를 동화의 세계로 이끌어 준 나라와 용수. 그리고 한결같은 믿음과 균형 잡힌 사고로 문제의 핵심을 일깨워 준 남편에게 고마움과 사랑의 마음을 전한다.

2013년 12월

최은경

● 이 책에 등장하는 아이들 이름은 개인 정보를 보호하기 위해 바꾸었습니다.

차례

3. 공감과 나눔의 동화 읽기

4. 문학 토론과 동화 비평

1

놀이처럼 신나는 동화 읽기

『여우누이』 © 김성민 글 그림, 사계절

이야기는 살아있다

『여우누이』

아침부터 비가 왔다. 창문을 활짝 열고 눈을 감고 빗소리를 들었다.

"들려요, 두두둑거리며 내려요."

"솨아, 솨아, 폭폭 그래요."

"비가 오니까 기분이 어때요?"

"무서운 이야기 듣고 싶어요. 이야기 해 주세요."

교실 앞에 둘러앉은 우리는 불을 끄고 가운데 전등만 밝혔다.

"이야기야 나와라!"

옛날 옛날에 어떤 부잣집이 있었는데 아들 셋을 두었지만 딸은 하나도 없었어. 그래서 늘 딸 낳는 게 소원이었지. 날마다 서낭에 가서 '여우같은 딸이라도 하나 낳게 해 주세요' 하고 빌었거든.

여기까지 입말로 들려주고 그림책 『여우누이』(김성민 글 그림, 사계절)를 속지부터 첫 장면과 둘째 장면까지 같이 보았다.

"서낭은 아주 큰 나무예요. 옛날 어른들은 나무나 바위에도 모두 생명이 있고 오래되면 큰 힘이 있다고 믿었대요. 그래서 이렇게 빌고 또 빌었어요."

"어, 하얀 게 여우예요?"

"그러네. 삐죽한 건 꼬리 같아요."

"그림에 여우가 다 들었어요? 아, 그러니까 제목이 여우누인가 봐요."

아이들은 작은 그림 하나도 놓치지 않고 자세히 보며 생각을 말했다.

소원대로 예쁜 딸을 낳았는데 어찌나 예쁜지 딸만 좋아하고 아들 같은 건 없어져도 좋다고 했대.

"아니에요. 우리 할머니는 내 동생이 남자라고 더 예뻐해요."

"아닌데, 우리 엄마는 내 동생보다 날 더 좋아하는데……."

"선생님, 원효네 집도 남자만 세 명인데요, 원효 엄마도 기도하면 딸 낳을 수 있어요?"

"어, 글쎄. 원효야, 엄마가 딸 낳고 싶어 하셔?"

"아니요, 몰라요. 그런데 아들만 있어서 힘들대요."

한밤중이 되자 안방 문이 스르르 열리더니, 누이동생이 나와 손에 참기름을 바르고 간장 종지를 들고서 외양간으로 가지 뭐야. 그러더니 말 똥구멍에 손을 쑤욱 넣어 간을 꺼내.

"으악, 무서워!"

"누이동생이 진짜 여우잖아."

"소도 놀라고 말도 놀랐어요. 보세요. 눈이 둥그래졌어요."

판화 그림이 섬뜩하게 느껴졌다. 아이들 눈도 더 커졌다.

다음 날 셋째는 아버지한테 간밤에 본 일을 그대로 말했어. 아버지가 되레 화를 버럭 내면서 내쫓아 버렸지.

"아버지 너무해요. 셋째는 억울하겠다."

"여러분도 억울했던 일 있었어요?"

"예. 동생이 색종이를 입에 넣었어요. 그래서 내가 손으로 빼내려고 했는데 엄마가 보고는 소리를 막 지르고 때렸어요."

"엄마가 받아쓰기 못했다고 고아원에 보낸댔어요. 다른 딸하고 바꿔 온대요."

"밤에 수학 공부하는데 아빠가 머리를 막 때리면서 이런 것도 못하냐고, 당장 나가라고 했어요. 깜깜한 복도에 서 있었어요."

"그래서 어떻게 했어요?"

"막 울고 있으니까 누나가 와서 문 열어 줬어요. 그래서요, 누나하고 나하고 울면서 할머니한테 전화했어요. 그랬더니 할머니가 아빠 때려 주신다고 했어요."

"우와, 아빠보다 할머니가 힘이 더 세구나."

그런데 살다 보니 자꾸 집 생각이 나잖아. 그래서 한번 가 보겠다고 하니까 색시가 말려, 가지 말라고. 그래도 꼭 가 봐야겠다니까 하얀 병, 파란 병, 빨간 병을 주었어.

"앗싸, 이제 셋째가 여우 이긴다."

"어떻게 알아?"

"병 세 개를 받았잖아요."

"아, 그렇구나! 그런데 병 세 개는 어디서 왔을까?"

"그건 용궁에서 왔어요. 거북이가 원래 용왕의 아들이니까 뭐든지 나오는 함을 준 거잖아요."

"아니야, 색시가 마법사야. 그러니까 마법을 써서 병을 준 거야."

"그렇구나. 색시가 참 대단하네."

집에 돌아온 셋째가 여우누이한테 쫓기는 장면에서 "아이고 분해, 아이고 분해."를 읽었더니 아이들이 "말 한 끼, 사람 한 끼, 두 끼 거리 도망가네!" 하고 말을 받았다.

마지막 불바다 장면에선 남자아이 몇이 일어서서 자기가 여우누이인 것처럼 "앗 뜨거, 앗 뜨거!" 하며 너스레를 떨었다.

그렇게 해서 셋째는 여우누이를 물리치고 색시하고 오래오래 살았대. 어제 그제까지 저 수리산 자락에 있었대나 뭐래나…….

"휴, 다 읽었다. 저요, 책 볼 때 숨도 참았어요."

"화장실 가도 돼요?"

"선생님 그 책 빌려 봐도 돼요?"

"무서운 이야기 또 해 주세요.

"그런데 어, 저, 그 이야기 알아요. 할머니가 옛날에 비슷한 이야기 해 줬어요."

아이들은 한동안 참았던 말을 쏟아 낸다.

"여우누이는 왜 사람이 되려고 했을까요?"

"간 먹으려구요. 사람으로 변신해서 후루룩 잡아먹어요."

급식 시간에 제일 열심인 희원이가 큰 소리로 이야기를 했다.

"아니야, 사람이 되고 싶어서야."

"왜 그렇게 생각했어?"

"사람이 돼서 엄마, 아빠 사랑 받으려고요."

"그런데 간을 다섯 개만 먹으면 되는데 셋째를 못 잡아먹어서 사람이 안 됐어요."

"아! 그래서 나중에 셋째가 와 보니까 집에 아무도 없었구나."

민준이 말에 수현이가 고개를 끄덕거린다.

"선생님, 여우누이가 진짜 사람이 되었으면 좋겠어요."

"왜?"

"진짜 사람이 되면 말이랑 소도 안 죽잖아요."

집에서 햄스터를 키우는 하람이가 이야기를 했다.

"셋째는 어떤 사람인가요? 느낀 대로 말해 보세요."

"셋째는 용감하고 마음씨가 착해요."

"거북이를 구해 줬잖아요. 자기 돈도 다 쓰면서."

"또 거북이 말도 알아듣잖아요. 그래서 착한 사람이에요."

"아! 그렇구나. 옛이야기 속에 사는 여우는 사람 말을 알아들어 사람으로 태어났고, 셋째처럼 착한 사람은 거북이와 마음이 통해서 여우누이를 물리칠 수 있었구나!"

아이들과 이야기를 나누다 보니 그림책 『여우누이』가 다시 보였다. 꾀를 써서 도망 나온 셋째와 사람이 되고 싶었던 여우누이. 목숨을 구해 준 셋째에게 뭐든지 나오는 함을 준 거북이와 총명한 색시까지. 이런 인물들이 있어 옛이야기는 두고두고 아이들의 마음을 사로잡아 무섭지만 통쾌한 맛을 즐기도록 하나 보다.

좋아하는 장면을 골라 '이야기 몸으로 드러내기'를 했다. 거북이를 표현했던 하은이는 "친구들이 나를 찰 때 진짜 거북이가 된 것처럼 무서웠다."고 했다. 아이들이 제일 신나했던 장면은 여우누이가 불바다에 빠져 괴로워하는 것이다. 종이에 불꽃을 그려 여우누이를 역할을 한 찬이에게 던졌더니 찬이는 "으아악, 깨갱 깨갱, 여우누이 살려!" 하고 허우적거렸다. 이런 찬이 모습은 정말 실감났다. 아이들은 "여우누이가 죽으니까 가슴이 후련해요. 이젠 안 나타날 거니까요." 했다.

아이들이 만든 여우누이

1. 딸만 좋아해

2. 참기름 바르는 누이동생

3. 거북이를 구해 줘요

4. 색시가 준 병 세 개

5. 끈으로 묶어요

6. 하얀 병을 던지고

7. 파란 병도 던지고

8. 빨간 병을 던져요

『여우누이』를 읽고 난 며칠 뒤. 물감으로 여러 가지 색을 만드는 공부를 하는데 민준이가 실수로 소연이 물통을 넘어뜨렸다. 쏟아진 물에 가방이 젖어 버린 소연이가 울기 시작했다. 마른 수건으로 소연이 가방을 닦는데 물걸레로 바닥을 닦던 수현이가 말했다.

"민준이가 파란 병 깨트렸네."

아이들이 "어 정말. 교실이 물바다가 되었어." 하고 맞장구를 쳤다. 울고 있던 소연이가 눈물을 닦고 물통을 들고서 "아니야, 하얀 병이 깨졌어."라며 씩 웃었다.

아이들끼리 다툼이 될 뻔한 일이 『여우누이』 이야기로 웃음바다가 되었다. 옛이야기는 살아 있다.

●●● 『여우누이』 © 김성민 글 그림, 사계절

『학교에 간 사자』

© 필리파 피어스 글, 햇살과나무꾼 옮김, 논장

내 친구 자사예요

『학교에 간 사자』

"선생님, 짝이 괴롭혀요. 짝꿍 바꿔 주세요."

"자꾸 밀고 책상에 금 넘었다고 팔도 꼬집어요."

경은이는 짝꿍이 싫다고 매일 징징거렸다. 경은이는 한 살 일찍 입학해서 반 아이들보다 키도 작고 아기 말투를 쓴다. 짝꿍인 석이는 덩치가 크고 태권도도 잘하고 그림도 무척 잘 그린다. 경은이는 급식도 늦게 먹고 알림장도 천천히 써서 혼자 갈 때가 많다. 1교시 마치고 쉬는 시간 석이가 경은이 다리를 걸어 넘어지게 했다. 화가 나서 석이를 불러 타일렀더니 주먹을 꽉 쥐고는 울고 있는 경은이를 노려보기만 했다. 두 아이를 진정시키고서 『학교에 간 사자』(필리파 피어스 글, 햇살과나무꾼 옮김, 논장)를 같이 읽었다.

옛날 옛적에 학교 가기 싫어하는 작은 여자 아이가 있었어요.

"선생님, 옛날이야기인가요? 옛날에도 학교가 있었어요?"

"나도 학교 가기 싫은데, 3반에 동균이가 자꾸 유만만두라고 놀려서 정말 학교에 오기 싫어요."

"나도 로보컴 하는데 형아가 눈 찔러서 오기 싫어요."
"받아쓰기 못 맞았다고 놀려서 학교 오기 싫어요."
아이들의 이야기가 쏟아져 나왔다.

어느 날 아침, 작은 여자아이는 종종 걸음으로 학교에 가고 있었어요. 그런데 모퉁이를 돌아서자, 웬 사자가 길을 딱 막고 서 있지 않겠어요?

"와! 사자다. 어디서 왔어요?"
"당연 아프리카에서 왔지."
동물 백과사전을 끼고 사는 예성이가 사자는 남아프리카 공화국에서 왔다고 말해 주었다.
"아니야, 동물원에서 왔어. 아빠랑 어린이대공원에 갔을 때 사자 있었어."
하람이가 큰 소리를 치자, 소연이가 묻는다.
"선생님, 작은 여자아이가 학교 가서 놀림 받으니까 개 엄마가 사자한테 도와달라고 부탁했어요. 그래서 사자가 딱 나타난 거죠?"
"아니야, 사자는 그 애가 그림으로 그렸는데 마술사가 도와줘서 진짜가 된 거야."
마술사가 꿈인 규민이가 이야기했다.
"그래요. 자 앞으로 어떤 이야기가 벌어지나 들어 보세요."

사자는 학교로 부지런히 달렸어요. 그런데도 그만 지각을 했답니다. 작은 여자아이와 사자는 선생님이 출석을 부를 때야 교실에 들어갔어요.

"와, 사자랑 학교 오면 좋겠다. 나는요, 실내화 두 개 가져 와서 하나는 사자, 하나는 내가 신을 거예요."
"나는 사자를 큰 신주머니에 넣어서 숨겨 둘 거야. 아무도 모르게."

"밖에 묶어 두고 시원한 바람 불면 운동장에 가서 같이 놀 거야."

"사자한테 날 놀리는 사람 잡아먹으라고 할 거야."

"나는 팔을 물라고 해야지."

아이들은 마치 자기가 사자를 데려온 것처럼 신이 나서 이야기를 했다.

덩치 큰 잭 톨은 허겁지겁 돌아서서 달리고, 달리고, 또 달렸어요. 집에 가서 엄마 품에 안길 때까지 한 번도 쉬지 않고 말이에요. 작은 여자 아이가 사자 뒤에서 슬그머니 나오면서 말했어요.

"쳇, 별 볼 일 없잖아. 내가 다시는 저 녀석을 무서워하나 봐라."

"와! 하하하. 재미있다."

"잭 톨 진짜 무서웠겠다."

"베티 스몰은 이제 용감한 아이가 되었어요."

"선생님, 저도 자사 데리고 와서 내 이름 가지고 놀리는 아이들 혼내 줄 거예요."

"자사를 어떻게 데려와? 못 데려와."

"왜 못 해? 동물원에 가서 사자한테 인사하고 부탁하면 되지."

"뭐라고 부탁 할 건데?"

"어, 우리 같이 가자, 루티팡도 시켜 준다고 하면 올걸."

"와! 정원이 대단하다. 사자랑 이야기도 하고. 그런데 루티팡 좋아할까?"

"그럼요. 몬스터랑 대결하면 사자가 이겨요."

"사자가 아니라 자사야."

"그래도 사자는 학교 못 와. 햄스터나 사슴벌레는 몰라도."

"친구면 같이 학교 다닐 수 있거든."

"아니거든. 진짜로는 사자 못 오거든."

"사자는 몰라도 자사는 우리 교실에 올 수 있지. 그치?"

"선생님, 사자는 우리 교실에 못 오지요?"

"글쎄. 이야기가 어떻게 되나 끝까지 읽어 보자."

사내아이가 물었어요.

"네 친구는 어디 있어? 그 목소리 큰 애 말이야."

작은 여자아이가 말했어요.

"오늘은 안 왔어."

그러자 사내아이가 다시 물었어요.

"그럼 다른 날에는 올까?"

작은 여자아이는 자신 있게 말했어요.

"그럴 거야. 틀림없이 올걸. 그러니까 너 조심해. 잭 톨."

"끝. 이야기는 여기까지입니다. 재미있었나요?"

"사자 등에 타고 학교 가는 게 재미있었어요. 나도 타고 싶어요."

"사자가 그 키 큰 애 혼내 주는 거요."

"나는 작은 여자 애가 사자한테 크레용 쥐고 글씨 가르쳐 주는 게 재미있어요."

"사자가 급식 먹는 거랑 잭 톨이 도망가는 게 신나요."

아이들이 말한 재미난 대목을 칠판에 쓰고 '몸으로 드러내기'를 했다.

몸으로 드러내기

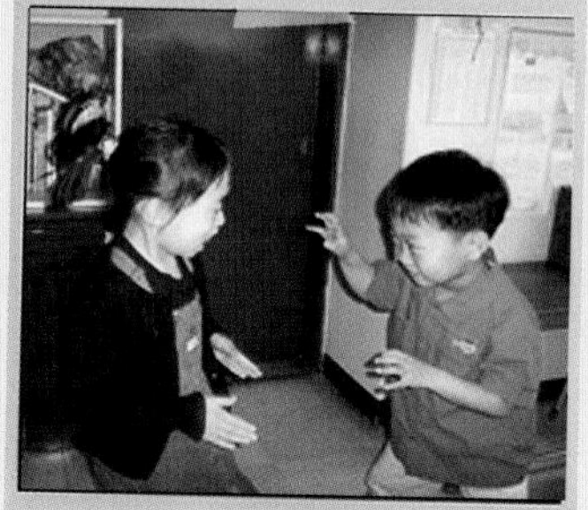
1. 사자와 만났어요

2. 사자 등에 타고 학교에 가요

3. 내 친구 자사

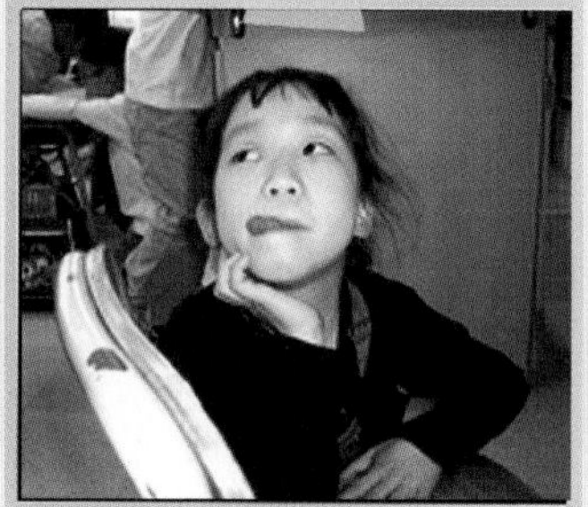
4. 나는 생선 튀김보다 고기가 더 좋아

5. 도망가는 잭 톨

6. 학교에 온 사자들

몸으로 이야기 만들기를 하고 나서 '재미난 대목 그리기'와 '친구들과 편지 쓰고 답장 받기'를 했다.

- 동균, 병선, 지연에게. 너희들은 왜 나만 괴롭히니? 동균이는 이제 내 말 잘 듣는데 병선이랑 지연이랑 수연이는 왜 내 이름 갖고 장난치니? 이젠 괴롭히지 마라. 자사에게 혼날 줄 알아. 유민
- 야, 현민, 연수, 민이. 받아쓰기하고 친구하고 무슨 상관이 있냐? 규원
- 석아, 화내지 말고 소리 좀 지르지 마. 소리 지르면 나빠. 팔도 때리지 말고 착하게 자라. 꼬집지 말고 알겠어? 나도 이제 큰 소리로 말할 거야. 경은

  - 앞으로 안 그럴게. 석이가 경은이에게
- 오현이에게. 오현아 우리 대장놀이 할 때 그냥 장난이니까 서로서로 화해하고 친하게 지내자. 수현

  - 알았어. 전에 미안해. 나도 친하게 지낼게. 오현

  - 나도 미안했어. 이제부터 싸우지 말고 친하게 지내자. 수현

  - 좋았어. 오현
- 신규한테. 야, 제발 부탁인데 ET나 마귀할멈이라고 놀리지 좀 마라. 한 번만 더 놀리면 너 죽는다. 소연

  - 이제 안 그러면 되지 신규

  - 또 하면? 소연

  - 또 안 한다고 했잖아. 신규

  - 무슨 말이야? 정말 또 하지 마. 소연

  - 알았어. 신규
- 재은아, 나 유진이야. 근데 요즘 왜 자꾸 날 미워해? 난 너랑 친하게 지내고 싶은데 우리 사이좋게 지내자. 그리고 사랑해. ♡♡ 유진

  - 나도 너랑 사이좋게 지내고 싶은데 마음이 안 변해. 이제 사이좋게 지내자. 유진아, 사랑해 재은

아이들은 편지를 주고받으며 쑥스러워했다. 경은이는 석이에게 큰 소리로 편지를 읽었다. "화내지 말고 때리지 마. 나도 이제 큰 소리로 말할 거야."라고 하니, 석이도 순순히 알았다고 약속을 했다. 경은이가 웃었다.

그런데 다음 날 경은이가 또 울상이다. 석이가 필통을 가져갔다고 했다. 쉬는 시간에 녀석을 불러 손을 잡고 눈을 맞추며 이야기를 했다.

"석아, 언제부터 그림이 좋았어?"

"옛날부터, 아니 세 살 때부터 좋았어요""

"무슨 그림이 제일 좋아?"

"용하고 공룡이요."

"용 이름이 뭐야?"

"드래곤 에스 투예요."

"석이는 매일 그림만 그리면 제일 좋겠네?"

"예."

"그런데 경은이 필통은 왜 가져갔어?"

아무 대답이 없다. 다시 물었더니 그제야 대답한다.

"색깔이 예뻐서요."

"경은이한테 이야기하고 가져갔니?"

"아니요."

"왜 그랬어?"

"보기만 하고 주려고 했어요. 빨간색이 너무 예뻤어요."

"친구 것을 만질 때는 친구에게 먼저 물어봐야 해. 알겠어?"

석이하고 이야기를 하는데 경은이가 왔다.

"선생님 저도 세 살 때부터 그림이 좋았어요. 난요, 사람 그리는 게 좋아요."

"나는 공룡이 좋은데."

"맞아. 석이는 공룡 잘 그려."

경은이가 칭찬하자 석이가 웃었다. 그러자 경은이가 큰 소리로 말했다.

"필통 내 거니까 '보여 줘.' 하고 말해. 알았지?"

"응."

아이들 마음속엔 참 많은 것이 살고 있다. 좋아하는 가족과 친구들, 귀여워하는 동물도 있지만, 싫어하는 공부와 미운 친구에 대한 원망도 함께 있다. 이런 여러 가지 마음이 섞이고 용기와 미움이 커졌다 작아졌다 하며 어느 순간 자신을 돌볼 수 있는 힘이 생기는 것이다. 경은이가 석이에게 "내 거야 돌려줘."라고 말할 수 있는 것이나 "너는 공룡을 잘 그려."라며 칭찬한 것 모두 스스로 자란다는 걸 보여 주는 것이다. 경은이와 석이가 머리를 맞대고 공룡 색칠을 하고 있다. 흐뭇하다.

그리고 며칠 뒤 우리 교실에 정말 사자가 왔다. 우리 반은 여자 친구가 남자 친구보다 한 명 더 많다. 그래서 모둠으로 앉거나 짝끼리 앉아도 한 명은 늘 혼자 앉아야 한다. 물론 그 아이의 짝꿍은 선생님이라고 약속을 정했지만 혼자 앉는 아이 부모님은 서운한 마음이 많다고 했다. 이번 달에도 짝 바꾸기를 했는데 유라가 혼자 앉는 자리에 뽑혔다. 내심 미안한 마음이 들었지만 씩씩한 유라는 괜찮다고 했다. 다음 날, 유라 어머니께 편지가 왔다.

●●● 『학교에 간사자』 © 필리파 피어스 글, 햇살과나무꾼 옮김, 논장

선생님, 우리 유라가 짝 없이 혼자 앉는다고 해서 살짝 서운했습니다. 안 그래도 키가 커서 운동장 조회 때나 운동회 때 맨 꼴찌에 혼자 서 있는 것이 마음 아팠답니다. 그런데 오늘 유라가 "엄마, 괜찮아. 내 짝꿍은 자사야. 내일부터 자사랑 같이 학교 갈 거야. 아무도 나를 놀리지 못해. 자사는 힘도 세고 무지무지 커."라고 했습니다. 무슨 말인가 했더니 선생님께서 읽어 주신 동화책에 나오는 학교에 간 사자 이야기를 하더라구요.

선생님, 유라가 이렇게 밝게 이야기를 하는 걸 보니 제 마음도 흐뭇합니다. 그 책 재미있다고 사달라고 해서 서점에 같이 가기로 했습니다. 선생님. 감사합니다. 앞으로도 좋은 이야기 많이 읽어 주세요. 늘 건강하세요. 사랑합니다.

우리 선생님.

유라 맘 드림.

이제 유라 짝꿍은 자사이고 앞으로 우리 반엔 자사를 짝꿍으로 둔 용감하고 씩씩한 여자 아이들이 많이 생겨날 것이다.

『라이카는 말했다』 © 이민희 글 그림, 느림보

라이카와 함께 한 우주여행

『라이카는 말했다』

무더운 여름이다. 나팔꽃의 하루를 공부하면서 비슷하게 생긴 메꽃도 배웠다. 쉬는 시간 아이들은 화단에 핀 메꽃을 찾아냈다.

"야, 메꽃이다."

"나팔꽃이랑 똑같네."

"활짝 피었어."

메꽃을 보고 교실로 오는데 한 송이뿐인 메꽃을 똑 따가지고 들어온 아이가 있었다.

"아휴 참, 다른 친구들도 봐야 되는데 왜 꺾었어?"

화가 나서 꽃을 딴 아이에게 야단을 쳤다. 꽃을 든 아이는 아무 표정이 없다.

"얘들아, 꽃이나 벌레나 풀잎이나 작은 동물들은 모두 약하지?"

"네."

"약하고 힘없는 것들은 어떻게 해야 하니?"

"도와줘요."

"그래, 잘 알고 있구나. 그런데 어른들은 말이야 약한 동물들의 목숨을 함부로 다루고 있단다. 그래서 어른 중에 이런 부끄러움과 미안함을 담아 책을 만든 작가가 있어."

"무슨 책인데요?"

"바로 이거야."

『라이카는 말했다』(이민희 글 그림, 느림보)를 읽어 주기 전에 우주로 간 개 '라이카'를 소개했다.

"1957년 11월 3일. 떠돌이 개였던 알래스카 허스키 종인 암캐 라이카는 원통형 인공위성에 태워져 우주로 발사되었단다. 그때 당시 구소련 당국은 라이카가 우주 공간에서 일주일 동안 살다가 생명 유지 장치의 배터리가 소모되면서 고통 없이 죽었다고 발표했단다. 하지만 2002년 러시아 생물학문제연구소 디미뜨리 말라쎈꼬프 박사는 라이카가 우주 비행에 나선지 수 시간 만에 우주선의 온도와 습도가 어마어마하게 올라가고 공기가 부족해 공포에 떨다가 죽었다고 폭로해서 전 세계인들은 많이 놀라고 충격을 받았지. 이 그림책을 쓴 작가는 대학에서 천문우주학을 공부했고 라이카가 죽지 않았다고 생각하고 이 책을 만들었단다."

라이카, 1957년 11월 3일 스푸트니크 2호에 타고 우주로 갑니다.

"내가 태어나기도 전이다."

"선생님은 태어났어요? 옛날이죠?"

유리 가가린, 1961년 4월 12일 우주선 보스토크 1호에 타고 우주로 갑니다.

"그럼 라이카가 먼저 우주로 갔어요?"

"그러게. 사람보다 일찍 갔네."

'우주는 아름답지만, 배가 고픕니다. 우주는 아름답지만, 텅 비었습니다.' 라이카가 우주로 떠나는 장면은, 두 개의 짧은 문장이지만 우주 너머로 외롭게 사라져 가는 라이카의 모습이 선명하게 그려져 있다. 환호하는 유리 가가린의 벅찬 감격의 모습은 확대된 모습이다.

"라이카가 불쌍해. 너무 무서웠겠다."

"그런데 라이카도 말을 할 줄 알았어요?"

"무선으로 보냈겠지? 개구리 중사 케로로에 나오잖아."

"아, 그렇구나."

아이들은 한 순간 의심도 없이 판타지의 세계로 들어갔다.

아주 먼 곳, 뿌그별에 사는 욜라욜라와 6명의 동료들은 호라 1호에 타고 우주로 향합니다.

"뿌슝, 뿌쓩 와! 호라 1호 성공이다. 성공."

"나도 타 보고 싶다."

"이런 우주선 본 적 있는 사람 손들어 보세요?"

"저요. 저요. 여우비에서 봤어요."

"에게, 그건 영화잖아."

"영화면 어때요? 우주인만 나오면 되지."

라이카는 호라 1호를 타고 뿌그에 도착합니다.

빨간색과 흰색, 노란색의 화려한 색감과 황금빛 포장지를 오려 내어 만든 호라 1호, 흰색에 노란 터번을 쓴 우주인, 그리고 덩실덩실 춤추는 라이카의 모습은 기적 같은 장면을 환상적으로 표현해 그림책 보는 즐거움을 톡톡히 선사한다.

라이카와 뿌그인들은 친구가 되었습니다. 이제, 뿌그인들이 지구를 찾아올 것입니다. 그리고, 친구들을 만날 것입니다.

"얘들아, 뒷이야기는 어떻게 될까?"

"뿌그인들이 지구 수비대에 잡혀서 검사를 받아요. 그리고 우주에 대해 알게 돼요."

"그때, 나쁜 악당이 나타나서 뿌그인들을 총으로 퓽, 쏴 없애요."

남자아이들 머릿속에는 우주 전투와 힘겨루기가 가득하다. 하지만, 아이들이 생각하는 우주는 광막한 곳이 아니라, 인간보다 먼저 우주로 간 라이카가 뿌그인들과 함께 살고 있는 따뜻한 공간으로 변해있었다.

라이카를 통해 작가는 무슨 말을 하고 싶었을까? 인간 대신 이용만 당하고 버려진 지구 생물 라이카. 라이카가 가진 외로움과 두려움을 그림으로 되살려 낸 작가는 약한 생명, 약한 힘을 가진 모든 것들에게 이제는 사랑과 관심으로 대할 것을 호소하고 있다.

집으로 가는 시간. 복도에서 우는 소리가 나서 뛰어가 보니 한 아이가 울고 있었다. 같은 아파트에 사는 친구가 혼자 가 버려서 울고 있다는 것이다. 그때, 꽃을 꺾어서 야단맞은 아이가 다가와 "울지 마, 내가 데려다 줄게." 했다. 두 아이는 손을 잡고 교문으로 걸어갔다. '그렇구나. 꽃이 예뻐서 땄지만 그 마음 안에는 저렇게 친구를 도울 줄 아는 마음이 숨어있었구나.' 욜라욜라가 우주 비행하며 우주는 깜깜하지만, 희망을 말한 것처럼 우리 아이들 안에는 희망이 자라고 있다.

라이카에게 하고 싶은 말

- 라이카에게. 라이카야, 너무 오래 우주에 있으니까 외롭지? 나도 우주에 가면 꼭 널 만나고 싶어. 근데 니가 안 오겠지. 사랑해. 유진
- 라이카에게. 라이카야 너 이야기 참 재미있다. 왜냐하면 욜라욜라 이름도 재밌고 라이카 너도 참 귀여워. 라이카야, 나도 우주여행 하고 싶어. 나중에 데리고 가 줘. 소연

- 라이카와 욜라욜라, 유리 가가린에게. 너무 재미있는 책이었어. 만나서 반가워. 정원
- 라이카에게. 라이카, 우주에서 널 만나고 싶어. 라이카, 넌 우주가 싫었지? 난 우주가 좋아. 근데 넌 왜 우주는 좋은데 외롭다고 했어? 나는 우주에 가고 싶어. 라이카야 안녕. 나연
- 라이카 이야기는 참 재미있다. 왜냐하면 욜라욜라 이름도 재미있고 라이카도 귀엽다. 라이카, 너 참 귀여워. 왜냐하면 라이카 너는 상상을 잘 하잖아. 나도 상상하기 좋아해. 원경
- 지구에 온 뿌그별 우주인들은 라이카에게 집을 만들어 주고 자기 집도 만들어 같이 살았다. 그래서 좋은 일이 생겼다. 지구 사람들이랑 뿌그별 사람들이랑 친하게 지냈다. 서로 우주여행도 같이 갔다. 좋겠다. 현석

수업 뒷이야기

『라이카는 말했다』를 읽고서 교실은 우주 공간이 되었다. 호라 1호를 타고서 뿌그인들이 된 아이들이 우주여행을 시작했기 때문이다.

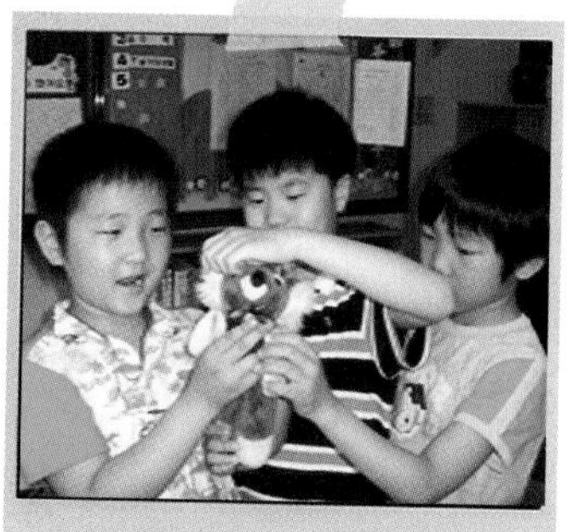
얘는 라이카예요

호라 1호를 타고서

욜라욜라와 우주인들

『개구리네 한솥밥』 © 백석 동화시, 유애로 그림, 보림

책으로 지은 한솥밥

『개구리네 한솥밥』

이제 곧 여름방학이다. 매미소리 쨍쨍하니 1학년 아이들 조그만 엉덩이는 들썩들썩, 마음은 붕붕 날아다닌다. 아이들과 둘러앉아 아침 공부를 시작했다.

"우리, 무슨 공부 하고 있나요?"

"물총 놀이도 하고 여름 꽃 알아보기도 했어요."

"미숫가루 타 먹기랑 여름 과일 먹기도 했어요."

"아, 그랬구나. 재미있어요?"

"예. 물총 놀이 또 하고 싶어요. 매일매일 이런 공부해요."

"오늘은 무슨 공부할지 말해 보세요."

"여름 곤충 알아보구요, 두꺼비 집 만들기도 해요."

"그래요. 선생님이 한 가지 더 이야기 할게요. 어떤 공부인지 잘 들어보세요."

"오늘은 『개구리네 한솥밥』(백석 동화시, 유애로 그림, 보림)을 읽고 하고 싶은 공부를 찾아서 같이 하는 거예요. 어때요?"

"좋아요. 선생님. 아, 밥 먹고 싶다."

"그럼, 저기 멀리 숲 속에 사는 친구들을 불러 와야 되는데 어떻게 하면 좋지요?"

"그 친구들한테 오라고 초대장 보내요."

"맞아. 해리 포터 올빼미 헤드위드한테 편지 주면 돼."

어휴, 김동의 장난기가 또 발동했다.

해리 포터 이야기가 나오자마자 교실은 와글거리고 내 마음도 부글거리기 시작했다.

"자, 헤드위드가 옛날 옛날로 날아가서 누구를 만났는데……."

옛날 어느 곳에 개구리 하나 살았네,
가난하나 마음 착한 개구리 하나 살았네.

하루는 이 개구리 쌀 한 말을 얻어 오려
벌 건너 형을 찾아 길을 나섰네.

개구리 (덥적덥적) 길을 가노라니
길가 봇도랑에 우는 소리 들렸네.

이야기가 있는 시는 한달음에 아이들의 마음을 쏙 끌어안았다. "살았네. 나섰네, 들렸네."처럼 반복되는 말과 읽을 때 호흡이 한 몸처럼 착착 감겨들었다.

소시랑게 우는 것이 가엾기도 가엾어
개구리는 (　　　) 물어보았네.

여기까지 읽고 아이들에게 물었다.

"개구리가 뭐라고 물었을까요?"

"개굴개굴, 개골개골, 꾸루룩, 빽빽……."

아이들은 이미 알고 있었던 개구리 소리를 냈다.

"뿌구국 물어보았네."라고 했더니 폴짝폴짝 뛰면서 흉내 내기를 했다.

그 뒤부터 "개구리는……." 하면 아이들이 "뿌구국, 뿌구국, 뿌구국." 세 번을 외치고 "○○야, 너 왜 우니?" 하고 말을 받았다.

착한 일 하느라고 길이 늦은 개구리,
형네 집에 왔을 때는 날이 저물고,
쌀 대신에 벼 한 말 얻어서 지고
형네 집을 나왔을 땐 저문 날이 어두워,

어둔 길에 무겁게 짐을 진 개구리,
(디퍽디퍽) 걷다가는 앞으로 쓰러지고
(디퍽디퍽) 걷다가는 뒤로 넘어졌네.

"처음에 형네 집에 갈 때 개구리 하고, 지금 개구리 하고 차이가 있나요?"

"예. 개구리가 걷는 게 달라요."

"어떻게 달라요?"

"덥적덥적 걷는 거는 크게 퍽퍽 걷는 거고요, 디퍽디퍽은 힘이 없어 보여요."

"이렇게 말이지?"

정원이가 흉내를 냈다. 앞으로 쓰러지고 뒤로 넘어지고…….

장작 없이 밥을 지은 개구리는 좋아라고
뜰에 멍석 깔고 모두들 앉히었네

불을 받아 준 개똥벌레

짐을 져다 준 하늘소,
길을 치워 준 쇠똥구리,
방아 찧어 준 방아깨비,
밥을 지어 준 소시랑게,
모두모두 둘러앉아
한솥밥을 먹었네.

"한솥밥을 먹었네, 한솥밥을 먹었네."

아이들은 마지막 말에 흥을 실어 몸을 이리저리 흔들었다. 시를 읽고 나서 개구리가 친구들 구해 주는 것과 방아깨비 춤추는 장면, 그리고 한솥밥 먹는 장면을 '몸으로 드러내기'를 했다.

몸으로 드러내기

개구리가 소시랑게 다친 발 고쳐 줘요

구멍에 빠진 쇠똥구리 끌어내기

한솥밥 먹기

책 읽기를 마친 다음 운동장에 가서 두꺼비집 쌓기 놀이를 했다. 운동장에 나가기 전에 물었다.

"얘들아, 선생님이 『개구리네 한솥밥』을 왜 읽어 주었을까?"

"친구들하고 사이좋게 놀라고요."

"약한 친구 도와주라고요."

"맞아요. 그럼 친구가 도와준 게 생각나는 사람 말해 보세요."

"유치원 다닐 때 자현이가 색연필 빌려 줘서 같이 썼어요."

"집에 올 때 비가 왔는데 승훈이가 우산 같이 쓰자고 해서 비 안 맞았어요."

"아이구, 예쁘다. 그랬구나. 그럼 두꺼비 집 만들 때 어떻게 해야 되지요?"

"친구한테 모래 던지지 않고 장난감도 빌려 줘야 돼요."

"그런데요, 원희는 개미 잡아서 다리도 뜯고 개미 비빔밥 만들어서 먹으라고 해요."

"나한테는 개미핥기 닮았다고 놀려요."

"내가 언제?"

"원희가? 개미들한테 그랬어?"

"딱 한 번 밖에 안 그랬어요. 오늘은 안 그래요."

작은 곤충들 괴롭히지 않기로 단단히 약속한 아이들은 운동장으로 달려갔다. 남자아이들이 긴 모래성을 쌓았다. 물길도 있고 터널도 만들고 돌멩이 다리도 있었다.

"야, 정말 잘 만들었다. 여기가 어디야?"

"우리 본부예요."

"이거 꼭 개구리가 형네 집에 가는 길 같다."

"맞아. 여기는 물웅덩이니까 개똥벌레가 빠진 곳이야."

"그럼, 밥 먹는 데는 어디야?"

"바로 여기야."

"야, 우리 같이 밥 먹자. 꽃밥이야."

"그래, 그래."

다음 날 아침, 나연이가 곁에 와서 "나는요 선생님이 읽어 준 책 다시 볼 거예요." 하더니 『개구리네 한솥밥』을 가지고 갔다. 하람이랑 나연이가 머리를 맞대고 책을 보았다.

"이거 재미나지?"

"그래, 그래."

하람이가 개구리 흉내를 냈다.

쉬는 시간, 교실 뒤에서 지호가 춤을 췄다.

"이 다리 찌꿍, 저 다리 찌꿍, 덩더쿵덩더쿵."

지호를 따라 현석이도 승훈이도 엉덩이를 실룩거렸다.

"까치집을 지을까? 두꺼비 집을 지을까?"

『개구리네 한솥밥』읽고 모래 놀이하며 '두꺼비' 노래를 불렀는데 그 흥이 되살아나나 보다. 나도 신이 나서 따라했다.

"이 다리 찌꿍, 저 다리 찌꿍, 덩더쿵덩더쿵."

책을 읽는다는 것은 어떤 의미일까? 아이들의 말과 글이 살아나고 몸을 움직여 재미와 감동을 느끼는 것이다. 자세히 듣고 읽으며 자신만의 이야기를 새롭게 만들어 가는 것이기도 하다. 결국 공부는 남이 정해 준 목표대로 곧장 앞으로만 가는 것이 아니라 구불구불한 이야기 길을 쉬엄쉬엄 함께 가며 그곳에서 만나는 모든 생명들과 소통하는 것이리라. 이리저리 둘러보고 가난하나 마음 착한 개구리처럼 친구들을 만나서 다 같이 배부른 공부를 한다는 건 얼마나 행복한 일인가. 이제 서늘한 가을바람이 불어오면 재미난 책 읽기를 다시 해야지. 책으로 만든 한솥밥을 맛있게 나눠 먹어야겠다.

『너하고 안 놀아』

© 현덕 글, 송진헌 그림, 원종찬 엮음, 창비

우리 동무 노마와 기동이

「강아지」

11월에는 '좋은 이웃, 좋은 동무되기'를 배운다. 건강하고 따뜻한 겨울나기를 위해 이웃들이 하는 일을 알아보고, 이야기를 읽고, 인물이 한 말과 행동에 대해 내 생각을 자신 있게 말하는 공부도 한다. 오늘은 아이들을 데리고 학교 기사님을 만나러 갔다. 겨울나기 공부를 하러 왔다고 했더니 기사님이 화단에 있는 꽃나무와 보리 심는 일을 이야기해 주셨다.

"아저씨, 저 배추는 끈으로 안 묶었네요? 우리 할머니네 배추는 다 묶었는데요?"

규민이가 물으니까 기사님이 대답해 주셨다.

"어, 저거. 학교 밭에 있는 배추를 묶어 두면 속이 다 차고 맛있어지잖아. 그럼 동네 사람들이 밤에 몰래 와서 가져가. 그러니까 묶으면 안 되지."

"학교 배추는 좋겠다. 몸을 묶지 않고 있으니까. 시원하겠다."

규민이가 작은 목소리로 이야기를 했다. 순간 가슴이 쿵하고 얼굴이 화끈했다. 끈에 묶여 자라는 배추와 우리 아이들은 닮았다. 학교에서, 학원에서, 집에서까지 온통 어른들이 쳐 놓은 그물에 꽁꽁 묶여 사는 아이들. 그 아이들이 제일 좋아하는 것은 노는 것이다. 교실에서 노는 것 말고 넓은 곳에서 맘껏 놀고 싶을 때까지 노는 것이다. 그런데 선생인 나는 아이들이 노는 꼴을 못 본다. 아이들이 놀면 괜히 불안하다. 뭐라도 시켜야 하고 책이라도 읽어 줘야지 할 일을 다한 것 같다.

학교를 한 바퀴 둘러보고 교실로 들어가려다 운동장에서 놀았다. 아이들은 모래 놀이와 잡기 놀이를 하다 얼음땡을 하더니 단풍잎을 모아 밥을 만들고 엄마 아빠 놀이도 했다. 교실에서 그렇게 싸우던 아이들이 운동장에선 제 역할을 맡아 다정하게 논다. 참 신기한 일이다.

"운동장에서 노니까 어때요?"

"좋아요. 재미있어요."

"싸운 친구 있나요?"

"없어요. 엄마가 보리랑 놀지 말라고 했는데 놀았어요. 그래서 더 좋아요."

"왜 놀지 말라고 했어요?"

"자꾸 싸우고 맞는다고요."

"보리가 그랬어요?"

"예. 보리가 우리 집에 와서 아기도 때리고 나한테 소리도 질렀어요."

"그런데 운동장에서는 안 그랬나요?"

"네. 보리 참 착해요."

"여러분 모두 좋은 친구예요."

"우리 할머니, 할아버지 어렸을 때도 여러분들처럼 놀았대요."

"어떻게 놀았어요? 게임하고 놀았어요?"

"매일매일 놀기만 했어요?"

"그렇지 않아요. 부모님 하시는 농사일도 돕고, 소도 키우고, 닭 모이도 주고, 강아지랑 놀기도 했지요."

"나도 강아지 키우고 싶은데 엄마가 똥 싼다고 안 된대요."

"그렇구나. 그런데 현덕이란 분이 그때 아이들이 어떻게 놀았는지 동화로 써 놓았어요. 바로 『너하고 안 놀아』(현덕 글, 송진헌 그림, 원종찬 엮음, 창비)에 들어 있어요."

조그만 알록 강아지입니다.

기동이는 강아지를 혼자만 장난감처럼 가지고 놉니다. 머리를 쓰다듬습니다. 잔등이를 쓰다듬습니다. 아이처럼 가슴에 안아도 봅니다. 어깨에 앉혀도 봅니다. 머리 위에 쳐들고 흔들어도 봅니다. 그리고 강아지는 사람처럼 이르는 말을 잘 듣습니다.

"손 다우. 손, 손 다우."

하고 손을 내밀면 강아지는 알아듣고 기동이 손에 앞발 하나를 내놓습니다.

강아지가 기동이에게 앞발을 내미는 모습

아이들은 강아지와 기동이가 되어 얼른 흉내내기를 했다.

"손 다우. 손 다우."

서울 사투리가 조금 어색하긴 했지만 금방 익숙하게 따라했다.

참 귀엽습니다. 노마는 구경을 하고 섰다가 자기도 강아지 앞에 손을 내밀고

"손 다우. 손 다우."

하였습니다. 그러자 기동이는 아주 질색을 합니다.

"안 돼."

하고 얼른 강아지를 집어 바지 앞에 앉히고는
"우리 아버지가 돈 썩 많이 주고 사 온 강아진데, 손대면 안 돼."
그러나 노마는 그대로 그만둘 수가 없습니다.

"어휴, 기동이 나빠요. 욕심쟁이야."

"맞아요. 기동이는 잘난 체 해."

아이들이 입을 삐죽거렸다.

"기동이는 왜 강아지를 못 만지게 했나요?"

"혼자만 가지고 놀려구요."

"자기 아빠가 돈 썩 많이 주고 사 온 강아지라고 아까워서 그랬어요."

"그렇구나. 여러분도 노마처럼 꼭 하고 싶은데 못 해 본 적이 있나요?"

"예. 할아버지가 커피 땅콩을 사 가지고 와서 못 먹게 했어요. 커피는 어른들만 먹는다고요. 저보고 콩나물만 먹으래요. 키 큰다구요."

하람이가 불만스럽게 말을 했다.

"저번에 엄마랑 산책을 갔는데 예쁜 고양이를 데리고 온 아줌마가 있었어요. 의자에 앉았는데 고양이가 자꾸 야옹거려서 제가 한번 만져 볼라고 했더니 병균 옮는다고 안 된다고 했어요. 아줌마는 막 뽀뽀도 하면서요."

소연이도 목소리를 높였다.

"3반에 이태영이 있는데요, 자기는 내 물건 막 만지면서 자기 지우개 좀 만졌다고 화내고 학원도 같이 안 가고 그랬어요."

유진이가 억울한 표정으로 이야기를 했다.

마침내 한번 노마는 강아지를 안아 볼 기회를 얻었습니다.

이 구절을 읽을 때는 한 마디씩 천천히 아이들을 보며 읽어 주었는데, "마침내, 한번, 노마는, 강아지를……."까지 읽었더니 아이들이 "안아 볼 수 있었습니다." 이렇게 말했다.

“처음에 기동이는 강아지를 어떻게 가지고 놀았다고 했나요?”

“장난감처럼 가지고 논다고 했어요.”

“장난감처럼 가지고 노는 건 어떻게 한다는 거예요?”

“자기가 대장처럼 강아지를 가지고 노는 거요. 그러면 강아지가 스트레스 받아요.”

“그럼 노마는 강아지를 어떻게 했어요?”

“한번 안아 볼 기회를 가졌다고 했어요.”

“그렇구나. 노마하고 강아지하고 어떻게 노는지 들어 보세요.”

그걸 모르고 기동이는 토관 안에 숨어서 연해 강아지를 부릅니다.

“쫑쫑쫑 쫑쫑쫑.”

그러나 강아지는 기동이보다는 노마하고 놀기를 즐기나 봅니다. 아무리 제 이름을 불러도 강아지는 조금도 노마에게서 떠나려 하지 않습니다.

노마가 강아지하고 노는 모습

이날도 노마는 더는 강아지를 사 내라고 어머니를 조르지 않았습니다. 그리고 어떡하면 자기 손으로 강아지 같은 것을 만들 수 있을까 노마는 곰곰이 생각하였습니다. 그러다가 노마는 어머니에게 가위하고 상자 갑을 얻었습니다. 그것을 이모저모로 오려 네 귀를 세우고 지붕을 덮고 둥그렇게 문을 내고 그리고 풀칠을 해 붙이니까 됐습니다. 한다 한 강아지 집입니다.

"노마가 어머니께 떼를 쓰다가 어떻게 했어요?"

"더 조르지 않았어요."

"왜 그랬나요?"

"어머니가 슬픈 얼굴을 하시니까요."

"왜 슬픈 얼굴을 하셨나요?"

"노마 아버지가 먼 데로 가서 안 왔어요. 그래서 집이 가난해요."

"가난한 걸 어떻게 알아요?"

"아버지가 없고 엄마 혼자 있으니까요."

"그럼 노마는 어떤 아인 것 같아요?"

"착하고 엄마 말을 잘 들어요."

"만들기를 잘하는 손재주가 있는 아이예요."

"상상력이 많아요. 그래서 강아지 집도 만들 수 있어요."

"아, 그렇구나. 우리 반에도 노마 같은 동무가 있나요?"

"있어요. 미혜는 만들기도 잘하고 그림도 잘 그려요. 또 친구들 말도 잘 들어 줘요."

"정현이도 그래요. 동현이도 그래요."

서른 명 중에 이름이 불린 아이들이 열다섯 명이 넘었다.

"그렇게 친구 이름을 불러 주는 여러분도 다 노마 같은 아이에요."

내가 말하니까 아이들이 모두 하하하 웃었다.

며칠 지난 후입니다.

기동이는 점점 강아지를 들여다보지 않게 되었습니다. 그는 요즈음 세발자전거를 샀습니다. 아마 기동이는 노마가 만든 강아지하고 놀기가 싫어진 것같이, 강아지보다는 세발자전거 타기가 더 재미있나 봅니다. 그 자전거를 타고 돌아다니느라고 강아지는 거들떠보지도 않습니다. …… 전처럼 강아지가 다리에 기어오르거나 하면

"이거 자전거에 칠라고 왜 그래?"

하고 기동이는 발로 걷어찼습니다. 그러면 강아지는 깨갱깨갱하고 아주 슬픈 소리를 하며 담 밑이나 양지 같은 데로 피해 가 홀로이 떨고 있습니다.

강아지를 걷어차는 기동이

"기동이 너 죽을래?"

"아버지가 비싼 값으로 사 줬다고 빼길 때는 언제고?"

"맞아. 천벌 받아. 3년 뒤에 귀신 된 강아지가 나타나서 너 해치면 어떻게 해?"

아이들은 기동이 역할을 하는 원희에게 막 따졌다.

원희가 "나 아니야. 내가 안 그랬어." 하더니, "친구들이 나만 미워해." 하며 눈물을 글썽거렸다.

"아니야, 원희는 착해. 성혁이 가방도 들어 주고 규원이 신주머니도 찾아 줬는걸."

남자아이들이 원희 편을 들었다.

"그래도 원희는 보리랑 짝할 때 막 때리고, 예성이랑 싸우고, 우리 집에 와서 사슴벌레도 그냥 막 만지고 했어."

평소에 장난이 심했던 원희가 기동이 역할을 해서 그런지 톡톡히 혼이 났다.

"그래도 원희가 있어야 우리 반이 재미있지 안 그래요?" 하자 아이들은 조금 생각하더니, "맞아요. 원희가 있어야 재미있어요. 춤도 잘 추고 개그도 잘해요."라고 했다.

칭찬 받은 원희는 입을 벙긋거렸다.

그렇게 얼마든지 노마는 강아지하고 놀아도 아무도 뭐라지 않았습니다. 기동이는 강아지보다 자전거가 더 좋았고 그리고 다른 아이들도 그랬습니다. 노마는 아주 강아지하고 친한 동무가 되었습니다.

마지막까지 다 읽고 나서 칠판에 커다랗게 벤다이어그램을 그렸다. 왼쪽은 노마, 오른쪽은 기동이라고 썼다.

"노마와 기동이는 어떤 아이인지 말해 보세요?"

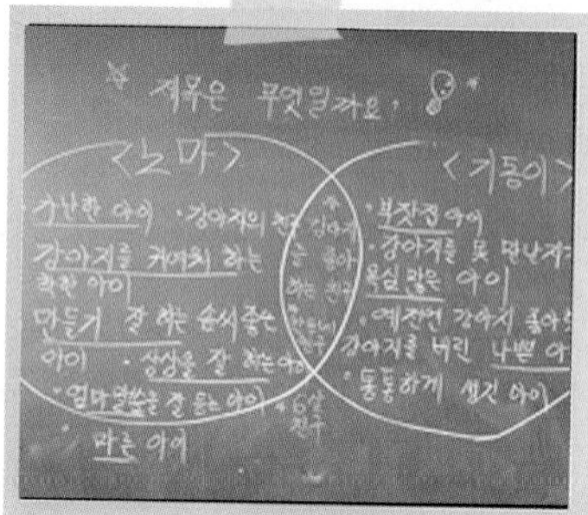

칠판에 그린 벤다이어그램

아이들이 생각하는 노마는 이런 아이였다.

가난한 아이, 강아지의 친구, 강아지를 귀여워하는 아이, 만들기를 잘하는 솜씨 좋은 아이, 상상을 잘하는 아이, 엄마 말씀을 잘 듣는 아이, 마른 아이

기동이는 이렇다.

부잣집 아이, 강아지를 못 만지게 하는 욕심 많은 아이, 예전엔 강아지를 좋아했지만 자전거 때문에 강아지를 버린 나쁜 아이, 통통하게 생긴 아이

현덕의 동화 「강아지」는 1939년 3월 5일부터 3월 12일까지 동아일보에 실렸다고 한다. 그때 아이들은 매일매일 신문을 기다리며 「강아지」를 재미나게 읽었겠지? 70여 년의 시간을 훌쩍 건너뛰어 지금 아이들에게 읽어 주어도 노마와 기동이의 마음이 팽팽하게 겨루는 모습이 실감나게 느껴진다. 그 힘은 무엇일까? 지금 아이들과 별반 다를 것이 없는 두 개구쟁이의 세계가 섬세한 언어로 오롯이 담겨있기 때문일 것이다. 좋은 동화로 아이들의 세상을 밝게 열어 보여 준 현덕이란 작가를 다시 한번 기억하게 되었다.

현덕 동화를 읽고 반짝거리는 눈빛으로 이야기를 하는 우리 동무 노마와 기동이들. 누구 하나 모자람 없이 제 빛깔 제 향기로 슬기롭고 옹골차게 자랄 것이다. 다만 아이들의 살아있는 몸이 자유롭게 움직이며 스스로 자란다는 걸 어른들이 잊지 않았을 때, 그들과 함께 희망에 대해 말할 수 있을 것이다.

『납작이가 된 스탠리』

© 제프 브라운 글, 토미 웅거러 그림, 지혜연 옮김, 시공주니어

납작이와 빈대떡

『납작이가 된 스탠리』

아침마다 교문에 들어서면 아이들이 멀리서부터 "선생님!" 하며 뛰어온다. 아이들 손을 잡고 교실로 간다. 이때까지 아이들과 나는 정말 평화롭다. 그런데 교실에만 들어가면 무섭게 변한다. 닭싸움과 잡기 놀이로 교실과 복도를 점령하는 남자아이들. 별 접기며 거북 알 접기, 카드 만들기로 교실 바닥을 온통 쓰레기장으로 만드는 여자아이들. 아침에 만났던 그 착한 아이들은 어디가고 모두 자기 세계에 빠져서 불러도 대답이 없다. 특히 그림 그리기에 열중한 아이는 가까이 가서 어깨를 건드려야 고개를 든다.

"석이 뭐해?"
"그림 그려요."
"무슨 그림인데?"
"변신 로봇이요. 로봇이 보물 찾으러 가는 거 그렸어요."
"현석아, 너도 변신하고 싶니?"
"예."
"우리 반 친구들 모두 변신하고 싶어요?"
"네."

"진짜 재미난 변신 이야기가 있거든. 읽어 줄까? 말까?"
"읽어 주세요."
"그럼 지금부터 읽겠습니다. 제목은 다 읽고 나서 여러분이 정해 보세요."

아침 식사 준비가 다 되었습니다.
램촙 부인은 남편 조지 램촙 씨에게 말했습니다.
"가서 아이들을 깨울게요."
바로 그때, 형 스탠리하고 한방을 쓰고 있는 동생 아서가 방에서 소리쳤습니다.

"선생님, 아침에 무슨 일이 일어난 거죠?"
자현이가 눈을 반짝이며 말한다.
"우리 집에도 오늘 아침에 무슨 일이 있었어요."
"뭐냐 하면 나랑 아기랑 엄마랑 자고 아빠는 혼자 침대에서 자요. 그런데 아기가 침대로 굴러 갔어요."
"아기가 몇 살인데?"
"두 살이요."
"무슨 일이 일어났어?"
"아기가 아빠 손가락을 빨고 있었어요. 그래서 제가 우유를 줬어요."
"아, 잘 했다. 자현이 좋은 누나구나."
"엄마, 아빠는 그것도 모르고 자고 있었어요. 나랑 아기만 아는 일이 생겼어요."
자현이가 말을 시작하자 아이들이 다 무슨 일이 있었다고 와글거린다.
"우리 집도 오늘 아침에 무슨 일 있었어요!"

"이럴 수가! 꼭 빈대떡처럼 됐구나. 살다 살다 별일을 다 보겠군."

램촙 부인이 침착하게 말했습니다.

이 대목에서 아이들은 신나서 한마디씩 했다.
"빈대떡이 되었대, 빈대떡, 빈대떡."
"호떡이 되었어요. 이렇게 말해도 되는데……."
"아니야, '가오리가 되었네!' 가 더 좋아."
아이들은 자기들이 알고 있는 납작한 건 다 말했다.

재미난 장면이 나오면 아이들은 즉석에서 정지 동작을 만들어 『납작이가 된 스텐리』(제프 브라운 글, 토미 웅거러 그림, 지혜연 옮김, 시공주니어)의 상황을 마치 자기가 겪은 것처럼 생생하게 드러냈다. 하수도 구멍에서 반지를 찾는 대목에서는 엄마가 된 소연이가 납작이가 된 하람이를 잡고 반지가 된 강민이를 구출했다. 사진을 찍어서 다시 보니 정말 그럴듯했다.

◀ 하수구 구멍에서 반지를 구출하는 스탠리

형 스탠리가 부러운 동생 아서는 백과사전을 자기 몸에 올려 납작이가 되고 싶어 했다. 아서처럼 아이들도 곧장 몸을 납작하게 만드는 법을 찾아냈다. 바닥에 깔린 원희가 정말 그럴듯한 아서가 되었다.

스탠리가 양치기 소녀가 되어 세상에서 가장 비싼 그림을 지킨 이야기는 유민이가 나와서 양치기 소녀처럼 벽에 딱 붙었다. 카우보이가 되려다 양치기 소녀가 되어 우울한 스탠리의 모습이 그대로 보였다.

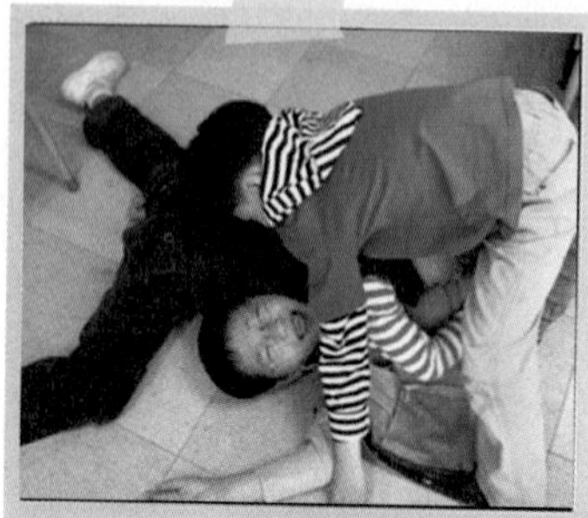

납작이가 되고 싶은 아서

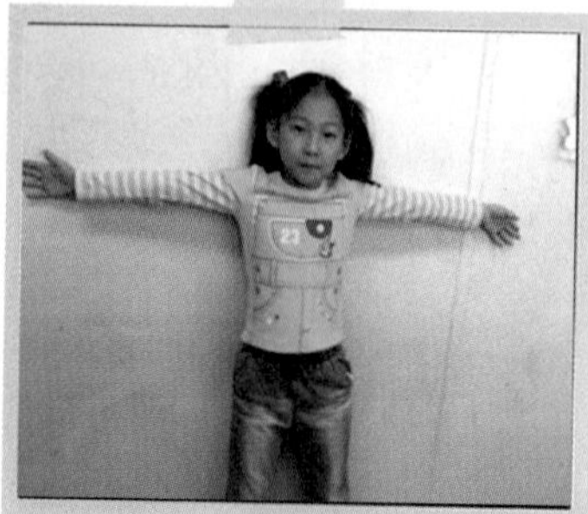

양치기 소녀가 된 스탠리

"미쳤구나, 루터. 웃고 있는데 뭐. 아주 귀엽게 생겼네."

귀엽다는 말에 스탠리는 화가 났습니다. 스탠리는 전문 털이범들이 세상에서 가장 비싼 그림 쪽으로 돌아서길 기다렸다가, 아주 우렁차고 소름 끼칠 정도의 큰 소리로 외쳤습니다.

"야, 남학생들. 너네 귀엽다는 말 들으면 화가 나니?"

"네."

"왜 화가 나?"

"자존심이 있지. 귀여운 게 뭐예요."

"그럼 뭐라고 해야 되는데."

"멋지다. 이렇게 말해야 된다고요."

"알겠습니다. 앞으로 선생님도 여러분을 멋진 남자 친구들이라고 부르겠습니다."

"오, 예!"

이야기의 끝부분에서, 자전거 바퀴에 바람 넣는 펌프로 스탠리를 볼록하게 만들자는 아서의 반짝이는 생각도 사진처럼, 펌프 꼭지를 입에 물고 발을 흔들어 부풀기까지, 완벽하게 아서와 스탠리로 변신했다.

▲ 자전거 바퀴 펌프로 스탠리 볼록하게 만들기

아이들은 스탠리가 변신할 때마다 열광했다. 곧장 몸으로 드러내며 상상을 현실로 옮겨 놓았다. "어떻게 이렇게 잘할 수 있니?" 물어보니 인상적인 그림을 보아서 그렇다고 했다. 아이들은 책을 읽을 때 이야기뿐 아니라 그림에 더 집중하며 스탠리의 변신을 자기 것으로 받아들였다. 그래서 이 책의 그림 작가인 '토미 웅거러'를 소개해 주었다. 책날개에 실린 작가 사진을 보며 그가 그린 다른 작품도 알아보았다. 우리 반 혜미는 그림책 『달사람』을 재미있게 읽었다고 하면서 집에 있는 책을 가져와 소개하기로 했다.

읽은 후 활동으로 '책 제목 맞추기'를 했다. '빈대떡처럼 납작해진 스탠리, 훌륭한 납작이, 납작이의 대모험, 납작이가 되었어요, 납작이의 변신, 납작이 스탠리, 납작해진 스탠리, 납작납작 스탠리' 같은 제목이 나왔다.

두 번째는 '스탠리에게 하고 싶은 말 한마디'를 적었다.

- 스탠리야, 나도 편지 봉투 안으로 들어가 봤으면 좋겠어. 진석
- 스탠리에게. 스탠리야 안녕? 나 규민이야. 너는 몸이 납작해졌을 때 기분이 어땠니? 언제 만나면 이야기 해 줘, 꿈에도 좋아. 규민
- 스탠리는 좋겠다. 게시판에 눌려가지고 창문 틈으로도 나갈 수 있고, 그러니까 편했었는데 친구들한테 놀림 받으니까 싫지? 동생이 펌프로 하니까 다시 평범한 사람으로 되어서 기뻤지? 미혜
- 스탠리 안녕? 나 하은이야. 너는 몸이 납작했을 때, 기분이 어땠니? 나는 내 몸이 납작해지면 기분이 이상했을 것 같아. 나는 너의 이야기를 듣고 납작해져도 좋은 점도 있고 나쁜 점이 있다는 걸 깨달았어. 네가 하수구에서 엄마 반지를 꺼내 주는 장면을 들었을 때 너는 정말 용감한 아이라는 걸 알았어. 나도 너처럼 이제 용감한 아이가 될 거야. 하은
- 스탠리야. 니가 납작해졌다가 다시 돌아와서 기뻐. 다음에 같이 놀자. 스탠리야 너 또 다른 책 있다면 거기서 만나자. 안녕. 예진이가. 예진
- 스탠리에게. 스탠리야 넌 너무 불쌍해. 왠지 알아? 게시판에 깔려서 "아야!"하고 소리도 쳤다며. 많이 아팠지? 나는 네가 계속 그렇게 살아 가야만 하는 줄 알았어. 그런데 아니었어. 네 동생은 책을 좋아해서 그런 생각을 했을까? 아서 말이야. 이제부터 너는 내가 좋아하는 동화책 속에 있어. 다음에 또 만나자. 안녕? 수현

수업 뒷이야기

스탠리 시리즈 두 권을 더 빌려 보았다. 『스탠리와 요술 램프』와 『투명인간이 된 스탠리 이야기』에서 아서와 스탠리의 유쾌한 소동과 모험은 아이들의 마음을 사로잡았다. 토미 웅거러가 그린 그림책도 돌려 보았다. 남자아이들은 『세 강도』에 열광했고, 여자아이들은 『제랄다와 거인』과 『달 사람』을 보며 색깔이 예쁘고 그림이 독특해서 재미있다고 했다. 책을 읽고 나서 한참 뒤에 수헌이가 이런 일기를 썼다.

● 11월 9일 금요일

제목 : 내가 화가가 된다면

김수헌

내가 화가가 된다면 좋은 그림을 그릴 것이다.

'일단 풍경부터 그려야지.' 사샤샥. '앗, 지워야 돼.' 이런 식으로 생각할 것 같다. 그런데 그림에 물감을 쏟는다면 '안 돼!' 절망에 빠질 것이다.

그런데 궁금한 게 있다. 화가들은 메두사와 같은 괴물과 요괴들은 어떻게 그릴까?

아마도 상상을 해서 그릴 것 같다. '달사람'도 그렇게 그렸을까? 화가가 풍경을 그리는 모습. 나는 그 모습이 좋다. 그래서 나는 어른이 돼서 화가가 될 것이다. 화가는 그림책도 그릴 수 있을까?

수헌이의 일기를 아이들에게 읽어 주었다. 아이들은 수헌이가 화가도 되고 그림책도 그릴 수 있다고 말했다. 수헌이 얼굴이 빨개졌다. 반짝이는 눈빛으로 이야기를 하는 아이들. 그들의 멋진 변신을 기대해 본다.

『납작이가 된 스탠리』 © 제프 브라운 글, 토미 웅거러 그림, 지혜연 옮김, 시공주니어

『용감한 아이린』

© 윌리엄 스타이그 글 그림, 김서정 옮김, 웅진주니어

나 혼자 갈 거야

『용감한 아이린』

한 해를 마무리하는 12월. 아이들은 눈 내리고 바람 부는 날에도 가방을 메고 씩씩하게 학교에 왔다. 아침에 본 일과 느낀 점을 한 줄로 쓰고 이야기 나누기를 했다.

- 바람이 불었다. 바람이 내 모자를 자꾸 뺏으려고 해서 꼭 잡고 왔다. 수현
- 형아들이 나뭇가지로 비밀 기지를 만들었다. 나도 들어가고 싶었다. 용수
- 동생은 엄마가 유아원에 데리고 가고, 나는 아빠가 오토바이를 태워 주었다. 오토바이가 쌩 달리면 귀가 시리다. 지현
- 엄마가 늦게 일어나서 나 혼자 책가방 챙기고 혼자 밥 먹고 왔다. 엄마 가게가 늦게 끝나서다. 엄마가 일찍 들어오면 좋겠다. 태수

책 읽어 주기는 아이들이 한 이야기 중에서 관련 있는 것을 골라 시작할 때가 많다. 아이들의 경험과 맞닿은 동화 읽기는 곧장 아이들의 마음을 열기 때문이다. 오늘은 태수의 이야기를 붙잡아 책 읽기를 했다. 태수

는 가끔 지각을 한다. 밤늦게 오는 엄마를 기다리다 늦잠을 자기 때문이다. 하교 후에는 돌봐 주는 사람 없이 혼자 있을 때가 많다. 자연히 준비물이나 과제도 빠트릴 때가 있다. 그런데 오늘은 엄마 도움 없이 씩씩하게 혼자 밥 먹고 책가방도 챙기고 태권도복도 가져왔다고 했다. 책 읽기 시간에 태수랑 꼭 닮은 아이가 주인공인 책을 소개를 했다. 『용감한 아이린』(윌리엄 스타이그 글 그림, 김서정 옮김, 웅진주니어)이다.

우선 표지 그림을 자세히 보았다. 바람을 맞으며 커다랗고 노란 상자를 들고 가는 여자아이가 보인다. 나뭇가지가 바람에 휘어져있고 하늘엔 온통 구름이 가득했다. 책 제목과 그림을 보며 내용 상상하기를 했다. 아이가 무슨 일을 하는 거지? 어디로 가는 걸까? 왜 혼자 가나? 노란 상자에는 뭐가 들었지? 아이들이 한 질문을 칠판에 하나씩 써 나갔다. 궁금한 점은 책을 읽으면서 하나씩 풀어 보기로 했다.

바빈 부인은 양재사입니다. 바빈 부인은 몹시 피곤했고 머리도 아팠습니다.
하지만 만들고 있던 드레스의 바느질을 간신히 끝냈습니다.
"세상에서 가장 아름다운 드레스예요! 공작부인도 아주 좋아할 거예요."
바빈 부인의 딸, 아이린이 말했어요.
"그래 예쁘구나."
바빈 부인이 고개를 끄덕였습니다.
"그런데 어쩌면 좋으니? 오늘 밤 무도회에서 입을 옷인데, 난 이걸 갖다 줄 기운이 없구나. 몸이 너무너무 안 좋아."

첫 장면을 읽으니 단번에 여러 가지를 알 수 있었다. 주인공은 아이린, 엄마는 양재사인데 공작부인의 드레스를 다 만들었지만 너무 피곤하고 아파서 도저히 갖다 줄 수 없는 상황이다. 그래서 다음 이야기가 더 궁금해진다. 아이들은 말했다.

"걱정 마세요. 아이린이 가져다 줄 거예요."

"그림을 보세요. 아이린이 걱정하는 엄마에게 씩씩하게 말하고 있어요."

"내가 아이린이라면 이렇게 말하겠어요. '걱정하지 마세요. 제가 갖다 줄게요.' 라구요."

아이들이 상상한 것처럼 아이린은 엄마에게 이불을 두 채나 덮어 주고 레몬과 꿀을 넣어 따뜻한 차를 끓이고 난로에 나무를 더 넣어 방을 따뜻하게 했다. 그리고 양털 장화를 신고, 빨간 모자와 목도리를 두르고, 두꺼운 외투를 입고, 벙어리장갑을 끼고는 커다란 옷상자를 들고 밖으로 나왔다. 아이린이 공작부인의 집까지 가는 과정이 모험처럼 그려진다.

"집으로 돌아가! 아이린…… 집으로 돌아가아아아……."

바람이 으르렁거렸습니다.

"절대로 안 가. 그렇게는 못 해. 이 심술쟁이 바람아!"

아이린은 소리를 질렀습니다.

"집으로오 돌아가아. 집으로오 도올아가아아아."

바람은 점점 세지고 마치 들짐승처럼 울부짖고 있었습니다.

갑자기 아이린의 발이 구덩이에 푹 빠졌습니다. 아이린은 발목을 삐고 말았어요.

모두 바람 탓이에요.

"조용히 해! 지금까지 한 짓으로도 충분하잖아. 넌 일을 몽땅 망쳐 놨어! 몽땅!"

아이린이 고함을 질렀습니다.

아이린이 있는 힘을 다해 눈 속을 걸어가지만 고약한 바람은 상자 뚜껑을 열어젖히고 드레스를 휙 날려 버렸다. 게다가 발을 헛디뎌 눈 속에 파묻히고 말았다. 들고 있던 상자와 모자만 눈 위로 삐죽 나왔다. 온몸이 떨려 왔고 이가 딱딱 부딪쳤다. '이대로 얼어 죽고 말지 뭐, 그럼 이 고생도 끝날 거 아냐? 안 될 거 뭐 있어? 벌써 이렇게 묻히기까지 했는데.' 하는 생각까지 했다.

"아이린, 힘내. 그대로 있으면 얼어 죽을 수도 있어."

"나도 눈에 빠졌을 때 아빠가 구해 주었는걸. 누군가 오지 않을까?"

"숲 속이니까 사냥꾼이 오면 될 텐데."

"아이린 무서웠겠다. '그러니까 얼어 죽고 말지 뭐.' 이렇게 생각하잖아."

"나도 동생이랑 둘이 있는데 동생이 책상에 머리를 박았어요. 피가 났어요. 무서워서 울려고 했는데 동생이 보고 있어서 약 발라 주고 엄마 기다렸어요. 그리고 엄마가 왔어요. 나보고 용감한 형이라고 칭찬했어요."

아이들은 주인공 아이린이 마구 발버둥을 쳐서 눈 속에서 빠져 나왔을 때 손뼉까지 치며 즐거워했다.

'어떻게 저 반짝이는 저택까지 가지?'

질문이 떠오른 순간, 대답도 생각났습니다.

이 대목을 읽고 아이들이 이야기를 잘 따라오고 있는지 한참을 보았다.

"아이린은 노란 상자를 타고 가면 돼요."

태석이가 아이린 대신 대답을 했다.

아이린은 태석이 말처럼 노란 상자를 썰매처럼 타고 미끄러져 갔다. 바람이 뒤에서 쫓아왔지만, 따라잡지 못했다. 저택 앞에서 아이린은 나무에 걸린 아름다운 무도회 드레스를 발견했다. 바람이 옷을 거기에 걸어 놓았던 것이다. 드레스를 상자에 담아 공작부인에게 가져다 준 아이린을 보고 모두들 듣고 싶어 했다. 아이린 혼자서 눈보라를 헤치고 산을 넘어온 이야기를. 아이린은 당장 엄마에게 가고 싶었지만 눈 때문에 하루 밤을 저택에서 묵었다. 물론 무도회에서 멋지게 춤도 추고 맛있는 저녁도 먹었다.

책을 읽고 나서 한 활동은 우선 '인물이 한 일에 대하여 내 생각 말하기'였다.

- 아이린의 엄마처럼 우리 엄마도 옷 잘 만들어요. 내 잠바도 엄마가 만들었어요. 재희
- 나는 겨울이 되면 어릴 때 엄마가 만들어 준 쿠션이 제일 좋아. 참 따뜻해. 그런데 잘 만들려면 힘들었겠다. 정재
- 아이린이 내려가는 길에 넘어졌을 때, 얼굴이 얼었을 줄 알았는데 다시 일어나서 참 다행이다. 아현
- 나는 아이린처럼 추운 날에 아빠 심부름을 갔다. 자전거를 타고 갔는데 손이 너무 시려웠다. 그래도 나는 자전거 타고 에버랜드까지 혼자서 갈 거다. 주형
- 겨울방학이 되면 할머니 집에 갈 거다. 스케이트도 타고 눈싸움도 해야지. 용수

다음은 이야기를 세 장면으로 나누고 느낌을 살려 인물처럼 읽기를 했다.

장면 1.(아이린의 집)

"세상에서 가장 아름다운 드레스예요! 공작부인도 좋아할 거예요!"(밝은 목소리로, 힘차게)

"그래 예쁘구나."(고개도 끄덕이며)

"그런데 어쩌면 좋으니? 오늘밤 무도회에서 입을 옷인데, 난 이걸 갖다 줄 기운이 없구나. 몸이 너무너무 안 좋아."(힘없는 목소리)

"걱정하지 마세요, 엄마. 내가 갖다 줄게요."(씩씩한 목소리)

"그건 안 된다, 얘야. 널 보낼 수는 없어. 옷상자는 너무 크고, 저택까지는 너무 먼 길이야. 게다가 눈이 내리기 시작했잖니?"(걱정스럽고 어두운 목소리)

"전 눈을 좋아해요!"(큰 소리로 자신 있게)

"따뜻하게 입거라, 아가. 단추 꼭꼭 잠그는 거 잊지 말고. 밖은 바람도 불고 춥단다."(다정한 목소리로)

"다녀오겠습니다. 엄마."(씩씩하게)

장면 2.(목장으로 가는 오르막길)

"쌩쌩."(바람 소리 크게)

"그만 불어!"(야단치는 목소리)

"집으로 돌아가! 아이린……. 집으로 돌아가아아아……."(으르렁거리는 목소리)

"절대로 안 가. 그렇게는 못 해. 이 심술쟁이 바람아!(크게 소리치며)

"집으로오 돌아가아. 집으로오 도올아가아아아."(떨리듯이 울리는 목소리)

"돌아가지 않으면 말이야……."(겁을 주는 목소리)

"이건 우리 엄마가 만든 거야!"(바람에게 따지듯이 큰 소리로)

"조용히 해! 지금까지 한 짓으로도 충분하잖아. 넌 일을 몽땅 망쳐 놨어! 몽땅!"(화가 나서 고함을 지르며)

장면 3.(저택, 집)

"엄마, 엄마! 찾았어요!"(기쁘게 소리를 지른다)

"걱정하지 마라, 얘야. 엄마는 지금 틀림없이 주무시고 계실거야. 내일 아침 일찍 집에 데려다 주마."(웃는 얼굴로 따뜻한 목소리)

"우리 애가 어디 있는 거야?"(놀란 목소리로, 크게 빠르게)

"엄마, 다녀왔습니다."(씩씩하고 밝은 목소리)

역할을 정해서 읽고 학습지는 공책에 붙인 다음 집에서 식구들과 함께 읽어 오기를 했다. 정재가 태석이랑 같이 읽겠다고 했다. 바람이랑 엄마 그리고 아이린 이렇게 세 명이 필요한데 정재도 엄마랑 둘 뿐이니까 태석이가 바람을 하면 좋겠다고 했다. 태석이도 좋아라 했다. 유진이가 편지를 쓰는데 용수가 생각나는 시가 있다며 입으로 불러 주었다. 그래서 받아 적었더니 멋진 시가 나왔다. 희성이와 미리는 그림을 그렸다. 윤환이는 밤에 아이린이 생각나서 일기를 써 왔다.

인물이 되어 일기 쓰기

12월 17일 금요일 도랑에 물이 얼고 하얀 서리가 내렸다.

제목 : 용감한 아이린

안녕? 난 아이린이야. 나는 공작 아줌마에게 드레스를 가져다 줘야해. 나랑 같이 모험을 떠나자. 눈보라가 치는데 어떻게 하지? 그래. 좋은 생각이 떠올랐다. 드레스를 박스에 넣고 옷을 따뜻하게 입고 가야해. 내가 밤까지 걸어가는데 공작 아줌마네 저택이 안 보여. 지금 난 참 위험해. 늑대가 날 잡아먹으려고 오는 소리가 들려. 빨리 가자.

어! 눈보라가 더 심하게 쳐. 어! 드레스가 날아갔다.

어떻게 하지? 미끄러졌다.

아! 다리가 아파.

아! 좋은 생각이 떠올랐다. 상자를 타고 가자. 응. 저택까지 빨리 가자 야호! 안녕

10시부터 10시 20분까지, 윤환

시쓰기

나 혼자 갈 거야.

용수

혼자 할 수 있어.
가방 정리도
그리기도
화장실 가기도
하고 싶은 것
나 혼자 할 수 있어.

혼자 갈 거야.
교실로
운동장으로
나 혼자 갈 거야.

기억에 남는 장면 그리기

주인공에게 편지 쓰기

용감한 아이린에게.

아이린아, 너는 왜 엄마한테 눈을 좋아한다고 했니?

눈이 오는데 그렇게 먼 곳까지 갈 생각을 했니?

나는 니가 바람에게 "그만 불어!" 하고 야단칠 때 참 시원한 느낌이 들었어.

나도 겨울바람이 불면 가다가 돌아서서 "그만 불어!" 하고 소리쳐 볼 거야.

드레스가 바람에 날려서 없어졌는데 너는 빈 상자를 가져다주겠다고 했지.

끝까지 걸어가서 말을 타고 다시 돌아오는 아이린아, 너는 참 용감한 아이야.

안녕.

유진

●●● 『용감한 아이린』 © 윌리엄 스타이그 글 그림, 김서정 옮김, 웅진주니어

『황소 아저씨』 © 권정생 글, 정승각 그림, 길벗어린이

『또야 너구리가 기운 바지를 입었어요』
© 권정생 글, 박경진 그림, 우리교육

또야 너구리야! 놀자

『황소 아저씨』『또야 너구리가 기운 바지를 입었어요』

학년을 마무리하는 2월. 우리는 권정생 선생님이 쓴 책들과 놀았다. 집에서 가져온 책과 도서관에서 빌린 것을 교실 이곳저곳에 부려 두고 '책 징검다리 건너기 놀이'도 하고 '이불 덮고 책 읽기'도 했다. 이불 덮고 책 읽기 첫 시간에 『황소 아저씨』(권정생 글, 정승각 그림, 길벗어린이)를 읽었다. 권정생 선생님이 누군지 궁금해 하는 아이들에게 작가의 이야기를 들려주었다.

"저기 멀리 경북 안동이란 곳이 있어. 그곳에 큰 탑이 있어서 마을 이름이 탑골이야. 그 마을에는 할아버지 한 분이 살고 계셨어. 할아버지는 추운 겨울밤에 생쥐가 찾아오면 이불을 같이 덮고 자. 할아버지네 집 담벼락엔 새집이 있고 그 집 마당에 누렁이 한 마리가 같이 살았어. 할아버지는 일본에서 태어나셨고 두 번이나 전쟁을 겪으며 가족들이 모두 헤어져 살았거든. 또 할아버지가 어릴 때 둘째 형님이 하늘나라로 가서 어머니가 많이 슬퍼했었어. 너무 가난해서 거지처럼 구걸도 했고 몸이 아파서 많이 많이 울며 혼자 지냈대. 이웃에 살던 할아버지 할머니들 이야기를 들어주고 편지도 대신 써 주면서 살았는데, 할아버지는 어머니께 들었던 이야기며 동네 어른들이 들려준 이야기를 글로 써서 지금 우리가 읽는 책이 되었어. 그 할아버지 이름이 권정생이야."

그림책 표지와 제목을 보고 이야기 상상하기를 했다. 속표지를 보니 한밤중에 황소 아저씨에게 일어난 일인 것을 알게 되었다.

한밤중이에요. 황소 아저씨네 추운 외양간에 하얀 달빛이 비치었어요. 둥그런 보름달님이 은가루 같은 달빛을 쏟아 놓은 거예요.

첫 장면을 읽는데 자현이가 "그림 속으로 들어가는 것 같아요."라고 말하고는 양팔을 휘저어 헤엄치는 시늉을 하며 "그림을 보니까 밤에 달님이 달빛으로 헤엄치며 외양간으로 들어가는 느낌이 나요."라고 했다. 동은이는 "외양간이 밖에 있어서 좀 추울 것 같아요. 왜냐하면 진도에 있는 우리 할머니네 집에 개집이 있어요. 그런데 집 밖에 있는데 추우니까 외양간도 그럴 것 같아요."고 한다.

생쥐들은 구유 안에서 맛있는 찌꺼기를 실컷 먹었어요.
"애들아, 구유 안에 똥 누면 안 된다."
"예!"
"오줌도 누면 안 되고 코딱지 묻혀도 안 된다."
"예!"
구유는 황소 아저씨 밥그릇이니까 거기다 똥을 누거나 오줌을 누면 안 되겠지요.

이 대목을 무지 좋아해서 두세 번 읽었다. 『하느님의 눈물』에서도 아기 소나무가 달님에게 말하는 장면을 좋아했다. 여기도 쉬하는 장면이 나온다. 아이들이 좋아하는 건 똥이나 오줌이 나오는, 본능이 살아 있는 이야기다.

"에그 거짓말, 아줌마 얼굴이 빨개진 걸 보니 달님이 취했군요. 그렇죠?"
"그럼, 그때 시커먼 포장은 왜 잔뜩 가려 놓았어요? 누가 볼까 봐 궁뎅이 감추느라 그랬죠?" 『하느님의 눈물』에서

『황소 아저씨』를 읽은 아이들은 작은 새앙쥐랑 황소 아저씨가 서로 친하게 장난말을 하는 게 재미있다고 했다. 하지만 황소 아저씨의 마음을 상상하거나 느끼기는 힘들어 했다. 황소를 직접 본 아이가 한 명도 없고 황소는 어른 캐릭터니까 이해하기 힘들었나 보다. 아이들은 작은 생쥐들이 엄마 아빠를 잃었지만 씩씩하게 지내는 것을 좋아했다. 듬직하고 따스한 마음을 가진 황소 아저씨보다 작은 생쥐들에게 마음이 쏠렸다. 아이들이 그린 그림 속에도 생쥐들이 서로 보듬고 추위를 견디는 모습이 많았다. 여덟 살 아이들은 마치 꼬마 생쥐가 된 것처럼 이불을 덮고 책을 돌려보며 행복해 했다.

쉬는 시간에 『황소 아저씨』 그림책 속에 들어있는 글자 벌레 찾기 놀이를 했다.

(　　　) 안에 들어갈 낱말들을 글자 벌레들이 가져갔어요. 찾아 주세요.

외양간	보리짚 대궁이	(　　　)	달빛에 비쳤어요.

황소 아저씨는	생쥐들이	귀여워	두 눈이	(　　　)	커졌어요.

*( )안에 들어갈 '카랑카랑'과 '오묵오묵' 두 글자를 찾고 어떤 느낌인지 말로 해 보았다.

'이불 덮고 책 읽기' 두 번째는 『또야 너구리가 기운 바지를 입었어요』

(권정생 글, 박경진 그림, 우리교육)다. 아이들은 '기운 바지를 입으면 산에 나무랑 시냇물에 고기가 아주아주 예쁘게 된다.'고 작가가 힘주어 말해도 시큰둥했다. 기운 바지를 입은 적이 한번도 없으니 별말이 없는 게 당연하다는 생각도 들었다.

아이들의 마음을 움직인 것은 유치원에 다니던 또야가 엄마 심부름하는 대목이었다. 자기들도 또야처럼 혼자 심부름을 해 냈다고 뽐냈다. 유년의 아이가 혼자 심부름을 했다는 건 무척 자랑스러운 일인 걸 알 수 있었다. 작가가 어린이 독자들의 마음을 꿰뚫고 있는 것이 느껴졌다.

엄마는 또야한테 백 원짜리 동전 한 닢을 줬어요.
"이것 심부름하는 값이야?"
"아니, 심부름은 그냥 하는 거고 백 원은 그냥 주는 거야."
또야는 함빡 웃었어요.
돈 백 원이 심부름값이라면 아무래도 찜찜하잖아요. 엄마가 시키는 일에 어떻게 값을 받겠어요.

"우리 엄마는 심부름해도 돈 안 줘요."
수현이가 볼이 부은 채로 말했다.
그래서 '심부름하면 꼭 돈을 받아야 하나?'에 대해 토론을 해 보았다. 아이들 말을 들어 보니 돈을 받는 것보다 어른들이 돈으로 보상하는 것이 더 문제라는 걸 알게 되었다. 예를 들면 받아쓰기 100점을 10번 받으면 만 원을 주고, 20번을 받으면 닌텐도를 사 주겠다는 약속을 해 놓고 중간에 90점이나 80점 받으면 돈도 선물도 안 주는 것이나, 수학시험 100점 맞으면 용돈을 올려 주겠다는 부모님도 많았다. 아이들 이야기를 들으니 같은 어른으로 참 부끄러웠다. 받아쓰기 잘하고 시험 잘 보는 아이만 칭찬 받고 가지고 싶은 걸 얻게 된다면 그렇지 않은 아이는 아무 것도 갖지 못하는 게 당연한 일인지 묻게 된다. 공부가 부족하고 100점을 못 받는 아이는 어떻게 하란 말인가? 이것은 어릴 때부터 우승열패를 몸으로 익히게 해서 다른 사람과 상관없이 나만 잘하도록 훈련시키는 것이 아닐까 생각해 보아야 한다. 혼자서 당당하게 자라는 또야 너구리처럼 우리 아이들 모두에게는 엄마 심부름에 값을 매기지 않고 당당하게 해 주는 여유와 상냥함이 있다는 것을 기억해야 한다.

다음 날은 유민이가 「밤 다섯 개」를 읽어 주었고 유민이와 백찬이와 미혜가 역할을 맡아서 『강아지똥』(권정생 글, 정승각 그림, 길벗어린이)을 읽었다. 똑같은 이야기라도 또랑또랑한 아이들 목소리로 들으니 재미가 쏠쏠했다. 책 읽는 친구를 빤히 쳐다보는 아이들. 그 사이로 누군가가 다가왔다. 바로 생쥐 형제들이랑 또야 너구리랑 아기 소나무였다. 그들은 아이들이 덮고 있는 이불 속으로 슬며시 들어가더니 작은 발가락을 꼼지락거렸다. 모른 척하며 나도 이불 속으로 발을 넣었다. 따뜻했다.

몸으로 드러내기

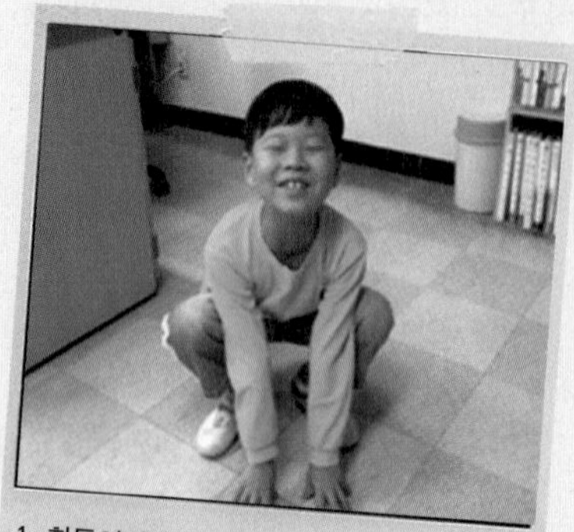

1. 흰둥이가 누고 간 강아지똥

2. 참새가 강아지똥을 쪼으며 "에그, 더러워."

3. 흙덩이가 자기 이야기를 하며 울고 있어요

4. 엄마 닭과 병아리가 강아지똥을 쪼아요

5. 별처럼 예쁜 꽃을 피운 강아지똥과 민들레

아이들이 쓴 글

● 아기 너구리의 심부름

오늘은 선생님이 책을 읽어 주셔서 기분이 좋았다. 그런데 선생님이 내가 읽었다니까 나보고 나와서 책을 읽어라 그랬다. 읽은 소감은 재미있고 다시 한번 읽고 싶다. 들은 소감은 선생님이 느낌을 살려 읽어 줘서 참 좋았다. 유민

● 또야 너구리에게 쓴 편지

또야 너구리에게. 또야 너구리야 유치원 때 기운 바지를 입었는데 7살 되어서 심부름을 하는구나. 지금처럼, 8살이 되어서도 엄마 말 잘 듣는 어린이가 되면 좋겠어. 공부도 잘하고. 안녕. 미혜

● 오늘은 선생님이 5교시에 책을 2권 읽어 주셨다. 책 2권 중에 1권, 하느님의 눈물 - 아기 소나무에 대해서 쓸 것이다. 자기가 달님에게 손이 닿을 정도로 커서 초가집에 살고 있는 할머니 할아버지가 자기를 보아서 가지를 베어 새 초가집을 지으라고 달님에게 한 말이 기억에 남았다. 아기 소나무는 착하고 남을 배려하는 마음이 느껴져서 나도 아기 소나무처럼 그런 마음을 가져야겠다는 마음이 들었다. 하은

● 책 읽기

나는『하느님의 눈물』이 재미있었다. 그 아기 소나무가 달님한테 비가 오는 걸 쉬라고 하였다는 게 재밌었다. 왜냐면 비를 더러운 쉬라고 했으니까. 그런데 달님이 사실은 쉬가 아니라 비라고 말해 주는 게 재미있었다. 비가 쉬라면 얼마나 냄새가 지독할까? 우산을 써도 지독하겠지. 규원

● 강아지똥

저는 『강아지똥』을 읽었습니다. 『강아지똥』에서는 등장인물이 흙덩이, 강아지똥, 참새, 병아리, 어미닭, 소달구지 아저씨, 흰둥이가 나왔습니다. 처음엔 흰둥이가 지나가다 똥을 누었어요. 그런데 참새 한 마리가 날아와 "에그, 에그 더러워라."라고 놀렸어요. 강아지똥은 불쌍했어요. 그래서 위로해 주고 싶었어요. 나는 다른 친구들을 놀리지 않겠습니다. 수현

● 노란 병아리

오유진

강아지똥을 읽고 병아리가 생각났다.
병아리를 샀다.
돋보기로 보니까 입이 무척 컸다.
근데 너무 삐악거린다.
으! 시끄러워.
다음 날 아침에 죽었다.
강아지똥도 뿌셔져서 땅속으로 들어갈 때 많이 아팠을 거다.
병아리도 그랬을까?

● 강아지똥

강예진

우리 집 강아지가 눈
강아지똥은 냄새 지독하다
강아지똥은 이상하게 생겼다
강아지똥은 냄새가 지독하지만
이야기 속 강아지똥은 진짜 신기하다.

● 강아지똥

조백찬

강아지똥은 더럽지만
예쁜 꽃을 피운다.
별처럼 예쁜 꽃을 피운다.

● 진짜 강아지똥

곽정원

강아지똥은 인기가 많다.
파리가 강아지똥에게 몰려들 때
강아지똥은 기분이 좋은가 보다.

편지쓰기

● 강아지똥에게

강아지똥아, 네가 더럽다고? 아니야 그렇게 더럽지 않아. 그래서 난 네가 좋아. 강아지똥아 슬퍼하지마. 친구가 있잖아. 하람

● 강아지똥에게

강아지똥아, 참새가 콕콕 쪼았을 때 많이 아팠니?
똥, 아이 더러워 할 때 많이 슬펐니? 궁금해져.
민들레는 참 고마웠지
네 몸이 녹아 내릴 때 많이 아팠어? 강아지똥아 안녕. 수현 올림

● 권정생 선생님

선생님 저는 동화책 중에서 강아지똥 책이 제일 좋아요. 전린 올림

● 권정생 선생님께

선생님, 많은 재미있는 책과 감동적인 이야기를 해 주셔서 감사 감사 너무 감사합니다. 제가 제일 재미있었던 책은 『하느님의 눈물』과 『강아지 똥』이었어요. 『하느님의 눈물』이라는 책 속에 있는 이야기 중에서 「아기 소나무」라는 제목이 제일 감동적이었어요. 권정생 선생님이 만든 책은 뭐든지 재미있을 것 같아요. 선생님 하늘에서도 우리가 선생님이 만든 책 읽고 있는지 많이많이 지켜 봐 주세요. 수헌 올림

● 권정생 선생님, 책을 어떻게 만들었어요?

선생님 책을 만들어 줘서 감사합니다. 캐릭터 이름은 어떻게 지었어요? 정말 멋있어요.

또야 너구리도 뽕이랑 코야도 재미있어요. 권정생 선생님 지금도 책을 읽고 있어요. 선생님 책이 너무너무 좋아요. 그런데 권정생 선생님 얼굴이 달라요. 사진하고 그림이요. 나는 사진이 더 좋아요. 권정생 선생님, 오래오래 살고 건강하세요. 사랑해요. 재혁

저학년 동화 읽기

저학년 아이들과 함께 하는 동화 읽기의 목표는 '놀이처럼 신나는 책 읽기'다. 아이들은 몸을 움직여 놀 때 스스로 새로운 규칙과 방법을 생각하며 논다. 동화 읽기의 재미도 마찬가지다. 아이들은 이야기 속에서 그려진 새로운 세계를 발견하고 놀라며 즐거워한다. 등장인물처럼 말하고 가장 기억에 남는 대목을 몸으로 표현하면서 새로운 즐거움을 만들어 낸다.

1, 2학년 교육과정은 주제 통합 학습으로 이루어져 있다. 따라서 1년을 월별 혹은 계절별로 나누어 주제 중심의 책 읽기를 하였다. 월별 주제에 따라 재량 활동 시간과 국어 시간, 마무리 시간에 함께 동화를 읽었다. 무엇보다 교사의 읽어 주기 활동을 통해 아이들은 듣는 힘을 기를 수 있었다. 또한 잘 듣고 제때 제대로 말하는 법도 익혔다. 동화 읽기가 즐거운 놀이라는 것을 경험할 때 아이들은 동화책을 읽고 또 읽었다.

월	주제	함께 읽은 동화	활동 내용
3	친구	**강아지똥** 권정생 글, 정승각 그림, 길벗어린이	· 표지 보며 상상하기 · 책 읽어 주기 · 첫 느낌 나누고 내용 파악하기 · 몸으로 나타내기 - 정지 동작 후 설명하기 · 강아지똥에게 편지 쓰기 등
		무지개 물고기 마르쿠스 피스터 글 그림, 공경희 옮김, 시공주니어	· 책 읽어 주기 · 이야기 나누기 · 물고기 종이에 크게 그리기 · 비늘마다 돌아다니며 친구 이름 적기
		괜찮아 고정욱 글, 최호철 그림, 낮은산 **바위나리와 아기별** 마해송 글, 정유정 그림, 길벗어린이 **오스카는 친구가 필요해** 존 스팀슨 글, 맥 루터 보드 그림, 김현진 옮김, 삼성출판사 **화요일의 두꺼비** 러셀 에릭슨 글, 김종도 그림, 사계절출판사	

<table>
<tr><th>월</th><th>주제</th><th>함께 읽은 동화</th><th>활동 내용</th></tr>
<tr><td rowspan="3">4</td><td rowspan="3">봄
·
자연</td><td>우리 순이 어디 가니
윤구병 글, 이태수 그림,
보리</td><td>· 책 읽어 주기
· 봄에 볼 수 있는 동식물 이야기 나누기
· 봄꽃 자세히 보고 그리기
· 학교 뜰 살펴보고 봄나물 캐기
· 봄에 대한 시 쓰기</td></tr>
<tr><td>오소리네 집 꽃밭
윤구병 글, 이태수 그림,
보리</td><td>· 표지와 제목 보며 이야기 나누기
· 인상 깊은 대목 찾아 몸으로 드러내기
· 시장이나 학교에서 있었던 일 이야기하기
· 책에서 나온 꽃 찾아보기
· 우리 주변에서 '오소리네 집 꽃밭'과 같은 곳 찾기</td></tr>
<tr><td colspan="2">고래들의 노래 다이안 셸든 글, 개리 블라이드 그림, 고진화 옮김, 비룡소
들나물 하러 가자 도토리 글, 이제호 그림, 보리
봄날 호랑나비를 보았니? 조은수 글, 문승연 꾸밈, 재미마주 편집부 엮음, 길벗어린이
알도 존 버닝햄 글 그림, 이주령 옮김, 시공주니어
야, 우리 기차에서 내려! 존 버닝햄 글 그림, 박상희 옮김, 비룡소
잘 가, 토끼야 이상권 글, 이태수 그림, 창비</td></tr>
<tr><td rowspan="3">5</td><td rowspan="3">가족
·
양성
평등</td><td>까마귀 소년
야시마 타로 글 그림,
윤구병 옮김, 비룡소</td><td>· 책 표지 보면서 이야기 나누기
· 책 읽어 주기
· 등장인물 인터뷰하기
· 까마귀 소년의 가방엔 어떤 것이 들어있을까 상상해서 그리기
· '이런 선생님이 좋아요.' 친구들과 조사하기</td></tr>
<tr><td>돼지책
앤서니 브라운 글 그림,
허은미 옮김, 웅진주니어</td><td>· 제목에서 떠오르는 생각 말하기
· 책 읽어 주기
· 가족에게 편지 쓰기</td></tr>
<tr><td colspan="2">고릴라 앤서니 브라운 글 그림, 장은수 옮김, 비룡소
부루퉁한 스핑키 윌리엄 스타이그 글 그림, 조은수 옮김, 비룡소
순이와 어린동생 쓰쓰이 요리코 글, 하야시 아키코 그림, 한림출판사
아가야, 안녕? 제니 오버렌드 글, 줄리 비바스 그림, 김장성 옮김, 사계절출판사
오른발 왼발 토미 드 파올라 글 그림, 정해왕 옮김, 비룡소
우리 할아버지 존 버닝햄 글 그림, 박상희 옮김, 비룡소
종이 봉지 공주 로버트 먼치 글, 마이클 마첸코 그림, 김태희 옮김, 비룡소
터널 앤서니 브라운 글 그림, 장미란 옮김, 논장</td></tr>
</table>

월	주제	함께 읽은 동화	활동 내용
6	평화 · 공동체	**쇠를 먹는 불가사리** 정하섭 글, 임연기 그림, 길벗어린이	· 상상의 동물 이름 대기 · 책 읽어 주기 · 내용 파악하기 · 점토로 불가사리 만들기/그리기
		경극이 사라진 날 야오홍 글 그림, 전수정 옮김, 사계절출판사	· 표지와 제목 보며 이야기 예상하기 · 그림책 읽기 · 가장 인상 깊은 대목 이야기하기 · 주인공이 되어 일기 쓰기 · 내가 생각하는 평화란 – 한 줄 쓰기
		곰 인형 오토 토미 웅거러 글 그림, 이현정 옮김, 비룡소 **꼬마 구름 파랑이** 토미 웅거러 글 그림, 이현정 옮김, 비룡소 **나는 평화를 꿈꿔요** 유니세프 지음, 김영무 옮김, 비룡소 **여섯 사람 데이비드** 데이비드 맥키 글 그림, 김중철 옮김, 비룡소 **전쟁** 아나이스 보즐라드 글 그림, 최윤정 옮김, 비룡소 **평화란 어떤 걸까?** 하마다 게이코 글 그림, 박종진 옮김, 사계절출판사	
7, 8	여름 · 놀이	**갯벌이 좋아요** 유애로 글 그림, 보림	· 책 표지 보고 이야기 나누기 · 그림책 읽기 · 갯벌에서 있었던 일 이야기하기 · 갯벌에 사는 생물 찾아보기 · 갯벌에서 할 수 있는 놀이 이야기 나누기
		갯벌, 무슨 일이 일어나고 있을까? 이혜영 글, 조광현 그림, 사계절출판사 **갯벌에 뭐가 사나 볼래요** 보리 글, 이원우 그림, 보리 **갯벌에서 만나요** 보리 글, 이원우 그림, 보리 **모기는 왜 귓가에서 앵앵거릴까?** 버나 알디마 글, 다니엔 딜론 · 레오 딜론 그림, 김서정 옮김, 보림 **심심해서 그랬어** 윤구병 글, 이태수 그림, 보리 **세상에서 제일 힘센 수탉** 이호백 글, 이억배 그림, 재미마주 **아카시아 파마** 이춘희 글, 윤정주 그림, 임재해 감수, 사파리(언어세상.이퍼블릭)	

월	주제	함께 읽은 동화	활동 내용
9	추석 · 참다운 나	**솔이의 추석 이야기** 이억배 글 그림, 길벗어린이	· 그림책 읽고 이야기 나누기 · 추석의 의미와 하는 일 알아보기 · 강강술래 배우기 · 가족과 친척에게 어릴 적 추석 모습 이야기 듣기
		100만 번 산 고양이 사노 요코 글 그림, 김난주 옮김, 비룡소 **슈퍼 토끼** 헬메 하이네 글 그림, 김서정 옮김, 시공주니어 **윌리와 악당 벌렁코** 앤서니 브라운 글 그림, 허은미 옮김, 웅진주니어 **지각대장 존** 존 버닝햄 글 그림, 박상희 옮김, 비룡소 **프레드릭** 레오 리오니 글 그림, 최순희 옮김, 시공주니어 **피터의 의자** 에즈러 잭 키츠 글 그림, 이진영 옮김, 시공주니어 **휘파람을 불어요** 에즈라 잭 키츠 글 그림, 김희순 옮김, 시공주니어	
10	우리말 · 가을	**기차 ㄱㄴㄷ** 박은영 글 그림, 비룡소 **바빠요 바빠** 윤구병 글, 이태수 그림, 보리	· ㄱ~ㅎ을 넣어 재미있는 말놀이하기 · 한글 티셔츠 만들기 · 나뭇잎 자세하게 그리고 천연염색하기 – 도움반 통합 수업 · 천연염색 후 느낌 적기 · 가을 느낌 찾아 이야기 나누기 · 티셔츠 입고 사진 찍기
		가을을 만났어요 이미애 글, 한수임 그림, 보림 **개구쟁이 ㄱㄴㄷ** 이억배 글 그림, 사계절출판사 **냠냠 한글 가나다** 정낙묵 글, 이제호 그림, 이주영 감수, 고인돌 **뛰어라 메뚜기** 다시마 세이조 글 그림, 정근 옮김, 보림 **생각하는 ㄱㄴㄷ** 이지원 글, 이보나 흐미엘레프스카 그림, 논장 **아기곰의 가을 나들이** 데지마 게이자부로 글 그림, 정근 옮김, 보림 **최승호 시인의 말놀이 동시집** 최승호 시, 윤정주 그림, 비룡소 **호랭이 꼬랭이 말놀이** 오호선 글, 남주현 그림, 길벗어린이	

<table>
<tr><th>월</th><th>주제</th><th>함께 읽은 동화</th><th>활동 내용</th></tr>
<tr><td rowspan="2">11</td><td rowspan="2">책 읽기
·
환경</td><td>도서관
사라 스튜어트 글, 데이비드 스몰 그림,
지혜연 옮김, 시공주니어
가로수 밑에 꽃다지가
피었어요
이태수 글 그림, 우리교육</td><td>· 책 읽고 이야기 나누기
· 도서관 찾아 가서 도우미 선생님 만나기
· 내가 좋아하는 책 찾고 제자리에 꽂기
· 가을에 나타나는 식물의 변화 이야기하기
· 학교에 있는 식물 자세히 관찰하고 이름 알아보기
· 책 읽고 느낌 적기
· 자연에게 다짐하는 말 편지로 쓰기</td></tr>
<tr><td colspan="2">도서관에 간 사자 미셸 누드슨 글, 케빈 호크스 그림, 홍연미 옮김, 웅진주니어
들나물 하러 가자 도토리 기획, 이제호 그림, 보리
책 먹는 여우 프란치스카 비어만 글 그림, 김경연 옮김, 주니어김영사
아름다운 책 클로드 부종 글 그림, 최윤정 옮김, 비룡소</td></tr>
<tr><td rowspan="2">12</td><td rowspan="2">겨울
풍경</td><td>장갑
에우게니 M. 라초프 글 그림,
이영준 옮김, 한림출판사</td><td>· 책 표지 보고 이야기 나누기
· 겨울 풍경 이야기하기
· 내 장갑 속에 찾아 온 친구들 그리기
· 양로원 방문
※김장 김치 가져와서 밥 먹기
· 어려운 이웃에게 편지 쓰기</td></tr>
<tr><td colspan="2">아기여우와 털장갑 니이미 난키치 글, 구로이 켄 그림, 손경란 옮김, 한림출판사
팥죽 할머니와 호랑이 조대인 글, 최숙희 그림, 보림
팥죽 할멈과 호랑이 박윤규 글, 백희나 그림, 시공주니어
팥죽 할멈과 호랑이 서정오 글, 박경진 그림, 보리
산타 할아버지 레이먼드 브릭스 글 그림, 박상희 옮김, 비룡소
산타클로스는 할머니 사노 요코 글 그림, 이영미 옮김, 나무생각
오늘은 우리 집 김장하는 날 채인선 글, 방정화 그림, 보림</td></tr>
<tr><td rowspan="2">2</td><td rowspan="2">꿈
·
겨울
놀이</td><td>손 큰 할머니의 만두 만들기
채인선 글, 이억배 그림,
재미마주</td><td>· 그림책 읽고 이야기 나누기
· 나의 꿈 말하기
· 설날 음식 알아보기
· 만두 만들기</td></tr>
<tr><td colspan="2">곰 레이먼드 브릭스 글 그림, 박상희 옮김, 비룡소
괴물들이 사는 나라 모리스 샌닥 글 그림, 강무홍 옮김, 시공주니어
구름 공항 데이비드 위즈너 글 그림, 베틀북
구름빵 백희나 글 그림, 김향수 사진, 한솔수북
눈사람 아저씨 레이먼드 브릭스 글 그림, 마루벌
도대체 그 동안 무슨 일이 일어났을까? 이호백 글 그림, 재미마주
이상한 화요일 데이비드 위스너 글 그림, 비룡소</td></tr>
</table>

2

생각을 키우는 동화 읽기

『만국기 소년』 © 유은실 글, 정성화 그림, 창비

닭대가리 아저씨, 부끄러워 마세요!

「내 이름은 백석」

"자기 이름에 무슨 뜻이 들어 있는지 아는 사람?"

"저는 '가현'인데요. 화살 줄처럼 팽팽하게 당겨져 힘차게 살라는 뜻이래요."

"'인영'은요 나라에서 인정한 사람이래요."

"와! 대단하다. 어떻게 인정을 한다는 거지?"

"저는요, 유명한 가수가 되서 인정받고 싶어요."

"제 이름은 아빠가 꿈속에서 구슬에서 태어난 예쁜 아기를 봤대요. 그래서 '주미'라고 지었어요."

"아빠가 태몽을 꿨네."

"맞아. 내 이름 속에 아빠가 있어."

이야기를 듣고 아이들을 보니 다시 보였다.

"오늘 읽는 건 아주 짧은 이야기예요. 그런데 그 이야기 속에 무엇이 들어있는지 곰곰이 생각해 보고, 낙서도 하고 이야기 제목도 맞춰 보세요."

"네."

내 이름은 백석이다. 우리 아빠가 지어 줬다. 아빠는 시장에서 닭집을 한다. 별명은 '닭대가리'다.

"와하하하, 별명이 닭대가리라고?"

첫 줄에 아이들 웃음보가 터졌다.

"왜 닭대가리예요? 닭대가리는 무식하다는 건데……."

책 내용을 앞질러 물어보고 대답하는 아이들은 쉽게 이야기 속으로 들어왔다.

나는 아빠 별명이 싫다. '닭대가리'는 무식한 사람을 얕잡아 보는 말이기 때문이다. 하지만 아빠는 이 별명을 싫어하지 않는다. 시장 아저씨들이 "어이, 닭대가리."하고 부르면 "꼬끼오."하며 벙긋 웃는다.

"우리 아빠 별명은 빛나리예요. 머리카락이 없어서 그래요"

"그래? 아빠한테 멋진 모자 선물해야겠다."

"그래서 아빠 생신에 야구 모자 사 드렸어요."

"그런데 다른 사람들이 아빠보고 빛나리라고 부르면 싫어요."

"아, 그렇구나."

혜주 말에 아이들도 고개를 끄덕였다.

"그러니까……. 가난한 내가 아름다운 나타샤를 사랑해……. 음, 그러니까 세계적인 천재 시인 백석이 나타샤, 음, 그러니까 미국 여자를 좋아한 거야. 백석이 나타샤랑 결혼을 하려고 하는데……."

"아니지, 나타샤는 미국 여자가 아니지."

닭을 튀기던 엄마가 끼어들었다.

"그럼 어느 나라 여잔데?"

"소련 여자 같은데?"

"아냐, 미국 여자야."

나타샤 때문에 엄마 아빠는 말다툼을 시작했다.

(중략)

그러자 갑자기 건어물집 아저씨가 웃기 시작했다.

"아이고 이 사람아. 소련이 러시아잖아. 러시아로 이름 바꾼 지 한참 됐어. 그러게 닭이나 치지, 왜 나타샤를 찾아. 어이, 닭대가리."

건어물집 아저씨는 아빠를 툭툭 치며 계속 "어이, 닭대가리."했다. 하지만 아빠는 "꼬끼오."하고 대답하지 않았다. 아빠 얼굴은 발갛게 달아올랐다.

"러시아가 소련 맞아요?"

"그래. 그것도 모르냐? 이 닭대가리야."

재환이가 눈을 둥그렇게 뜨고 물었는데 혜리가 확 꼬집으면서 닭대가리라고 놀렸다.

"내가 왜 닭대가리야?"

재환이는 화가 나서 씩씩거렸다.

"맞아. 재환이 축구 얼마나 잘하는데."

재환이 단짝 일선이가 편을 들었다.

"미안해. 장난으로 그랬어."

혜리가 사과했지만 재환이는 모른 체 했다.

"이것 봐. 여기 이 닭 보이지? 이렇게 목이 길게 달려 있는 게 신선한 거야. 닭은 내장보다 목이 먼저 상해. 그래서 외국에서 들어오는 건 다 목이 짧아. 목을 달고 들어오면 옮기다 썩을 수 있으니까. 아빠는 언제나 목 달려 있는 닭만 팔아. 아빠는 닭을 잘 알아. 닭은 언제나 목이 길게 달려 있는 게 맞는 거야."

아빠는 두 손에 닭을 하나씩 잡고, 닭 모가지를 손아귀에 쥐고 흔들었다.

"우와, 엽기다."

"그런데 선생님. 외국에서 들어오면 왜 상하나요?"

"어휴, 그것도 모르냐? 멀리서 오니까 배에 실고 오면 오래 걸리니까 상하지. 이……."

또 혜리가 나선다.

"아, 그래서 '미친 소는 안 먹어.' 그러는 거구나."

"미친 소가 뭐야?"

"30개월 넘는 소는 위험하대. 광우병도 모르냐?"

재환이가 물을 때마다 혜리가 똑 부러지게 설명을 했다.

"야, 넌 어떻게 그렇게 잘 아냐?"

"그것도 모르냐? 책을 많이 봐서 그렇지."

재환이가 혜리를 아주 부러운 눈으로 쳐다보았다.

"혜리야, 너도 모르는 거 있잖아. 축구나 농구 하는 거."

내가 은근슬쩍 재환이 편을 드니까 혜리도 그렇다고 대답했다.

다음은 제목 정하기다. '백석이와 천재 시인', '닭대가리 아빠'라는 말도 나왔다. 혜리가 '내 이름은 백석'이라고 하면서 동화 첫 구절에 이름이 나와서 그런 생각을 하게 됐다고 했다. 이야기를 시작하는 첫 문장에 아이들의 관심이 집중된다는 걸 알게 되었다.

두 번째 활동은 '인물이 되어 말하기'다. 듬직한 동주가 아빠 역할을 했다.

질문 어떻게 해서 닭집을 차렸슈?

대답 아, 내가 어릴 때부터 병아리 좋아하고 닭도 잘 키우고 해서 그랬소. 내가 무식하고 잘 몰라도 닭은 잘 알지.

질문 닭대가리라고 놀렸을 때 기분이 어떻소?

대답 기분은 나쁘지만 어떻게 하겠소. 내가 참아야지.

질문 정말 백석이란 시인을 몰랐단 말이요?

대답 당연하지. 그럼 당신은 뭐든지 다 안단 말이요?
질문 칼로 닭 자를 때 기분이 어떻소?
대답 그건 잘 모르겠소. 직접 해 보지 않아서.

TV 프로그램 '기승사(기적의 승부사)' 흉내를 낸 묻고 답하기에서 석이 아빠의 마음을 알 수 있었다. 백석 역할은 혜리가 맡아서 인터뷰를 했다.

질문 아빠가 닭목을 잡고 막 흔들었을 때 기분이 어땠어?
대답 닭이 싱싱해 보였어. 좀 어색하기도 했지.
질문 왜 어색했어?
대답 그냥, 아빠가 닭목을 흔드는 걸 보고 손을 막 흔들 수는 없었다고 했잖아. 쑥스럽지. 어색하고.
질문 천재 시인이랑 이름이 같다는 걸 알았을 때 어떤 생각이 들었어?
대답 아주 좋았어. 천재라고 하잖아.
질문 아빠가 놀림당할 때랑 엄마와 싸울 때는?
대답 기분 나쁘지. 어른이 아빠를 놀리니까 아무 말도 못 하고. 엄마랑 싸울 때도 그래. 아무것도 못 하니까 피하고 싶었어.

마지막으로 '작품에서 작가가 하고 싶은 말이 무엇일까?' 생각하고 아이들이 하는 말을 칠판에 적었다.

① 천재 시인 백석을 알리려고 썼다.(2명)
② 어릴 때 공부 안 하면 커서 무식해지는 걸 알라고 썼다.(1명)
③ 이름은 소중하니까 이름의 뜻을 알아야 한다.(5명)
④ 모르겠다. 어렵다. (15명)

읽고 난 후 아이들의 생각과 작품의 주제가 연결되기 어렵다는 것을 알 수 있다. 3학년 아이들이 「내 이름은 백석」에서 작가가 말하고 싶은 게 뭔지 아는 건 참 힘든 일이다. 주제를 아는 일이 책을 읽는 즐거움과 연결되면 좋겠지만 아이들의 이런 반응은 생각할 거리를 주었다. '책 읽기가 단순한 즐거움인가? 이해 없는 책 읽기의 문제는 무엇인가? 금방 주제를 이해할 순 없지만 즐겁게 읽기만 해도 괜찮은 건가?' 이런저런 생각이 떠올랐다.

잠시 후 백석 역할을 한 혜리가 자신의 생각을 말했다. "책에 나오는 아빠는 무식해서 무시를 당하지만 아들을 사랑하는 마음이 있어요. 그리고 아빠가 닭을 잘 아는 걸 보고 아들은 아빠를 사랑해요."라고. 혜리가 한 말에 아이들이 고개를 끄덕였다. 아이들 사이에서 공감하는 느낌이 퍼졌다. 아빠와 석이 두 사람의 느낌을 생각해 보고 짧은 글쓰기를 했다.

● 닭대가리 아저씨께

아저씨 안녕하세요? 저는 주미라고 해요. 아저씨는 아들을 사랑하는 것 같아요. 그리고 건어물집 아저씨가 놀릴 때 부끄러우셨죠? 이제 부끄러워하지 마세요. 다른 사람들도 닭에 대해 모르는 상식이 있을 거잖아요. 닭대가리 아저씨 안녕히 계세요.

2008년 7월 2일 주미 올림

● 닭대가리 아저씨에게

닭대가리 아저씨! 안녕하세요?

저는 이연경이라고 해요. 아저씨, 아저씨는 왜 닭대가리라고 했을 때 기분 나빠 하지 않고 "꼬끼오~!" 라고 말했어요? 궁금해요. 만약 제가 닭대가리 아저씨였으면 "꼬끼오~!" 라고 하지 않고 막 화를 냈을 거예요. 또 아들 백석이 천재 시인과 이름이 똑같으니까 기분이 참 좋았죠? 제가 그런 말을 들었으면 기분이 너무 좋아서 잔치라도, 아님 통닭을 많이 해 주었을 거예요. 항상 행복하세요.

2008년 7월 2일 연경 올림

● 「내 이름은 백석」을 쓰신 유은실 작가님께

안녕하세요?

저는 「내 이름은 백석」을 읽은 강동주입니다. 정말 재미있게 읽었어요.

제가 생각해 보았는데 우리 아빠가 무시 당하고 놀림을 받으면 기분이 나쁠 거예요. 그런데 이렇게 재미있는 이야기를 어떻게 생각하셨어요? 수업 시간에 제가 백석이네 아빠를 맡아서 질문을 받고 상상해서 말했는데 곤란한 질문이 많더라고요. 어른처럼 말하기는 어려워요. 안녕히 계세요.

2008년 7월 2일 동주 올림

● 우리 아빠는 별로 내키지 않는데 일부러 좋아서 하는 척 할 때가 있다. 사촌들이 오면 우리보다 어리다고 매일 아빠한테 막 업어달라고 한다. 아빠는 허리디스크인데 아프면서도 막 업어 준다. 또 우리보다 더 친한 척 해서 샘이 난다. 아빠는 싫으면서 좋은 척 할 때가 이상하다. 장지혜

● 우리 이모는 자꾸 우리 엄마 말을 무시한다. 우리 엄마가 나이도 많은데 말을 막 자르고 자기가 다 아는 척 한다. 우리 엄마는 그런 이모를 봐준다. 이모는 영어로 막 이야기하고 모르면 우리한테 공부 좀 하라고 하고, 엄마한테 "아이들 영어 공부 좀 시켜욧!" 이렇게 말한다. 나는 이모가 우리 집에 오면 좋기도 하지만 이럴 때 싫다. 지세영

백석이 되어 일기 쓰기

● 7월 2일 비가 왔다.

난 너무 슬프다. 우리 아빠가 무시 당하고 손가락질 당했다. 아빠가 아무 말도 안 하니까 너무 슬프다. 또 우리 동네 사람들이 아빠 보고 닭대가리라고 부르는 것도 아빠는 겉으로 웃으면서 "꼬기오." 하지만 마음으로 슬퍼하는 것 같다. 사람들이 닭대가리라고 안 불렀으면 좋겠다. 희수

● 오늘은 아버지가 무시 당했다. 그 내용은 생각도 하지 않겠다. 너무 슬프다. 앞으론 아빠가 무시 당하지 않으면 좋겠다. 오늘은 많이 쓰고 싶지도 않다. 또 내 이름과 같은 시인이 있다니 정말 놀랍다. 가은

아이들은 사건의 진행에 따라 만화 형식의 그림을 많이 그렸고, 가장 인상 깊은 장면은 마지막 아빠가 닭목을 흔들며 이야기하는 것과 건어물집 아저씨한테 면박을 당하는 장면이라고 했다. 백석이란 아이의 느낌이나 생각보다 아빠의 말과 행동 특히 닭을 자르거나 닭 목을 들고 흔드는 움직임을 재미있어 했고, 아빠는 무식하지만 화를 잘 내지 않고 백석을 사랑하고 있다는 걸 느끼며 '우리 아빠와 우리 엄마'도 떠올려 보았다.

이 동화는 아이의 눈으로 본 어른들의 세계가 잘 그려져 있다. 3학년이라 주제 찾기나 아빠의 무식함을 전면으로 드러낸 작가의 의도와 그 과정을 지켜보는 아이의 마음을 깊이 이해하진 못했다. 하지만 아이들은 책을 읽으며 적극적으로 끼어들어 말하고 짝에게 닭대가리라고 놀리다가 사과도 하면서 새로운 이야기와 낯선 세계를 경험하는 일에 자신들의 마음을 활짝 열어 놓고 있었다.

『털뭉치』© 김양미 글, 정문주 그림, 사계절출판사

털뭉치 속 숨겨진 이야기

「멸치」

'부모님과 함께 하는 책 읽기' 시간이다. 혜주 아버지께서 「멸치」(『털뭉치』, 김양미 글, 정문주 그림, 사계절출판사)를 읽어 주었다.

3학년 여름방학이 시작되었습니다.

"어라, 우리하고 똑같이 3학년이네."
"벌써 여름방학이래?"
첫 줄을 읽었는데 말이 많아지는 아이들. 아이들의 수다에 혜주 아버지는 빙긋 웃고 계속 들어 보라고 했다.

「멸치」를 읽어 주시는 혜주 아버지

"야, 텔레비전 꺼! 과자 먹으면 머리 나빠져."

"당신도 명심해. 애들에게 저런 과자 나부랭이 사 줄 생각 말라구. 그건 애들을 위하는 게 아냐. 그럴 시간 있으면 한 자라도 더 가르쳐."

"우리 엄마도 과자 못 먹게 해요."

"맞아요. 누룽지만 줘요."

"아저씨도 과자 못 먹게 해요?"

혜주 아버지가 뭐라 말하기 전에 혜주가 대답했다.

"우리 집은 반대야. 엄마는 못 먹게 하고 아빠가 몰래 사 줘."

"와! 혜주 아빠 짱이다."

아이들의 칭찬(?)을 들은 혜주 아버지는 더 크고 우렁찬 목소리로 책을 읽어 주셨다. 혜원이가 멸치를 집었다가 건어물 가게 주인한테 혼나는 장면에서 아이들이 막 소리를 질렀다.

"아저씨 너무 무서워요."

"맞아요. 멸치 다섯 마리 때문에 경찰서 가자고 하고. 나빠요."

"혜원이가 잘못했다고 싹싹 빌었는데도 계속 뭐라고 해요. 정말 무서워."

아빠가 회초리를 찾으려고 일어난 자리에 70점짜리 수학 시험지가 놓여 있었습니다. 어서 도망치고 싶었지만 다리에 힘이 풀려 일어서질 않았습니다. 아빠가 나무로 된 효자손을 들고 씩씩거리며 방으로 들어왔습니다.

"70점 맞았다고 때리는 건 너무해요."

"혜원이 아빠는 너무 무섭고 엄마는 힘이 없어."

"아저씨, 아저씨도 혜주가 잘못하면 때려요?"

고개만 끄덕이는 아빠를 대신해서 다시 혜주가 대답을 했다.

"아니, 아빠는 힘없고, 엄마한테 열나게 혼나. 우리 엄마가 힘이 더 세거든."

"아, 그렇구나. 우리 집도 그런데. 엄마가 왕이거든."

응주가 자기가 맞은 종아리를 보여 주며 말했다.

둘은 서로 손을 꼭 잡고 놀이터 뒤편에 있는 벽돌 공장으로 천천히 걸어갔습니다. 중간에 혜원이는 양말 한 짝을 벗어 동우에게 신겨 주었습니다.

"누난 여기 있어. 내가 다 할게."

동우는 벽돌을 하나씩 옮겨 네모난 집 모양을 만들었습니다.

"동우가 정말 착해요. 내 동생은 안 그래요."

"내 동생도 맛있는 거 있으면 다 뺏어 먹어."

동생이 있는 아이들은 저마다 불평을 했다. 자기가 동생인 아이들은 누나나 형이 더 잘못했다느니 하면서 한참 말싸움을 했다.

"동우야, 우리 쫌만 있다 집에 들어가자. 아빤 내일이면 다 까먹을지 몰라. 전에도 그랬잖아."

"그럼 누나, 다음 주 일요일에 놀이공원도 갈 수 있을까?"

"아마 그럴걸. 아빠가 무섭긴 해도 한번 약속한 건 꼭 지키잖아. 안 그래?"

동우가 고개를 끄덕였습니다.

"정말 다행이다. 혜원이랑 동우는 좋겠다. 놀이공원도 가고."

"아저씨도 이 장면이 좋더라. 아이들이 아빠를 용서해 주잖아. 아빠랑 다시 화해를 하니 마음이 놓였단다. 혜원이 혼자라면 못 했겠지?"

"맞아요. 동우가 있어서 다시 힘을 얻었어요."

"우애가 깊어요."

책을 다 읽고 나서 아이들이 질문했다.

“아저씨, 빛나리예요?”

“하하하, 그래 맞아. 아저씨가 아주 열심히 일했더니 머리에 빛이나.”

“그래도 멋있어요. 책도 아주 잘 읽었어요. 실감나요.”

“담에 또 와서 읽어 주세요.”

“아저씨 직업이 뭐예요?”

“요리사야.”

“우와! 혜주는 좋겠다. 그런데 혜주는 왜 이렇게 작고 말랐어요?”

“멸치를 안 먹어서 그래요?”

“우리 혜주는 어릴 때부터 아주 작게 태어나서 병원에 있다가 집으로 왔단다. 지금도 너희들보다 많이 작고 약하지. 그러니까 튼튼한 너희들이 많이 도와주면 좋겠다.”

“예.”

혜주 아버지는 아이들의 약속을 받고 아주 환하게 웃었다. 우리는 사진을 찍고 혜주 아버지가 준비해 오신 음료수와 멸치를 다섯 마리씩 나누어 먹었다.

혜주 아버지가 가고 나서 느낌 나누기를 했다. 응주는 친구들에게 "나, 우리 엄마가 줄넘기 못해서 스티커도 못 받아 온다면서 막 때렸어……. 아파서 나 줄넘기 못 해." 하더니 눈물을 흘렸다. 응주의 말에 아이들은 저마다 가슴속에 꼭꼭 묻어 두었던 슬픈 일들, 특히 남들하고 비교하면서 때리고 윽박지르는 부모님이나 선생님, 심지어 학원에서 맞은 이야기도 했다. 아이들 이야기 듣는데 가슴이 답답해지고 코끝이 시렸다. '작가에게 편지 쓰기'와 '삼각 무대 만들기'를 하며 우울했던 분위기가 달라졌다.

● 김양미 선생님께

저는 최은경 선생님 제자 장지혜라고 합니다. 『털뭉치』를 읽고 편지 쓰는 중이에요. 아래 할아버지가 돌아가셨잖아요. 그래서 저도 눈물이 핑 돌았고 코끝이 찡 했어요. 그리고 「애벌레와 실체 현미경」에서 결이가 좀 아프잖아요. 그런데 짝꿍이 심술이 많아서 안돼 보였어요. 「멸치」는 제가 이 책 중에서 가장 재미있게 읽었던 곳이에요. 아빠가 어흥 호랑이보다 더 무서워서 저도 읽다가 움찔움찔했어요. 동우가 너무 착했어요. 저도 남동생이 있는데 제 동생이 동우 반만 닮았으면 좋겠어요. 그리고 마지막 「털뭉치」는 폭신이 선생님이 연두라는 고양이를 보호하고 있잖아요. 그런데 아줌마가 너무 쌀쌀맞았어요. 『털뭉치』 중에 조금만 더 생각했으면 좋을 것 같은 부분이 있어요. 마지막 「털뭉치」인데요, 폭신이 선생님과 연두가 잘 사는 것까지였으면 좋을 것 같아요. 김양미 선생님! 앞으로 더 좋은 책 부탁드릴게요. 파이팅!

지혜 드림

● 김양미 선생님께

저는 곡란초등학교 지세영입니다. 김양미 선생님 『털뭉치』에서 느낀 점이 많아요. 또 100쪽에 혜원이가 이렇게 말한 게 가슴이 찡했어요. 무슨 말이냐면 "당연하지, 너도 효자손으로 한번 맞아 봐. 아빤 치사하게 어버이날 내가 준 선물로 때리냐?" 아, 이 장면이 제일 인상적이었어요. 저도 혜원이처럼 동생하고 벽돌집 짓고 싶어요. 앞으로 재미있는 책 많이 만들어 주세요.

세영 올림

● 털뭉치 작가 선생님께

안녕하세요? 『털뭉치』 중에 「멸치」가 너무 재미있었어요. 그리고 아빠가 너무 무서운 것 같고요. 동우랑 혜원이는 싸우지도 않고 사이가 좋네요. 나하고 형하고는 싸우는데. 그리고 멸치 장사하시는 아저씨 너무 살벌해요. 또 아빠한테 맞은 게 얼마나 아프면 집을 나갈까요? 저도 실은 혼나면 집에서 나가고 싶어요. 만약에 집을 나가면 뭘 할지 몰라서 나간다 해도 다시 들어오겠지만요. 잠자리도 없고 먹을 것도 없고. 으, 불편할 것 같아요.

김동익 올림

삼각 무대 만들기

아이들이 동화 「멸치」를 재미있어하고 좋아하는 이유가 다 달랐다. 게다가 씩씩한 아빠가 읽어 주는 책 읽기 경험은 무척 특별했다. 교사와 학부모가 아이들에게 더 나은 세상을 꿈꾸게 하는 동화 한 편을 들려줄 수 있을 때 우리는 교육과 아이들을 걱정하는 어머니의 마음으로 입장의 동일함과 행복을 함께 느낄 수 있다. 동화 읽는 교실에서는 동화와 함께 자라는 아이들이 있고 더불어 행복한 교사와 학부모의 이야기가 있다. 덤으로 얻은 즐거운 소식 하나. 아이들의 편지를 읽은 작가 김양미 선생님께서 답장을 보내왔다. 앞으로 신나는 일이 많이 많이 생길 것 같다.

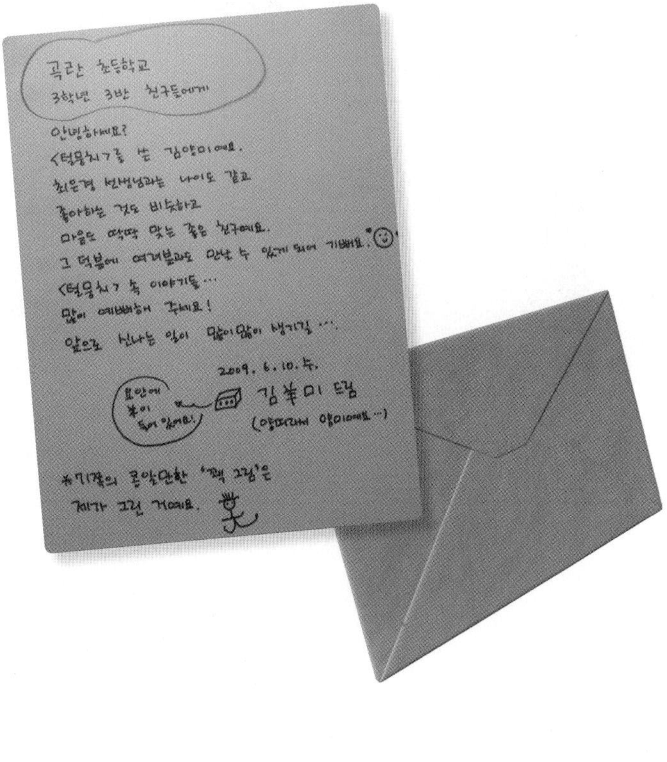
곡란 초등학교
3학년 3반 친구들에게

안녕하세요?
<털뭉치>를 쓴 김양미예요.
최은경 선생님과는 나이도 같고
좋아하는 것도 비슷하고
마음도 딱딱 맞는 좋은 친구예요.
그 덕분에 여러분과도 만날 수 있게 되어 기뻐요.
<털뭉치> 속 이야기들…
많이 예뻐해 주세요!
앞으로 신나는 일이 많이많이 생기길….

2009. 6. 10. 수.
요 안에 羊이 들어 있어요!
김羊미 드림
(양띠라서 양미예요…)

*71쪽의 콩알만한 '책 그림'은
제가 그린 거예요.

『전학 간 윤주 전학 온 윤주』

© 장주식 글, 정문주 그림, 문학동네어린이

전학 간 윤주, 전학 온 민아

『전학 간 윤주 전학 온 윤주』

3월 말에 민아가 전학을 왔다. 전학은 아이들 삶에서 굉장한 변화이다. 민아는 지난 번 학교에서 잘 적응하지 못해서 우리 학교로 옮겼다고 했다. 민아는 전학 온 날부터 친구들도 사귀고 잘 지냈다. 문제가 되던 행동들도 조금씩 나아졌다. 일주일쯤 지나 민아 어머니와 상담을 했다. 아이의 이야기를 자세히 듣고 보니 민아를 더 많이 이해할 수 있었다. 민아 어머니는 우리 반에서 하는 '부모님과 함께 하는 책 읽기'에 참가하고 싶다고 했다. 아침 독서 시간 우리 반 아이들은 민아 어머니와 함께 『전학 간 윤주 전학 온 윤주』(장주식 글, 정문주 그림, 문학동네어린이)를 읽었다.

민아 어머니는 민아가 전학 올 때부터 걱정을 많이 했는데 친구들이 잘 도와주고 사이좋게 지내서 고맙다는 말로 첫 인사를 했다. 아이들은 민아 어머니께 "우리는 민아 좋아해요."라는 말로 어머니의 긴장을 풀어 주었다. 읽기 전에 책 표지를 보며 이야기를 나누었다. 제목에서 떠오르는 생각 말하기를 했다. 전학을 간 아이와 전학을 온 아이 이름이 같은 윤주라는 것과 여자 아이들 이야기일 거라고 예상했다.

아이들은 세원이가 전학 온 윤주네 집에 찾아가서 윤주가 갓난아기를 안고 있는 모습을 보았을 때 많이 놀랐을 거라고 말했다. 또 세원이가 윤주 집에 가는데 과자를 가지고 가서 윤주 동생에게 나눠 주는 것을 보고 마음이 찡하다고 했다. 제일 재미있게 들은 대목은 '별명 짓기 대목'이었다. 세원이가 "윤주 별명이 공주예요? 우리 할아버지도 나한테 공주라고 하시는데, 나랑 별명이 똑같다." 했다. 그러자 여자 아이들 여럿이 자기도 어릴 때 공주였다고 해서 갑자기 공주가 많아졌다.

윤주가 아빠의 사고로 혼자 지내는 부분을 읽어 줄 때 민아 어머니는 목이 메 한참을 가만히 있었는데 아이들도 잘 기다려 주었다.

"민아 아줌아, 왜 가만히 있어요?"

"응, 나도 어릴 때 부모님이 일 나가시면 동생들하고 엄마 기다리던 일이 생각나서 그랬어."

"그럼 민아 아줌마도 누나였어요?"

"아니, 나는 여동생이 있어서 언니였어. 엄마 기다리면서 아카시아 파마도 하고 소꿉놀이도 하며 지냈지."

"나도 엄마가 올 때까지 학원 다녀요."

"나도. 1학년 때는 태권도 학원에서 점심 먹고 속셈 학원에서 저녁 먹었는데."

"우리 엄마도 열쇠 가지고 다니면 위험하다고 했어요. 그래서 영어 갔다가 미술 갔다가 속셈 학원에 있으면 엄마가 데리러 와요."

그때 민아가 말했다.

"나는 1학년 때 엄마 기다리면서 아팠는데. 열도 막 나고 학원 선생님이 소파에 누워있으라고 했어. 그때 엄마 기다리기 힘들었어."

"나도 그랬어. 배가 막 아팠는데, 학원에서 똥도 못 누고. 나는 우리 집 화장실에서 해야 시원하거든."

민아 어머니는 아이들에게 부모님을 기다리며 힘든 일을 잘 이겨냈다며 서로서로 악수하고 칭찬을 하게 했다. 민아 어머니와 나는 한참 동안 서로 바라보며 웃었다. 마음이 뭉클해졌다. 어머니가 책을 읽는 동안 아이들 자리에 앉아 함께 이야기를 들었다. 책을 읽어 주는 어머니 모습도 좋고 잘 듣는 아이들도 예뻤다. 가끔 몸을 흔드는 아이들에게 머리를 쓰다듬어 주면서 "예쁘다."고 칭찬도 했다. 아이들 머리 모양은 갖가지로 다 달랐다. 머릿결이 고운 아이도 있고 빳빳한 아이도 있고 여자 아이들 머리 방울은 알록달록 색색깔이 다 달랐다. 아이들 자리에 앉아 보니 참 많은 것이 보였다. 한자리에 꼼짝없이 앉아 집중해서 듣는 건 쉬운 일이 아니다. 하지만 동화가 그려 내는 세상 속으로 들어가 그 안에서 즐기는 법을 익힌 한 시간은 생각보다 짧았다.

민아 어머니가 한 시간 동안 읽어 주셨는데 뒷부분이 조금 남았다. 남은 이야기는 우리끼리 다시 읽기로 했다. 감사하다는 인사를 하고 엄마가 준비해 주신 간식도 먹고 민아랑 잘 지내겠다는 약속도 했다. 민아 어머니는 계속해서 책을 읽어 주고 싶다고 했다. 아이들이 듣고 싶은 책 제목을 말하자 꼼꼼하게 기록을 했다.

"선생님, 민아가 전학을 와서 잘 지내는 걸 보니 마음이 놓입니다."

"얘들아, 민아랑 잘 지내고 친절하게 대해줘서 정말 고마워."

동화 읽기로 좋은 친구가 되고 좋은 학부모와 좋은 교사의 역할을 할 수 있어서 정말 기뻤다. 남은 부분까지 모두 읽고서 자기 생각을 말했다. 주영이는 국어 시간에 배운 남호섭 선생님의 동시 '전학'이 생각난다고 했다. 왜냐하면 2학년 때 전학을 왔는데 처음 교실 문을 열고 들어 올 때가 제일 무섭고 힘들었다고 그랬다. 아이들은 민아에게 전학 올 때 어떤 마음이었냐고 물어보았다.

"나도 처음 교실에 들어올 때 정말 불안했어. 이사 온 동네랑 학교가 모두 낯설고 친구를 잘 사귈 수 있을까 걱정도 했어. 지금도 예전에 친하게 지내던 윤지랑 전화도 하고 만나기도 하지만 예전 학교보다는 지금 우리 학교가 더 안전하게 느껴져."

민아가 세영이랑 윤주에 대해서 느낀 점을 말해 칭찬을 받았다.

- 윤주는 말이 없고 친구를 배려하고 동생을 잘 돌보는 아이이다. 씩씩하고 어른스럽다.

- 세원이는 눈물이 많고 떼쟁이지만 친구를 좋아하는 마음이 깊다. 윤주가 전학을 가지만 나중에는 용기 있는 사람이 된다.

아이들이 인상 깊게 느낀 장면

- 세원이가 혼자 자는 게 재미있다. 왜냐하면 입은 꼭 물고 이불을 뒤집어쓰는 게 재미있다. 지세
- 나는 윤주가 아빠 사고 났을 때 울먹이며 얘기하면서 세원이가 윤주 손을 꼭 잡아 줄 때 세원이가 기특하고 친구로서 그 마음이 좋아 감동받았다. 장지
- 세원이가 윤주 집에 놀러가서 소똥 냄새 구리구리하게 묻혀왔을 때가 재미있었다. 호
- 별명 지을 때 윤주가 자기를 공주라고 말했을 때가 기억에 남는다. 오경
- 세원이가 혼자 잘 때 괴물 꿈 꿀 때가 재미있다. 나도 그런 때가 있었다. 박희
- 세원이 햄스터가 괴물로 변하는 장면이 재미있었다. 임재, 주민, 다인, 주영

편지 쓰기

- 안녕? 윤주야

나는 3학년 2반 이윤경이라고 해. 이사 와서 세원이랑 노니까 재미있었지? 세원이랑 진달래도 보고. 너 혹시 진달래 먹을 수 있는 거 알아? ㅎㅎ 얼래, 나도 진달래 먹는 것 몰라 ㅋㅋ 너 아빠가 교통사고 났다는 엄마 말

씀 듣고 많이 놀랐지? 너 혼자 잘 때 많이 무서웠겠다. 나는 혼자서 못 자는데……. 너는 여자 아이인데도 많이 용감하네?

다시 전학 간 곳은 잘 모르지만 그곳에서 친구 많이 사귀길 바랄게. 그럼 안녕. 4월 11일 윤주에게 윤경 씀

● 전학 온 윤주에게

처음에 이사 오니 많이 낯설지. 새 친구랑 정드느라 시간도 오래 걸리는데, 너는 세원이 때문에 일찍 낯설지 않게 정들어 부럽다.

그리고 넌 나중에 이사를 갔지. 소 때문에 말이야. 난 그때 네가 참 불쌍했어. 하지만 지금은 어떻게 됐는지 궁금하다. 이제는 잘 살아.

민경이가

● 전학 간 윤주에게

윤주야, 새 학교에 전학 가서 잘 지내니? 나는 곡란초등학교에 와서 잘 지내고 있어.

내가 전학 올 때 할머니랑 엄마가 많이 걱정했거든. 새로운 학교에 와서 잘 지내 수 있나 하고 말이야. 나는 우리 반에 와서 재미있는 게 참 많아졌어. 너희 반도 대장공 놀이 하니? 나는 전학 와서 대장공 할 때 돌아가며 대장을 했는데 공 받을 때 아슬아슬한 게 참 재미있었어. 윤주야. 세원이랑 헤어져서 속상하지? 나도 친구랑 자주 못 만나서 서운해. 그래도 걱정 마. 새로운 친구들이 너랑 잘 지내 줄 거야. 안녕. 4월 11일 민아가

● 장주식 작가님께

책이 너무 실감나고 장면이 마구 떠올라요. 저도 지금 열쇠를 가지고 있어요. 제가 좋아하는 친구도 전학 갔어요. 그땐 외로웠지만 지금은 친구가 많아요. 하지만 그 친구가 보고 싶어요. 장주식 작가님, 다른 동화도 많이 쓰세요? 네.

수경 올림

● 작가님 안녕하세요? 저는 은아라고 합니다.

저희 선생님이 『전학 간 윤주, 전학 온 윤주』를 다 읽어 주셨어요. 참 재미있었어요. 특히 이름이 똑같아서 제목을 잘 알 수 있었어요.

그런데 마지막이 속상했어요. 윤주가 전학을 가니 저도 속상했어요. 왜 꼭 친한 친구랑 헤어져야 되죠? 제가 쓴다면 윤주네랑 세원이네가 친하게 오래오래 지내도록 썼을 거예요. 그래서 윤주가 행복하게 지내도록 해 주고 싶어요.

앞으로 더 재미 있은 책 많이 내 주세요.

은아 올림

● 장주식 선생님께

안녕하세요? 저는 곡란초등학교 3학년 2반 주미라고 합니다. 저는 선생님을 직접 뵙지 못했지만 왠지 멋지게 생기셨을 거 같아요. 하하하.

우리는 별명 짓기도 하고 자기 이름으로 삼행시를 지었어요. 책날개에 장주식 선생님이 삼행시를 지으신 것처럼요. 그거 정말 재미있었어요. 이 종이에 다시 써 볼까요?

장가 들었을 때
주민등록증 나왔을 때
식구들과 밥 먹을 때 그 순간을 떠 올리면 늘 행복해요.

이거죠? 히히. 저 이거 꼭 답장해 주셔야 해요. 꼭이요. 그러면 다음에 제가 쓴 삼행시를 보내 드릴게요.

학교에서 동화 읽기 시간에 주미 올림

누구나 낯선 환경에 적응하기란 쉽지 않다. 아이들에겐 학기 중에 전학을 가는 일도 오는 일도 어른들이 생각하는 것 이상으로 힘든 일이다. 하지만 같은 반에 좋은 친구 한 사람만 있어도 금방 적응하고 신나게 지내는 걸 볼 수 있다. 동무끼리 우정을 나누고 서로 아픈 자리를 위로하며 스스로 자라는 힘을 갖게 되는 것이다. 동화를 읽으며 이렇게 저렇게 자라라고 윽박지르지 않고 너희들끼리 있는 모습 그대로 옹골차게 자라라고 넉넉한 품을 보여 준 장주식 작가의 따뜻함이 느껴졌다. 마지막 세원이가 혼자 자는 밤을 이겨 낼 때 그리고 윤주에게 씩씩한 편지를 썼을 때 우리 반 아이들은 맘껏 응원의 손뼉을 쳤다.

전학 간 윤주도 전학 온 민아도 모두모두 잘 자라 '나 이제 어른이 된 것 같아.'라며 크게 기지개를 펴는 소리가 들린다. 으랏차차차! 힘내라. 전학 가고 오는 공주들.

●●● 『전학 간 윤주 전학 온 윤주』 © 장주식 글, 정문주 그림, 문학동네어린이

『조커, 학교 가기 싫을 때 쓰는 카드』
© 수지 모건스턴 글, 미레유 달랑세 그림,
김예령 옮김, 문학과지성사

내가 쓰고 싶은 조커

『조커, 학교 가기 싫을 때 쓰는 카드』

조커 1

3학년은 열 살이다. 호기심이 커지고 할 말도 많아지고 요구 조건도 점점 까다로워질 때다. 매일매일 체육 하자, 우유에 초콜릿 가루를 타 먹자, 음악 시간에 좋아하는 가요도 부르자, 간식을 먹자. 매일 쏟아지는 아이들의 요구를 다 들어줄 수는 없는 노릇이다. 교사와 학생 사이에도 협상과 소통이 필요하다. 그래서 『조커, 학교 가기 싫을 때 쓰는 카드』(수지 모건스턴 글, 미레유 달랑세 그림, 김예령 옮김, 문학과지성사)를 함께 읽기로 했다.

사실 아이들은 학교에 다시 나오게 되어 만족스러웠다.

헉! 학교에 다시 나오게 되어 만족스러웠다고?
첫 문장에서 우리 반 아이들이 눈을 동그랗게 떴다.

그런데 솔직히 아이들이 그런 선생님을 기대한 건 아니었다고 말해야 옳으리라. 선생님은 저만치 책상 앞에, 마치 쌓아 놓은 장작더미 같은 모습으로 앉아 있었다.

아이들은 솔직히, 확실히, 그리고 완전히 실망하고 말았다.

"에이? 안됐다. 선생님, 우리 엄마가요, 늙은 선생님은 안 된대요. 힘도 없고 잘 가르치지 못한다고 재수 없대요."

"맞아요. 젊은 선생님이 좋아요. 재미있잖아요."

아이들 말을 들으니 가슴이 철렁했다.

"얘들아, 선생님도 나이 들면 늙은 선생님 되는데 정말 재수 없을까? 앞으로 어떤 이야기가 나오는지 잘 듣고 생각해 보자."

대뜸 "너희를 위해 선물을 준비했다."라는 말이었으니까. 앞으로 아이들의 담임 선생님이 될 그분은 학생 하나하나의 책상 위에 선물 꾸러미를 하나씩 놓는 것이었다.

"우리 선생님도 매일 선물 주면 좋겠다."

"우와, 무슨 선물일까?"

잠자리에서 일어나고 싶지 않을 때 쓰는 조커
학교에 가고 싶지 않을 때 쓰는 조커
지각하고 싶을 때 쓰는 조커

"와우, 너무 좋다. 다 좋아."

아이들은 열광했다.

숙제한 것을 잃어버릴 때 쓰는 조커
숙제를 하고 싶지 않을 때 쓰는 조커
준비물을 잊어버릴 때 쓰는 조커

수업 내용을 듣고 싶지 않을 때 쓰는 조커
수업 시간에 잘 때 쓰는 조커

"선생님 짱이다."
"우리도 이런 거 줘요."
"나도 받고 싶어요."

'선생님에게 뽀뽀하고 싶을 때 쓰는 조커'를 내밀었다.
"으악! 웩."
"변태!"

쉬는 시간이 끝나지 않기를 바랄 때 쓰는 조커
방학 기간을 연장하고 싶을 때 쓰는 조커
조커 중의 조커

"우리도 조커 만들어요. 많이많이 만들어요."
"어떤 조커 만들고 싶어?"
"옆 친구 것 베낄 때 사용하는 조커."
"시험 칠 때 꼭 필요하겠다."
"교실에서 군것질 할 때 쓰는 조커."
"좋아, 좋아."
"떠들고 싶을 때 쓰는 조커."
"날마다 만 원씩 받는 조커, 핸드폰 살 때 쓰는 조커, 오락하고 싶을 때 쓰는 조커."
"으이그……, 야! 너희들."
소리를 지르고는 아이들 말꼬리를 싹둑 잘라 버리고 계속 읽었다.

선생님은 또다시 선물 꾸러미를 나눠 주었다. 아이들은 모두가 똑같은 책을 받았다는 것을 알 수 있었다.

"이 책이 법적으로 너희 소유는 아니지. 그렇지만 너희가 그 책을 길들이는 순간부터, 다시 말해서 그것을 읽는 순간부터 책은 너희 것이 된단다. 나는 너희에게 역사 선물, 인물 선물, 단어들, 문장들, 사상들, 감정들의 선물을 준 것이야. 일단 책을 읽고 나면 그 모든 것이 일생 동안 너희 것이 된단다. 자, 내가 너희에게 첫 부분을 읽어 주마. 그러면 너희가 주말까지 나머지 부분을 끝내거라."

책 속에서 위베르 노엘 선생님은 이렇게 수업을 시작했다.

"우리도 이렇게 했으면 좋겠다. 선생님은 무슨 책으로 하고 싶어요."

"나? 나는 『몽실 언니』 읽고 문장 공부도 하고 우리 역사도 공부하고 어떤 인물이 나오는지 역할극도 하고, 받아쓰기도 하면 좋겠다."

"아, 『몽실 언니』 읽었어요. 성연이가 읽고 있어요."

"선생님, 우리도 조커 만들어요."

몇 장 읽어 주지 않았는데 아이들은 하고 싶은 일이 많아졌다. 좋은 책은 아이들의 마음을 사로잡아 출렁이게 한다. 수업 종이 치고 나서도 아이들은 어떤 조커를 만들지 쫑알거렸다.

"내일도 읽어 주실 거죠? 빨리 듣고 싶다."

경석이가 인사하고 나서 한마디 하고 갔다.

"그래. 내일 만나서 읽자."

첫 걸음인데 노엘 선생님이란 멋진 인물을 만나서 행복하다.

다시 『조커, 학교 가기 싫을 때 쓰는 카드』를 읽었다. 이번에는 낙서하며 듣기를 했다. 아이들은 새로운 등장인물이 나올 때마다 상상한 대로 인물을 그렸다. 장면에 따라 말풍선을 만들어 인물이 한 말을 적었다. 읽는 도중에 조커를 그리며 신나 하는 아이도 있었다.

노엘 선생님은 1주일에 한 번씩 아이들을 학교 밖으로 데리고 나가는 습관이 있었다. 그것은 노엘 선생님이 "인생의 시련들(또는 스트레스)"이라고 부르는 수련 수업이었다. 오늘의 수련은 '편지 보내기'라고 이름 붙여졌다.

아이들은 노엘 선생님반 아이들을 부러워했다.

"우리 반도 이런 수업할 거야. 부모님께 편지 써서 부치기. 어때?"

"좋아요. 저요 산본 우체국까지 혼자 가서 편지 부쳐 봤어요."

"우표 값은 얼마냐? 문방구보다 우표가 싸냐, 비싸냐?"

우쭐대며 이야기하는 정현이에게 꼬치꼬치 캐묻는 아이들. 정현이는 친구들 질문에 답하느라 혼이 났다.

수업 마치는 종이 쳐도 계속 읽어서 한 권을 끝까지 다 읽었다. 그리고 조커를 만들었다. 아이들에게 줄 선물을 꺼냈다. 어린이날은 지났지만 노엘 선생님처럼 〈내 인생을 이야기하기 위한 조커〉라고 쓴 공책을 나누어 주었다.

"어, 우리 선생님이랑 노엘 선생님이 주는 선물이 똑같네."

"선생님, 그럼 우리도 선생님한테 선물 드릴게요. 잠깐만요."

'뽀뽀하는 조커, 6학년이 될 때까지 만나는 조커, 쉬고 싶을 때 쓰는 조커, 사랑한다고 말할 때 쓰는 조커' 이 많은 조커들을 다 써야 한다니! 무지 바쁘겠다. 하하하.

읽고 나서 느낌 쓰기

● 아이들은 처음에 목소리도 굵고 뚱뚱한 노엘 선생님을 보고 무지무지 실망했다.(나라도 실망했을 것이다.) 하지만 노엘 선생님과 아이들은 점차 친해져 간다. 노엘 선생님은 아이들을 처음 보고 조커라는 선물을 주었다. 내용은 환상적이다. (너무 많아서 다 못 쓴다. 직접 읽어보시라. (-|-:) 노엘 선

생님은 날마다 선물을 주시겠다고 했다. 우리 선생님도 그랬으면 좋겠다.ㅋㅋ

하지만 앵카르 나시옹 페레 교장 선생님은 그런 노엘 선생님을 싫어해서 결국 노엘 선생님을 은퇴시켰다. 노엘 선생님이 불쌍하다. 흑흑. 노엘 선생님은 앵카르 나시옹 페레 교장 선생님을 식당에 초대하고 싶고 조커를 주고 싶었는데 그 마음을 교장 선생님은 몰라주었다. 그렇지만 아이들 덕분에 마지막까지 행복했던 노엘 선생님. 은퇴 생활도 잘하길 바란다.

나선

조커 2

조커를 만들고 나서 사정이 생겼다. 학교에서 만든 조커 중에 '책 읽기 싫을 때 쓰는 조커'와 '공부하기 싫을 때 쓰는 조커', '오락 두 시간 할 때 쓰는 조커'를 썼더니 부모님들이 버럭 소리를 지르거나 화를 내셨다고 한다. 지나고 보니 조커의 쓰임에 대해 부모님께 자세히 설명하고 동의를 얻고 쓰거나 학급에서 이런 저러한 활동을 한다는 가정 통신문이라도 보냈어야 했는데 내 생각이 짧았다.

국어의 단원 목표가 '원인과 결과를 생각하며 듣고, 내 생각 분명하게 말하기'이다. 이 주제를 가지고 조커 문제를 토론했다. 사건의 원인은 '조커에 대한 부모님 생각과 우리가 생각하는 것이 다르다. 조커를 사용하는데 돈이 드는 건 문제가 있다. 엄마가 이해를 하지 않고 잔소리만 한다.'로 모아졌다.

조커 사용 결과에 문제가 있으니 어떻게 해결할지도 의견을 모았다. '부모님께 설명하기, 조커를 만든 이유 말씀 드리기, 조커 쓰는 기간을 정하기, 가족들이 쓸 조커 함께 만들기'가 필요하다고 생각해서 제일 먼저 '가족들에게 조커에 대한 내 생각 알리는 글쓰기'를 했다.

부모님께 드리는 글

● 엄마, 아빠. 안녕하세요. 저 ○○에요. 학교에서 만든 조커 중 '놀고 싶은 때 쓰는 조커'를 쓰고 싶어요. 왜냐하면 저는 공부 말고 노는 게 좋거든요. 엄마 아빠, 제 조커도 있지만 엄마 아빠 조커도 만들었어요. 제가 '설거지하는 조커', '말 잘 듣는 조커' 등등을 만들었어요.

엄마 아빠가 쓰고 싶을 때 저한테 쓰시면 제가 다 해 드릴게요. 하지만 이 조커는 2008년 5월 31일까지만 쓸 수 있어요. 31일 전에 다 쓰시면 제가 6월 달 거 만들어 드릴게요.

● 엄마에게

엄마 앞으로 조커를 쓰게 될 거예요. 근데 엄마는 조커를 잘 몰라서 "이런 거 쓸 시간이 있으면 공부나 해."라고 할 거예요. 제가 쓸 조커는 '허락해 주는 조커'인데요, 친구와 놀거나 게임을 할 때 쓸 거예요.(다른 것도 쓸 수도 있어요.) 그랬다고 제가 노는 시간이나 게임하는 시간이 적다는 것은 아니에요. 다만 친구들과 약속을 하고 싶은 거예요. 그리고 5월 말까지만 쓸게요. 그럼.

추신 : 제가 엄마한테 드린 조커는 '웃겨 주는 조커', '힘을 북돋아 주는 조커'입니다. 쓰시면 바로 실행해 드림.

● 할머니, 저 ○○에요. 저는 선생님과 조커라는 책을 읽었어요. 그래서 우리 가족이 필요한 조커를 조금 만들어 봤어요. 제가 할머니 할아버지께 쓰는 조커는 '흰머리 뽑아 드리고 싶을 때 쓰는 조커', '혼자 있고 싶을 때 쓰는 조커', '어깨 주물러 드리고 싶을 때 쓰는 조커', '따뜻한 물 갖다 드릴 때 쓰는 조커'예요. 그래서 그중에 쓰고 싶을 때 써 보세요. 편안할 거예요. 제가 아빠에게 드리고 싶은 조커는 '금연할 때 쓸 조커', '안마 조커', '침 놔 드리기 조커'예요. 그러니까 저도 제가 쓰고 싶을 때 쓰는 조커

가 있어요. 말씀 드릴게요.
'책 사고 싶을 때 쓰는 조커' 이 조커는 제가 많은 책이 있어도 좋아하는 책이 별로 없거든요. 2번째 조커는 '선물 사 드리고 싶을 때 쓰는 조커'에요. 이 조커는 할머니나 아빠, 할아버지 생신 때 제가 선물을 못 사 드리기 때문이죠. 이제 제가 원하는 것은 별로 없어요. 그러니까 조금만 봐 주세요. 그래도 할머니께서 귀찮으시면 안 쓰셔도 돼요. 알겠죠?

편지를 일기장에 붙이고 부모님과 가족들에게 보여 드리기로 했다. 아이들은 가족들에게 답장이나 확인을 받으면서 더 자세하게 설명할 것이다. 모든 과정에서 자신 있게 자신의 생각을 글로 쓰고 자신의 생각을 말하며 가족들을 설득하며 공감하는 것을 배울 것이다.

오늘 내가 받은 조커는 2개이다. '선생님을 위한 조커-자신을 기쁘게 하는 조커'와 '쉬고 싶을 때 쓰는 조커'를 받았다. '자신을 기쁘게 하는 조커'를 보는데 재일이와 눈을 마주치자 재일이가 씩 웃었다. 나도 같이 웃었다. '쉬고 싶은 조커'는 오늘 하루도 행복했다는 생각을 하며 잠자리에 들 때 쓸 것이다. 이렇게 좋은 공부를 하고 나니 정말 기쁘다.

조커 3

아이들의 편지를 읽고 부모님들이 답장을 적어 주었다.

● 우선, '안마 조커'는 아주 유용하게 잘 쓸게. 엄마에게 꼭 필요한 조커 같구나. 그리고 지혜가 사고 싶은 책은 이번에 도서 바자회 때 골라서 사 보자. 필요한 책 엄마에게 알려 줘. 항상 엄마를 위해 주는 마음이 기특한 지혜. 사랑한다.

추신 : 아빠에게 드린 '뽀뽀해 주기' 조커도 5월 말까지 써야 한다고 엄

마가 알려 드릴게. 기간이 있는지 몰랐다. 엄마

● 엄마의 답글 : 6월까지 조커놀이 재미있게 해 보자. 엄마 조커도 더 만들어 주세요.

● 아빠 생각에 주민이가 만든 조커는 상대방에게 주는 배려의 기회라고 생각한다. 언제나 주민이를 사랑하고 아끼는 주위 여러 사람에게 많은 조커를 만들어 사랑을 실천할 수 있도록 했으면 좋겠다. 아빠

● 엄마는 너에게 좋은 엄마가 되고 싶은 마음이 있단다. 공부를 한 장도 안 하는 날이 너무 많아서 나의 마음을 전하는데 그것이 싫다면 이젠 어쩌나? 우린 이제 어떻게 해야 될까? ○○이가 공부를 안 해도 그냥 놔둘까?

엄마에게 다시 쓰는 편지 - 학교에서 내가 왜 그 조커를 쓰고 싶은지 부모님께 편지를 썼다. 나는 '엄마한테 혼나기 싫을 때 쓰는 조커'를 만들었다. 엄마에게 보여 드렸더니 말이 안 통한다고 했다. 엄마 답장에는 공부를 한 장도 안 하는 날이 있다고 해서 공부를 해야겠다.

● 재일이가 조커 책을 읽었구나. 독서를 해서 엄마는 기분이 좋다.

● 엄마 말 잘 듣고 친구들에게도 좀 더 잘해야 조커를 사용할 수 있단다. ○○야, 너도 너의 일을 잘하기 바란다.

● ○○이가 팔 다 나으면 나가서 놀자. 요즘은 ○○가 스스로 공부를 해서 엄마는 행복해.

● 지금까지 예쁘게 잘 자라서 다행이구나. 앞으로 열심히 공부해서 남을

인도하는 좋은 사람이 되기 바란다. 할아버지

● 맞아, 나경아. 엄마가 쓰고 싶은 조커도 아빠 금연하기란다. 담배 냄새가 너무 지독하지? 아빤 몸에 좋지도 않은 담배를 왜 끊지 못할까? 다시 한 번 말하면 엄마의 조커도 아빠 금연 조커!

우리 어른들은 아이들을 걱정하는 마음이 앞서 늘 조급하다. 조금 많이 놀면 논다고 걱정, 공부 많이 하면 눈 나빠질까 걱정, 또 무슨무슨 걱정들에 쌓여 아이들의 타고난 재주와 힘을 믿지 못한다. 하지만 조금만 천천히 정성껏 보면 알 수 있다. 우리가 아이였을 때 행복했던 순간들을 떠올려 보면 지금 아이들의 마음을 이해할 수 있지 않을까. 아이를 잘 키우는 것이 얼마나 힘들었으면 옛 어른들이 자식 농사라고 하셨을까? 그 말씀처럼 우리는 농사꾼이 되어 땀을 흘리고 정성을 다 해야겠다.

노엘 선생님의 한마디가 기억에 남는다. "인생에는 조커가 있다는 사실을 잊지 말아라. 너희가 사용하지 않는 조커들은 너희와 함께 죽고 마는 거야." 지금, 여기에서 내가 쓰고 싶은 조커가 무엇인지 생각해 볼 일이다.

『조커, 학교 가기 싫을 때 쓰는 카드』 © 수지 모건스턴 글, 미레유 달랑세 그림, 김예령 옮김, 문학과지성사

『빨주노초파남보똥』 © 김기정 외 지음, 사계절출판사

어느 화요일의 변신

「어느 화요일」

난데없이 폭우가 쏟아지고 천둥 번개가 쳤다. 기상이변이라고 했고 가을이 깊어지는데 물난리 걱정을 한 화요일이다. 우리 동화 작가 여덟 명이 모여 한 작품씩 쓴 동화집이 나왔다. 제목은 『빨주노초파남보똥』(김기정 외 지음, 사계절출판사)이다. '똥'이 들어가니 은근히 기대가 된다. 여덟 작품 중에서 「어느 화요일」(박효미 글)을 비오는 화요일에 읽었다.

지근이 엄마는 태호랑 공부 잘하는 남중이가 가는 24시간 공부방에 지근이를 보내려고 한다. 그곳에 가면 월요일부터 토요일까지 합숙하며 공부를 한다. 선생님 세 분이 능력별로 가르쳐 주고 일요일에 잠깐 집에 왔다가 다시 가서 공부만 하면 된다. 아무 걱정이 없는 곳이다. 그곳에 가야 하는 지근이는 이렇게 외친다.

"아예 우리에 가둬 놓고 돼지처럼 기르지. 차라리 돼지나 됐음 좋겠다!"

그런데 다음 날 아침 일어나 보니 진짜 돼지가 되어 궁둥이에 똥 딱지까지 묻히고 있었다.

변신한 날이 바로 시험 치는 날이라 돼지가 된 지근이는 정말 오랜만에 평화를 누리게 된다. 그러나 지근이는 하루 종일 엄마 뒤만 쫄쫄 따라다니며 엄마의 일상을 알아보고 엄마를 안쓰러워하는 마음을 갖게 된다.

동화를 읽으면서 아이들은 '머리 좋아지는 비타민'이 있다면 그건 꼭 먹겠다고 했다. 가짜라도 진짜라고 믿고 먹으면 정말 머리가 좋아질 수도 있으니까. 우리 반에도 같은 아파트에 사는 아이들끼리 똑같은 약국에서 지은 '한방 총명탕'을 먹었다고 해서 무척 놀랐다. 엄청 쓴 약인데 비싸다고 해서 꼭꼭 챙겨 먹는다는 것이다. 머리가 좋아지면 시험을 잘 치게 된다고 하니까 그보다 좋은 일은 없을 거라고 했다.

"그래서 머리가 좋아졌니?"

"잘 모르겠어요. 꾸준히 먹어야 된다고 그랬어요."

"우와, 비싼 약 먹으면 100점 맞을 수 있나? 나도 먹고 싶다."

희원이는 뇌호흡을 하면 머리가 맑아지고 좋아진다고 해서 그런 학원에 다닌다고 했다. 명상도 하고 기체조도 하고 차도 마신다고 그랬다. 다른 학원보다 좋은 이유가 공부를 하지 않고 머리 좋아지는 차를 마시기 때문이라고 했다. 그런데 학원에 다니면서 자기 엄마도 아르바이트를 시작했다고 그랬다. 아이들 말을 듣고 보니 학원비 때문에 다시 일을 시작한 엄마들이 많았다. 마트나 편의점 알바도 하고 간병인 자격증을 따서 일을 하신다고 그랬다. 집에서는 인터넷으로 물건을 팔거나 전자 부품 끼우는 것도 하고 아기 보기도 한다.

'지근이가 되어 말하기'를 한 홍주는 "엄마가 힘들게 번 돈으로 학원을 다니면 무조건 공부를 잘해야 하나요?"라고 물었다. 아이들의 답은 억지로 학원을 보내지 않으면 문제는 해결이 된다는 것이다.

"우리 엄마는 아침에 일어나면 30분씩 수학 문제를 풀고 나면 아침밥을 주세요. 1학년 때부터 했는데 지금은 습관처럼 됐어요."

"야! 그래서 수학을 잘하는구나."

"힘들겠다."

아이들 중 몇몇은 30분씩 수학 문제를 풀어야 아침밥을 먹을 수 있는 세상에 살고 있다. 엄마와 아이의 문제라 옳다 그르다 할 수 없지만 생각은 해 보아야 하지 않을까? 책을 다 읽고 나서 이 작품은 아이들과 엄마의 삶이 왜 그렇게 피곤하고 힘든지를 보여 주는 문제작이구나 생각했다. 그런데 아이들은 엉뚱한 평가를 내렸다.

"에이, 지근이 돼지가 왜 자꾸 엄마만 쫓아 다녀요?"

"변신을 했으면 다른 데 가서 놀아야지. 아파트에서 칼국수집으로 다시 학교로. 나는 그러지 않겠다."

"예전에 엄마 아빠가 돼지로 변하는 만화 영화를 봤어요. 뭐더라?"

"아, 센과 치히로의 행방불명"

"예. 거기에 용이 된 아이가 막 싸우잖아요. 대결 장면 좋았어요."

"엄마 아빠가 음식 먹고 돼지가 되잖아. 그래서 치히로가 신들이 사는 세상으로 가고."

"맞아. 이런 변신 이야기가 더 좋아."

"마지막도 너무 이상해요."

지근이는 '정말이지 원래 나, 왕지근으로 살고 싶어.' 하고 간절히 바라면서 이야기가 끝이 난다. 아이들은 뒷이야기를 쓰고 친구들에게 읽어 주었다.

뒷이야기 쓰기

● 다음 날 나는 서서히 발가락부터 머리끝까지 사람으로 변하기 시작했다. 마침내 예전 왕지근으로 변했다. 머리맡에는 어제 찢은 달력이 놓여 있었다.

잠이 깨고 엄마, 아빠, 누나한테 갔더니 "밤중에 말도 없이 어디 갔느냐?

학교랑 학원은 왜 안 갔니? 걱정을 얼마나 했는 줄 아냐."며 엄청 혼났다. 1년치 꾸지람을 오늘 하루 몽땅 들었다. 아이구! 불쌍한 왕지근. 동민

● 그 후로 몇 시간이 지난 후 깨어나서 나를 보니 사람으로 변해있었다. 난 얼마나 기뻤는지 "엄마."하고 크게 외쳤다. 그랬더니 엄마랑 가족들이 나와서 "얼마나 걱정했는지 아니? 넌 어디 있었니?" 하고 물었다.

누나가 "너 그동안 어디 있었고 돼지는 어디 갔니?" 하고 물어서 "나 돼지가 되어 있었어. 누나가 먹던 소세지 준 거 엄마가 발로 뻥 찬 거 다 기억나!"라고 대답했다. 그러자 가족들은 "너 좀 이상한 거 아니니? 머리가 좀……." 그러고 나서 계속 바른말 하라고 뭐라뭐라 졸랐다. 나는 귀를 막고 생각했다. 아무것도 변한 게 없다.

'다시 돼지가 되고 싶어!'

다시 돼지가 되어 동물들이 사는 곳으로 떠났다. 그곳은 동물들과 외계 생물체가 사는 곳이다. 인간들이 힘든 일을 모두 하고 동물들은 편하게 지내는 곳이다. 왕지근은 자기가 사람이었다가 돼지가 되었다는 것을 점점 잊고 행복하게 살았다. 다은

● 한숨자고 일어나니 제일 먼저 4월 달 달력이 눈에 띄었다. 그놈의 달력 때문에 돼지가 되었다니 '휴.' 한숨을 쉬었다. 어? 그런데 소리가 난다!

"야호, 풀려났다. 돼지가 아니야!"

나는 일어나자마자 엄마에게 달려갔다. 엄마가 말했다.

"아휴, 지근아. 너 어디 갔었니? 흑흑…. 일단 어떻게 된 건지 말해 봐! 어제 학교하고 학원은 왜 안 갔었니? 난데없이 돼지는 어디서 났고. 응?"

엄마, 아빠에게 있었던 일을 이야기 했더니 아빠가 말했다.

"이 녀석 장난치기는. 하하하하."

아빠가 내 머리를 '꽁' 때렸다.

돼지가 된 사건은 이렇게 끝났다. 주호

주인공에게 편지 쓰기

- To, 지근아.

안녕. 나는 지석이라고 해.

넌 공부를 그렇게 많이 시키는 엄마가 밉지? 하지만 엄마는 네가 공부를 잘했으면 좋겠어서 저녁에 돈 벌기 위해 병원에서 일하고 있잖아. 엄마 마음도 이해해. 알았지? 엄마도 힘들겠지.

나도 수영도 해야 하고 영어 학원도 가야 하고 미술 감상도 해야 해. 이렇게 보내는 엄마에게 하기 싫다고 피곤하고 잠 온다고 이야기도 하고 일기도 썼는데 지금 해야 한다고 했어. 나는 금요일이 너무 피곤해. 오늘이 빨리 갔으면 좋겠어. 다리도 아프고. 영어 단어 숙제도 해야 돼. 그래도 운동하니까 몸은 건강해졌어.

나는 엄마가 내 마음을 알아 줬으면 좋겠어. 지근아, 너도 그렇지. 그럼 안녕.

2008년 11월 28일 금요일 지석 씀

이렇게 되고 싶다

- 나는 새가 되고 싶다. 매나 독수리나 제비 같은. 왜냐하면 엄마가 공부하라 할 때 도망도 가고 빨리 날아서 다른 나라도 가고 싶고, 세계 최고 고지능 새가 되고. 새 나라에서는 국어는 짹짹만 하면 되니까. 새가 되고 싶다. 일영
- 나는 투명 인간이 되고 싶다. 몰래 사람들을 골려 주고 숙제 안 해 오면 싹 사라졌다가 오면 되니까. 또 가게에 가서 돈을 안 주고 먹고 싶은 것도 먹을 수 있으니까 말이다. 민수
- 원숭이가 되고 싶다. 사람들도 골려 주고 사람들 보고 "어이 친구"라고 말도 하고 나무를 타고 싶으니까. 성은

- 나는 빨리 어른이 되고 싶어요. 그 이유는 어른이 되면 하고 싶은 것도 맘대로 할 수 있고, 내 꿈을 펼칠 수 있으니까요. 혜은
- 아기가 되고 싶다. 학원도 안 갈 것이고 약도 안 먹고 엄마가 나만 좋아할 테니까 말이다. 은지
- 난 연석이가 되고 싶다. 왜냐하면 연석이는 친구들한테 인기도 많고 좋아하는 사람들이 너무 많으니까. 나도 연석이었으면 좋겠다. 지연
- 내가 되고 싶은 건 사자. 왜냐하면 엉덩이를 차면 물면 된다. 윤민
- 나는 키가 크고 힘센 남자 사람으로 변신할 거다. 위에서 내려다보면 어떤 기분일지 알고 싶다. 왜냐고? 나는 키가 작아서 차 타면 안 보이고 무시를 당하니까. 인호

가면을 쓰면 변신 또 변신!

▲ 지구를 지키는 캐로로 4총사

▲ 슈퍼 마리오, 무서운 해골 바가지, 힘센 곰, 엑스맨

▲ 뭐든지 불러올 수 있는 도깨비들

▲ 예쁜 판다 곰과 고양이가 돼서 놀고 싶다

아이들이 원하는 ‘어느 화요일’은 가면을 쓰면 변신하고 또 변신할 수 있는 그런 시공간이다. 지구를 지키는 4총사와 슈퍼 영웅이 되어 악당을 물리치고 싶다. 뭐든지 불러올 수 있는 도깨비가 되고 싶고, 예쁜 판다도 되고 고양이도 돼서 놀고 싶은 것이 아이들의 마음이다. 이 아이들의 욕망은 엄마 꽁무니를 따라 다니지 않는다. 그래서 건강하다. 작가들이 아이들의 열망에 닿으려면 아직 한참 멀었다.

●●● 『빨주노초파남보똥』 © 김기정 외 지음, 사계절출판사

『따뜻한 손』© 김일광 글, 유동훈 그림, 낮은산

마음을 녹이는 따뜻한 손

『따뜻한 손』

아침부터 안개가 잔뜩 끼고 추웠다. 교실에 난로를 켜고 동그랗게 모여 언 손을 녹이며 책을 읽었다. 책 표지는 암갈색 어둡고 조금 거친 질감의 화면에 아이의 웃는 얼굴에만 빛이 비추어 환하게 보인다. 『따뜻한 손』(김일광 글, 유동훈 그림, 낮은산) 표지를 보고 "누구의 손일까?" 하고 물었다.

아이들은 엄마나 아빠, 할머니, 할아버지라고 대답을 했다. 각자 따뜻한 손을 떠올려 보았다. 호준이는 태권도 가는 길에 만나는 붕어빵 할아버지 손을 이야기했다. 만날 때마다 인사를 했더니 칭찬하시며 붕어빵을 주셨는데 그때 할아버지 손이 따뜻했다고 했다. 하루 종일 일하고 온 엄마의 차가운 손을 호호 잡아 준 정현이는 자기 손이 엄마 손보다 더 따뜻하다고 했다. 아이들의 마음결을 그대로 이어가며 첫 장면을 펼쳤다. 은하수를 건너가는 노란 버스 그림이 환상적이다. 하늘을 나는 스쿨버스? 아이들은 본문에 실린 그림을 보고 이런저런 이야기를 했다. 조금 더 자세히 보니 아래에 눈 덮인 산이 나왔고 산길을 가는 버스라는 것을 알았다. 다음 그림은 어떤 아저씨의 뒷모습과 손이 희미하게 배경으로 잡혀있다.

자정이 다가오는 골목길은 몹시 어둡고 조용했다.

푸른빛을 띤 그림을 보며 아이들은 점점 이야기 속으로 들어왔다. 과자 굽는 할머니 이야기를 지나 아저씨가 시골로 다니는 버스를 모는 운전기사였다는 걸 읽을 때 아이들이 물었다.

"누가 지었어요?"

"작가는 김일광 선생님이야. 경북 포항에 계셔. 대학생 때 김일광 선생님 반 아이들이 만든 문집을 본 적이 있어. 선생님이 되면 문집도 만들고 책도 읽어 줘야지, 하는 생각을 했지."

"아, 울 선생님은 선생님 되기 전에 좋은 동화 읽어 주는 꿈이 있었구나."

은아가 고개를 끄덕끄덕거리며 따뜻한 눈으로 나를 보았다.

'오래 전 내가 그런 꿈을 꾸었구나.'

아이들의 말 속에서 내 꿈 한 자락을 발견할 수 있었다.

"자, 다음은 어떻게 될까?"

눈 쌓인 산길을 가기 위해 아저씨가 체인을 감는 그림을 보고서 아이들은 앞질러 자기 이야기를 했다.

아저씨는 경적을 크게 울리고는 천천히 핸들을 돌렸다.
"이크, 이게 뭐야?"
아저씨는 엉겁결에 브레이크를 힘껏 밟았다.
작은 노루였다.
"휴우, 십 년 감수했네."
다행히 노루는 다치지 않았다.

"다행이다. 우리 차에 비둘기가 들어간 적이 있는데 꺼내서 다시 날려 줬어요."

"아닌데. 우리 차에는 비둘기가 치여서 그냥 죽어 버렸는데."

"왜?"

"왜냐하면 고속도로였거든. 멈출 수가 없잖아. 멈추면 뒤에 오는 차랑 부딪히고 사고 나잖아."

"맞아요. 고속도로에는 깔려 죽은 동물들이 많아요. 고양이랑 개랑 비둘기. 설날에 할머니 댁에 갈 때는 고라니도 죽었다고 뉴스에서 들었어요."

"아저씨가 다니는 데는 고속도로가 아니고 산길이니까 노루를 보고 버스를 멈출 수 있었구나. 선생님 노루 그림도 좋아요. 노루 눈이랑 털 그리기 힘들었을 텐데."

할머니네 갈 때는 늘 국도로만 다닌다는 민경이가 이야기했다.

마을 어귀에서 버스를 돌리고 문을 활짝 열었다.

아이들이 다투어 올라오며 합창하듯이 큰 소리로 인사를 했다.

"길이 미끄러워서 말이야. 기다리느라 많이 떨었지?"

"눈 때문에 못 오시는 줄 알았어요."

아이들은 찬 손을 비비며 대답했다.

"눈도 눈이지만 노루 손님 때문에 말이야. 으흠 으흠."

…….

"아니야. 거기 봐 거기. 네 발밑에 노루 똥이 있잖아."

노루 똥이라는 말에 승민이는 기겁을 하며 일어났다.

"아, 정말이네."

철이와 석이도 똥을 들여다보고는 말이 쏙 들어가 버렸다.

"선생님, 예전에 그림책 『도대체 그동안 무슨 일이 일어났을까?』를 봤어요. 그런데 거기 토끼가 식구들 없을 때 살짝 나와서 집 안에 막 돌아다녀요. 그러다가 아침에 다시 베란다로 가서 자요. 근데 이 방 저 방에 똥이 있어요. 토끼가 시치미를 딱 떼요. 하하하."

혼자서 크게 웃는 윤철이를 보고 아이들도 재미있어했다.

"제일 재미있는 건요, 인라인스케이트를 스키처럼 타고 젓가락으로 짚고 막 돌아다니는 거예요."

"아, 나도 그 그림책 봤어."

"우리 도서관에 있어요?"

"아마 있을걸"

"선생님, 노루 똥하고 토끼 똥하고 닮았어요? 노루 똥이 더 크죠? 냄새는 구리나?"

곤충에 관심이 많은 정인이가 눈을 반짝였다.

"그럴걸. 둘 다 풀만 먹잖아. 까맣고 동글동글하게 생겼어. 동물들 똥에 대해 나오는 책 좀 찾아봐야지 재미있겠다."

아이들은 똥 이야기만 나오면 마냥 즐겁다.

"선생님, 우리 집 베란다에 비둘기가 와서 놀았어요. 엄마가 고추를 말리고 있었는데 나중에 보니까 세탁기 밑에 깃털이 떨어져 있었어요. 비둘기는 우리가 모르고 있는 줄 알겠지요?"

"우리 고슴도치도 막 돌아다녀요. 먹을 게 흩어져 있으면 가시를 막 세우고 돌아다니고 지 맘대로 해요."

"우리 집에는 귀뚜라미가 들어와서 책상 밑에 숨어가지고 밤에만 귀신 소리 냈는데."

"어휴, 징그러. 나는 곤충은 다 싫어."

교실이 시끌시끌해졌다.

아! 정말 눈 덮인 산길 저 멀리 까만 점처럼 허겁지겁 달려오는 순이가 보였다. 눈은 순이 무릎 위까지 차올랐다. 미끄러지고 넘어지는 모습을 차마 보고만 있을 수가 없었다. 보다 못한 아저씨가 순이 쪽으로 달려갔다. 아저씨는 순이를 업었다.

"왜 이리 늦었니?"

"할머니가 편찮으셔서……."

순이는 할머니와 단둘이서 마을에서도 한참이나 떨어진 송이골 외딴집에서 살았다.

"순이가 왜 할머니하고만 살지?"

"순이네 집 가난하겠다."

"순이 엄마랑 아빠는 어디 갔어요?"

"순이 엄마랑 아빠는 돈 벌러 갔을 거야. 순이가 아직 어리니까 할머니한테 잠시 맡겨 놓았겠지?"

"아저씨가 아빠 같아요."

"맞아, 우리 아빠도 내가 이빨 뺐을 때 업어 줬어."

"나는 목말 태워 줬는데"

"그때 기분이 어땠어?"

"기분이 묘했어요. 아빠보다 키가 크니까 기분이 좋기도 하고 밑을 보면 어질어질하고 다른 사람들이 이제 다 컸다고 막 내리라고 해서 좀……."

"나는 엄마 업고 세 발이나 갔어요."

"나는 아빠 업고 갔는데."

"나는 동생도 매일 업어 주는데요."

"나중에 크면 할머니도 업어 드려야지."

"너희들 튼튼하게 자라서 나중에 엄마도 아빠도 할머니도 할아버지도 동생도 다 업어 줘."

"선생님도 업어 드릴게요. 생일날 선생님이 나 업어 주셨잖아요."

민규다. 평소 말 없던 아이가 던진 한마디에 가슴이 찡했다.

버스는 어느새 샘재 밑 학교 앞에 닿았다.

교문에는 아이들이 만들어 놓은 눈사람이 히죽이 웃고 있었다. 고갯길로 천천히 들어서면서 거울로 버스 안을 살펴보았다. 다 내리고 승민이 아버지 혼자일 거라고 생각했는데 낯선 할머니 한 분이 앉아 있었다.

"어! 할머니, 재 너머 누구네 집에 가세요?"

"으응, 나 말이유?"

"예, 할머니."

"아니야. 용전 마을 우리 딸네 집에 간다우."

"예에?"

아저씨는 깜짝 놀라 자기도 모르게 버스를 급히 세웠다.

…….

아저씨는 천천히 버스를 돌려세웠다. 그러고는 보온병을 꺼내어 따뜻한 물 한 잔을 할머니께 드렸다.

"추울 땐 따뜻한 물이 최고예요."

"고맙소."

"아, 이 그림구나! 표지에 있던 거랑 똑같아요. 할머니 손이랑 아저씨 손이랑 그렸네요."

"그래서 제목이 따뜻한 손이구나."

"할머니가 호박이랑 미역 보따리를 들고 가니까 따뜻하고, 아저씨는 할머니한테 따뜻한 물 드리니까 따뜻하고……."

"또 아저씨가 노루를 안아 주었으니까 따뜻하고"

"아이들한테 가려고 체인 감으니까 따뜻하고."

작가가 그려 놓은 따뜻한 손, 일하는 손을 찾아내는 아이들의 눈빛도 따뜻했다.

"그런데 할머니 손이 거칠거칠해 보여요."

"일을 많이 해서 그래."

"우리 할머니 손도 그런데. 할머니가 등 긁어 주면 시원해."

"우리 아빠 손도 딱딱하고 꺼칠꺼칠해요. 매일매일 도배를 해서 풀이 굳어서 그래요."

"우리 아빠랑 엄마는 손가락에 밴드 붙이고 있어요. 세탁하면 옷을 많이 만져서 손가락이 아프대요."

아저씨는 마을로 다시 돌아와 승민이 아버지와 함께 내렸다. 이제 손님은 아무도 없었다. 산골 밤바람에 버스까지도 꽁꽁 얼어붙은 것만 같았다. 보온병을 움켜쥔 아저씨는 안주머니에 든 약봉지를 만져 보았다. 순이 할머니에게 드릴 약이었다. 마음이 급했다.

아저씨는 순이네 집을 향해 눈길을 달리기 시작했다. 저 멀리 순이네 집에 불이 켜져 있었다. 할머니 기침 소리가 들리는 듯 했다.

"순이 자니? 순이야!"

순이가 졸린 눈으로 나왔다.

"엇 들어가자. 춥다 어서."

아저씨는 약과 따뜻한 물을 순이 할머니에게 드렸다.

"아저씨 고마워요."

"고맙긴 ……, 녀석."

이 대목을 읽는데 눈물이 났다. 아이들도 숙연해지고. 크게 숨을 쉬고서 띄엄띄엄 읽었다.

"순이 얼굴이구나."

"아저씨가 순이 얼굴 쓰다듬어 주시네."

"순이가 참 좋겠다."

아이들은 아무 말이 없이 나를 쳐다보았다. 교실이 조용했다. 순이가 사는 산골 마을처럼.

아저씨는 싱긋 웃으며 발을 내려다보았다. 바지 밑으로 맨발이 발갛게 드러났다. 할머니는 잔잔하게 웃으며 아저씨를 한참 동안 바라보았다.

"이제 그만 들어가. 식구들이 기다리겠어."

"예."

"자! 이걸 가져가. 아이들이 좋아할 거야."

할머니는 과자를 한 봉지 담아 주었다……. 아저씨의 손에는 따뜻한 과자가 들렸다. 정말 추운 날이었다. 그러나 아저씨 마음은 과자만큼이나 따뜻했다.

뒤표지 그림을 보여 주었더니 "아!"하고 아이들이 고개를 끄덕였다.

"과자를 주는 할머니 손도 참 따뜻해요."

"맨발이었어? 나는 양말인 줄 알았는데 동상 걸리면 어떡해."

"빨리 집에 가야겠다."

"아저씨 참 착하다. 선생님, 아저씨 같은 사람이 있을까요?"

"연지가 포항에서 나서 울산에서 살았대요. 연지야 너 아저씨 봤어?"

"아니 못 봤는데. 네 살 때까지만 포항에 살아서 잘 몰라."

"이거 진짜 있었던 일이지요?"

"김일광 선생님이 산골에 살았을 때 느끼고 경험한 일을 떠올려서 썼으니까 아마 아저씨 같은 분을 만나지 않았을까요?"

"나도 이 아저씨 만나고 싶어요."

"죽장에 가 보고 싶다. 김일광 선생님도 보고 싶다. 순이네 마을도 가 보고 싶다."

책을 다 읽고 나니 4교시 마침종이 쳤다. 오늘은 즐거운 토요일. 우리는 서로서로 안아 주고 안마도 해 준 다음 악수를 하고 헤어졌다. 아이들이 나를 꽉 끌어안았다. 품 안에 감겨오는 여릿여릿한 아이들의 몸이 따뜻하다.

아이들이 쓴 글

● 따뜻한 손

지민

넌 잘할 수 있을 거라고
따뜻하게 안아 주는 손
추운 날 호호 내 손 불어 주고
정성스럽게 음식을 만들고
새 교과서를 깨끗하게 씌어 주고
날마다 가게에서 열심히 일하는 손
따뜻한 손
이 세상엔 따뜻한 손이 참 많다.

● 내가 따뜻한 손을 느낀 사람은 아빠다. 왜냐하면 내가 아빠에게 거짓말을 해서 혼났다. 그러고 나서 아빠가 위로해 주셨다. 그리고 따뜻한 손에 나오는 버스 기사 아저씨도 대단하다. 학교를 가기 위해 버스를 기다리는 아이들을 위하여 위험한 길을 헤치고 갔다. 그리고 아픈 순이네 할머니를 위해 약을 사다 주었기 때문이다. 성영

● 책에 나오는 따뜻한 손은 거친 손이지만 정말 따뜻할 것이다. 나의 따뜻한 손은 엄마와 아빠이다. 왜냐하면 언제나 위험한 때 잡아 주시고 늘 걱정해 주시고 따뜻하게 안아 주시니까. 나의 따뜻한 손은 가족이다. 다은

● 3학년 때 영어 학원에서 심하게 혼났다. 영어 테스트 때문이다. 단어를 잘 못 외우고 버릇없게 굴었다고 맞았다. 그때 울고 왔는데 아빠가 잡아 준 손이 따뜻한 손이었다. 윤호

● 선생님이 읽어 준 책은 『따뜻한 손』이다. 어린이 도서관에 가서 다시 책을 빌렸다. 기억에 남는 부분이 있는데 그것은 기사 아저씨가 참을성 있게 '이 차를 놓치면 집에 들어가지 못하는데.' 하면서 승민이 아빠를 기다리는 것이다. 다른 사람을 기다려 주는 그런 친절한 기사 아저씨 말고 평범한 아저씨라도 있었으면 좋겠다. 동민

따뜻한 손을 읽고

● 버스 기사 아저씨께

저는 『따뜻한 손』을 듣고서 감동을 받은 어린이 정은지하고 합니다. 기사 아저씨께서는 정말 대단하세요. 다른 사람을 자기보다 배려하고, 자연과 사람을 모두 사랑하시잖아요. 저는 너무 많이 감동을 받았어요. 특히 맨 마지막에 양말을 안 신고 계실 때 정말 슬펐어요. 왜냐하면 발이 동상에 걸릴 수도 있거든요. 아저씨는 '누구를' 위해서 온몸을 던져 배려를 하시잖아요. '따뜻한 손'은 '아저씨의 손'이라고 보면 될까요? 어쨌든 아저씨 사랑해요.

은지 올림

● 버스를 운전하는 아저씨께

안녕하세요? 아저씨! 전 민정이라고 해요.

아저씨는 마음도 손도 발도 몸 전체가 너무 따뜻하세요. 시내버스를 운전하면서 손님들을 많이 기다려 줘서 못 타는 사람이 없잖아요.

낯선 할머니는 용전 마을에 가시는데 지금 버스는 용전 마을 지나 다른 마을에 있었잖아요. 그런데 아저씨가 다시 길을 돌아 할머니를 내려 드리고 할머니를 부축해서 집까지 모셔다 드렸잖아요. 물론 승민이 아버지한테 허락을 받았지만요. 그리고 순이 할머니께 약도 드리셨잖아요. 보통 시

내버스 아저씨라면 그렇게 정성스럽게 안 하실텐데. 다른 기사 아저씨들도 아저씨를 닮았으면 좋겠어요. 그럼 안녕히 계세요.

민정 올림

● 김일광 선생님께

선생님! 동화가 참 감동적이에요. 이 글을 읽고 한결 마음이 풀렸어요.

용전 마을에 가는 할머니 말투가 참 재미있어요. 또 마을버스 아저씨가 약을 챙겨 드린다는 게 신기했어요. 순이도 얼마나 좋았을까요? 제가 생각해도 아저씨 손이 참 따뜻할 것 같아요. 선생님의 다른 책도 읽어 보고 싶어요. 그럼 안녕히 계세요.

은희 올림

●●● 『따뜻한 손』 © 김일광 글, 유동훈 그림, 낮은산

『홍길동전』 © 정종목 글, 이광익 그림, 창비

『심청전』 © 장철문 글, 윤정주 그림, 창비

『박씨 부인전』 © 김종광 글, 홍선주 그림, 창비

고전읽기, 그 생생한 감동 속으로

■ '재미있다! 우리 고전'을 읽고

1. 고전 소설은 진짜야?

"선생님, 홍길동 진짜죠?"

"아니죠. 사람이 지어낸 거 맞지요?"

"구름 타는 것만 빼면 다 진짜야."

『홍길동전』(정종목 글, 이광익 그림, 창비) 첫 장면을 읽는데 홍길동이 진짜 살았던 사람인가 아닌가를 두고 아이들이 말씨름을 했다.

"홍길동은 진짜 살았던 사람 맞고, 우리가 읽는 책은 허균이란 사람이 상상력을 동원해서 쓴 소설이야."

혜리가 또박또박 말하자 아이들은 눈을 동그랗게 뜨고 나를 바라보았다.

"그래, 혜리 말이 맞아. 우리가 지금 읽고 있는 건, 조선 시대 한글 소설을 다시 쓴 거야."

"한글로 쓴 걸 다시 쓴 거예요?"

"응, 그런데 이런 소설이 판소리나 여러 사람이 다시 쓸 때마다 이야기가 조금씩 달라졌단다. 이런 걸 이본이라고 하는데 '춘향전' 이본은 100편이 넘을 걸?"

"으악, 그렇구나."

"계속 읽어 줄까?"

잠시 뜸을 들인 다음 물었더니 아이들 모두 고개를 끄덕였다. 책을 읽고 나서 질문이 쏟아졌다.

"홍길동은 왜 사람을 죽였어요? 자객을 포로로 만들어도 될 텐데……."

"왜 아버지를 아버지라 부르지 못했어요? 첩은 뭐고 신분제도는 누가 만들었나요?"

"꼭 도둑들하고 같이 지내야 해요? 옛날에 화랑들 같은 사람이나 선비들하고 친구해도 되는데……."

"율도국이 진짜 있는 곳이에요? 텔레비전에서 하는 것하고 달라요."

아이들의 말을 듣고 알고 싶은 내용들을 적고 '내 생각 말하기'를 했다. 어떻게 하면 궁금한 점을 알 수 있을까 생각해 보았다. 우리가 내린 결론은 '옛날 사람들이 어떻게 살았는지, 무슨 생각을 했는지 알려 주는 다른 책도 찾아보자.'였다.

2. 고전 읽기의 방법

'재미있다! 우리 고전'을 아이들에게 소개하게 된 건 3학년 『말하기 듣기』 책에 나오는 '심청전' 때문이다.[1] 심청이 인당수로 팔려 가는 대목이 나오고 심청의 행동에 대해 토론하기가 나온다. '심청전'을 제대로 읽지 못한 상황에선 '심청이 효녀인가, 아닌가'라는 문제만 보고 휙 지나가게 된다. 우리 고전에 등장하는 인물들의 다양한 삶을 이해하고 재미있게 읽기 위해서는 원전을 충실하게 반영한 책을 읽어야만 한다.

1) 2009년 교육과정 개정에 따라, '심청전'은 현재 4학년 국어 『말하기 · 듣기 · 쓰기』 1단원에 수록되어 있다.

인물이 왜 그런 선택을 하게 되었는지, 무엇이 그런 행동을 하게 했는지, 그 맥락을 이해할 때 인물의 성격이나 행동을 깊이 이해할 수 있을 것이다.[2] 그래서 다음과 같은 방법으로 '고전 읽기'를 시작했다.

가. 초등학교 3학년 아이들에게 맞는 고전 시리즈 중 10권[3]을 골라 소개한다.
나. 책을 구입하거나 도서관에서 빌려 돌려 읽기를 한다.
다. 아침 자습 시간 중 주 2회 이상을 독서 시간으로 확보한다.
라. 고전 중 한 권은 읽어 주기를 한다.
마. 고전과 자연스럽게 친할 수 있는 독서 활동을 한다.

2008년 10월부터 11월까지 약 두 달 동안 곡란초등학교 3학년 2반 아이들 40명과 함께 읽었다.

3. 수업 들여다보기

아이들은 『심청전』(장철문 글, 윤정주 그림, 창비)을 비롯하여 '재미있다! 우리 고전' 시리즈에 나온 책을 아주 재미있게 읽었다. 『홍길동전』은 매일 조금씩 읽어 주었는데 "아버지를 아버지라 부르지 못하고, 형을 형이라 부르

2) 인당수로 팔려가는 심청이 장승상 부인의 제의를 거절하는 이유를 들으면 심청이란 인물의 생각을 깊이 이해할 수 있다. 심청이 가야 하는 것은 우선 부모의 일에 정성을 다해야 하는데 남의 것으로 할 수 없고, 내가 약속을 안 지키면 뱃사람들의 일이 낭패를 당할 것을 걱정하며, 마지막으로는 한 번 한 약속은 꼭 지켜야 한다는 것이 그 이유다. 이를 듣고 아이들은 "심청이 바보 같다." "나는 그러지 않겠다."고 하면서 고전에 나오는 또 다른 바보 같은 인물들을 떠올렸다. 형 놀부에게 맞기만 하는 흥부나 수청을 거절해서 죽음까지 가게 되는 춘향도 마찬가지라고 했다. 하지만 "그 바보 같은 인물들이 주인공이 되는 까닭은 무엇일까?" 하는 질문에 "착하기 때문에 결국 착한 사람의 간절한 마음이 행복한 결말을 만든다."는 것도 이야기했다.

3) 남자아이들과 여자아이들의 기호를 고려하고 다양한 고전의 맛을 살릴 수 있는 책으로 『심청전』 『토끼전』 『홍길동전』 『박씨 부인전』 『전우치전』 『북경 거지』 『도깨비 손님』 『흥보전』 『춘향전』 『조웅전』을 골랐다. 특히 『북경 거지』나 『도깨비 손님』은 조선 시대 한문 단편 소설로 고전의 색다른 면을 맛볼 수 있으리라고 판단했다.

지 못하니…….” 이 말이 유행이 되어 “체육 시간에 체육 하지 못하고 수학 시험을 보다니…….” 하며 자기들끼리 재미있어했다.

책 읽기를 싫어하던 아이들이 ‘전우치와 홍길동의 변신 장면’과 ‘임금을 골려 주는 장면’에서 눈을 반짝일 때, 춘향과 박씨 부인에게 묻고 싶은 말이 많아지는 걸 볼 때, 고전이 주는 생생한 감동이 살아 있음을 느꼈다. 고전 읽기를 하면서 한 활동은 다음과 같다.

먼저 ‘인물이 되어 말하기’를 했는데, 박씨 부인에게 많은 질문이 들어왔다.

질문 당신은 왜 허물을 벗었나요?

대답 원래 하늘에서 내려 준 것이라 허물을 입고 있었습니다.

질문 왜 당신은 빨리 벗지 않았나요?

대답 나도 빨리 벗고 싶었지만 시간이 지나고 내가 남다른 일을 해야 벗을 수 있었습니다.

질문 허물을 입고 있을 때 무슨 생각을 했습니까?

대답 남편에게 비밀을 말하고 싶었지만 그러면 안 되기 때문에 억울하고 답답했습니다.

질문 무술은 어떻게 배웠나요?

대답 어릴 때부터 금강산에서 익혔습니다.

질문 하고 싶은 말은 무엇입니까?

대답 사람들이 박씨 부인이 못생겨서 미워했는데 예뻐지니까 좋아해서 참 싫었습니다.

질문 그래도 예뻐지면 좋잖아.

대답 그렇긴 하지. 하하하.

박씨 부인을 맡은 주미의 솔직한 대답에 모두 웃었다.

인물이 되어 말하기를 한 다음 ‘인물에게 주는 편지 쓰기’를 하였다.

● 박씨 부인에게

박씨 부인님, 어떻게 하면 허물을 벗나요? 참 신기해요. 저도 허물을 벗고 이뻐지고 싶어요. 재주도 뛰어나고 싶고 아름답게 살고 싶어요. 박씨 부인님이 허물을 벗을 때 제일 재미있고 조마조마 조바심이 났어요. 그 외로움을 어떻게 참고 견뎌냈죠? 전 아마 그러지 못할 거예요. 왜냐하면 제가 참을성이 없거든요. 하하. 계속 묵묵히 앉아 있지도 못해요. 박씨 부인님, 제가 한 가지 물어봐도 될까요? 저도 허물을 벗으면 이뻐지겠지요? 친구들이 귀엽다고 하지만 사실 저는 귀엽지가 않거든요. 좀 더 귀여워지고 싶어요. 또 허물을 벗어 이뻐지게 도와주세요. 그럼 안녕히 계세요.

김가은 올림

『박씨 부인전』(김종광 글, 홍선주 그림, 창비)을 읽고 난 여자아이들은 박씨 부인이 변신을 통해 예뻐진 것을 많이 부러워했지만 남자아이들은 무술이 뛰어나고 예지력을 가진 것을 멋지게 생각했다. 학년이 올라가면서 여자아이들의 생각이 어떻게 바뀌는지 같은 텍스트를 읽은 6학년 여자아이의 감상문과 견주어 보았다.

● 『박씨 부인전』을 읽고

박씨는 시백의 아내로 한때 정말 못생겼지만 허물을 벗고 아름다운 모습으로 살았다. 예지력이 있으며 이런저런 재주를 두루 갖춘 박 처사의 딸이기도 하다. 여자로 태어난 것이 흠이라는 생각이 든다. 만약 남자로 태어났으면 당시에 허물을 입고 있다 해도 큰 문제가 되지 않았을 것이다. 이렇게 성차별을 하는 것은 인종차별과 비슷하다. '여자는 안 된다. 유색인종과 흑인은 안 된다.' 뭐든지 이런 차별은 없어져야 할 것이다. 못생겼다는 이유로 천대를 받은 박씨 부인도 그렇지만 막상 자신이 남편 시백의 입장이었다면 부인에게 선뜻 다가갈 수 있었을까? '겉모습만 보고 판단하지 말라.'는 말이 있다. 박씨와 딱 맞는 말이다. 시백의 아버지 이득춘은 이 말대로 판단했지만 아들의 의사도 묻지 않고 처음 만난 박 처사의 딸과 결혼을 시키는 것도 경솔하였다고 생각한다. 박 처사가 하는 행동만 보고 자기 아들의 가장 중요한 일을 결정하였으니 말이다.

박씨 부인은 온갖 고난과 구박을 견디며 허물 벗을 날만 기다렸을까? 그래도 그 가슴 속에 앙금이 남아 있을 것이다. 옛이야기에서 주인공들은 온갖 시련을 겪고 나서 자신의 본래 모습을 찾게 된다. 박씨 부인도 허물 속에 자신의 억울함을 차곡차곡 넣어 두었다가 허물을 벗을 때 그 마음까지 사라졌을 것이라고 생각한다. 박씨 부인도 대단하지만 청나라의 왕비도 멋지다고 생각한다. 여자가 아무것도 할 수 없던 시대, 여자들이 가진 힘을 보여 주었던 『박씨 부인전』. "우리 스스로 해방되자. 여자들도 힘을 기르자." 이렇게 시위를 한다면……. 그때 시대 상황으로 그럴 수는 없었을까?

6학년 안은나라

두 번째는 인물을 좀 더 탐구해 보려고 '벤다이어그램 그려 홍길동과 전우치의 성격을 견주어 보기'를 했다.

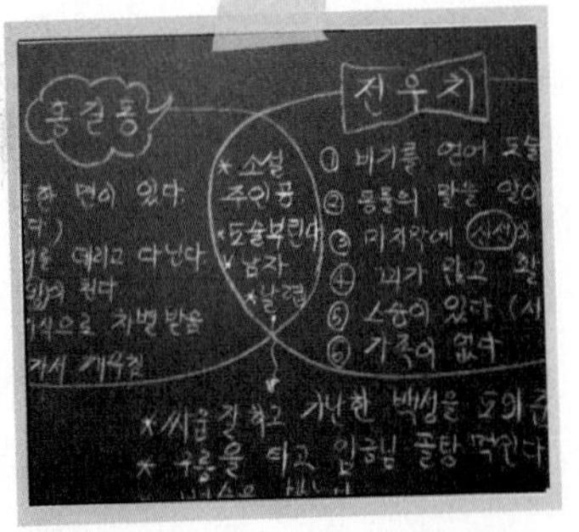

공통점은 '소설의 주인공이고 도술을 부릴 수 있으며 날렵하고 싸움을

잘하고 가난한 백성을 도와준다, 벼슬을 받는다, 구름을 타고 임금님을 골탕 먹인다.'로 나왔다. 다른 점은 '홍길동은 성격이 난폭한 면이 있다(사람을 죽였다), 활빈당 무리를 데리고 다닌다, 율도국의 왕이 된다, 첩의 자식으로 차별을 받는다, 혼자서 깨우쳤다, 전우치는 비기를 얻어 도술을 익혔다, 동물의 말을 알아듣는다(여우), 꾀가 많고 활발하다, 스승이 있다(서화담), 가족이 없다.'로 나왔다.

세 번째는 '등장인물에게 상장 주기'를 했다. 예를 들면 다음과 같다.

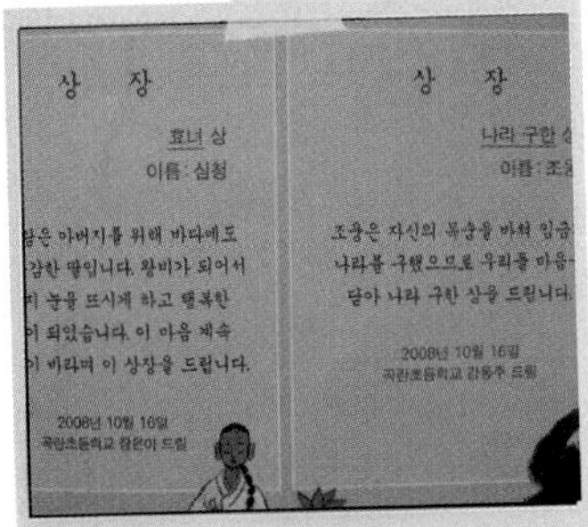

등장인물들에게 주는 상장

네 번째 '작은 책 만들어 인물 소개하기'를 했다. 책 속에서 만난 인물들의 모습을 그리고 그림 옆에 하고 싶은 말이나 중요한 내용을 적어 동무들에게 소개하였다. 이때 '재미있다! 우리 고전'의 그림을 자세히 보고 참고를 했다. 『박씨 부인전』의 경우에 허물을 벗은 박씨 부인은 마치 신윤복의 '미인도'처럼 옛 여인의 아름다운 모습을 잘 그려 놓았고, 『홍길동전』의 구불구불 살아나는 선은 그림 보는 재미를 주었다. 『춘향전』의 그림은 과감한 생략과 인물의 감정을 풍부하게 살려 마치 그림책을 보는 느낌을 주었는데, 아이들은 그중에서도 어사 출두 장면을 가장 재미있는 그림으로 뽑았다.

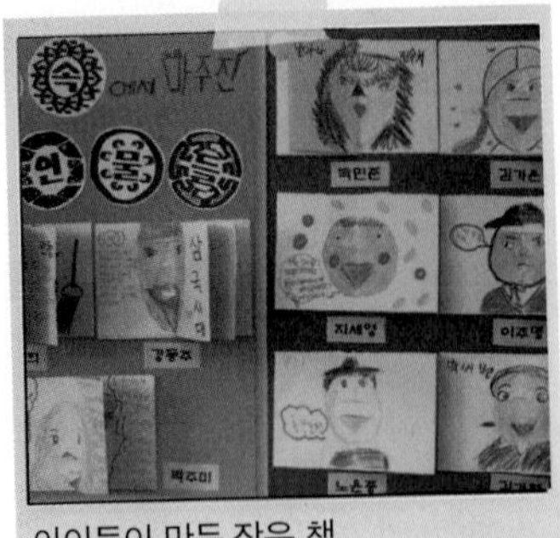

아이들이 만든 작은 책

마지막으로 '병풍 만들기'를 했다. 우선 책의 내용을 네 부분으로 나눈 뒤 가장 중요한 장면을 뽑고 그 장면을 네 문장으로 표현하였다. 만든 문장을 그림으로 그린 다음 병풍처럼 꾸며 전시를 했다. 특히 미술 시간에 '옛 그림 감상하기'를 배우면서 족자나 병풍은 오른쪽 위에서 왼쪽 아래로 본다는 걸 익힌 아이들은 세로쓰기로 병풍을 만들어 감상하였다.

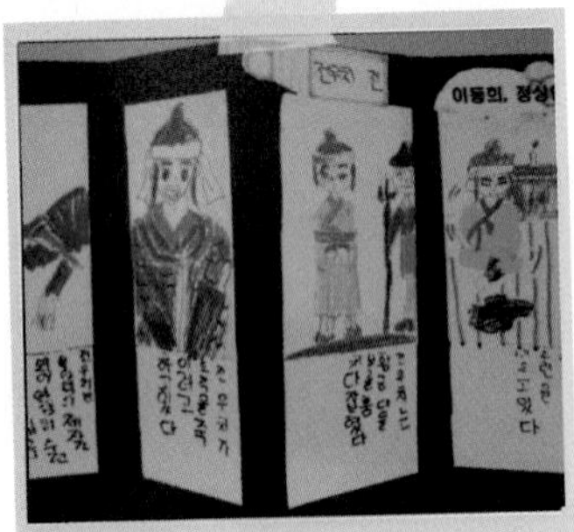

『전우치전』을 읽고 만든 병풍

4. 제대로 된 고전이 중요하다.

『홍길동전』을 가르칠 때면 "아버지를 아버지라 부르지 못하고, 형을 형이라 부르지 못하니……." 하는 대목만 소개를 했다. '재미있다! 우리 고전' 시리즈를 함께 읽으며 당시 사회 상황을 이해하게 되고 특히 조선의 신분제도나 도적질과 살인 등에 대한 무거운 주제[4]들을 두고 이야기를 할 수 있었다. 또 『춘향전』에서 이 도령과 성춘향이 서로 사랑하며 노는 장면은 김소희 명창의 '사랑가'와 견주어 들어 보면서 고전이 음악으로 변형된 것을 체험하였다. 판소리를 처음 듣는 아이들이 많아 낯설어했지만 '사랑가' 중 몇 구절을 다시 불러 주었더니 아주 흥미롭게 들었다.

무엇보다 중요한 것은 고전이 지금 우리 곁에 있게 된 배경을 상상해 보고 어떤 과정을 거쳐 지금까지 살아남을 수 있었는가를 헤아려 본 일이다. 『홍길동전』이 아주 많은 사람들에 의해 쓰이고 다듬어졌다는 것과 활자로 된 책도 서울에서 새긴 경판과 전주에서 새긴 완판이 다르다는 것도 알게 되었다. 예전 사람들이 돌려 보고 재미있어 한 것을 대량으로 보급하기 위해 활자로 된 책을 만들게 되었다는 것을 이야기하며 아이들은 자기 손에 놓여 있는 『홍길동전』에 얼마나 많은 사람들의 생각과 즐거움, 기쁨과 아픔이 들어 있는지 느껴 보았다. "아, 그래서 고전이라고 하는구나!" 했던 아이들의 말 속에서 고전 읽기의 생생한 감동이 되살아났다. 고전 읽기에서 우선은 제대로 된 고전소설을 만나는 것이다. 초등학생 대상이지만 고전소설이 가진 참맛을 제대로 살려 낸 작품들이 있어야 한다. 이를테면 국문 고전소설의 어투를 살려 쓰고 상상의 폭을 넓혀 주는 다양한 세계를 그려내며, 삶과 죽음의 깊은 의미를 체험하게 하는 작품을 찾아 초등학교 아이들의 작품 읽기를 도와주어야 할 것이다.

4) 교과서에 나오지 않는 많은 주제나 장면들, 이를테면 '죽음'이나 '살인', '도둑질', '담배 피우기' 등은 우리 삶의 또 다른 모습이다. 마치 빛과 그림자처럼. 하지만 교과서에서는 심한 개작과 수정을 해서 이런 무거운 부분은 다 생략해 놓고 있다. 이러한 교육적 관점은 "어린이에게도 무의식적인 모방 충동이나 불량 충동이 있다는 것을 인정하지 않는 것이다. 책을 통한 간접 경험이 어른들이 우려하는 불량 충동을 배출해 버릴 공산이 크다는 것을 간과한 것"이다.(유종호, 『문학이란 무엇인가』, 민음사, 1995)

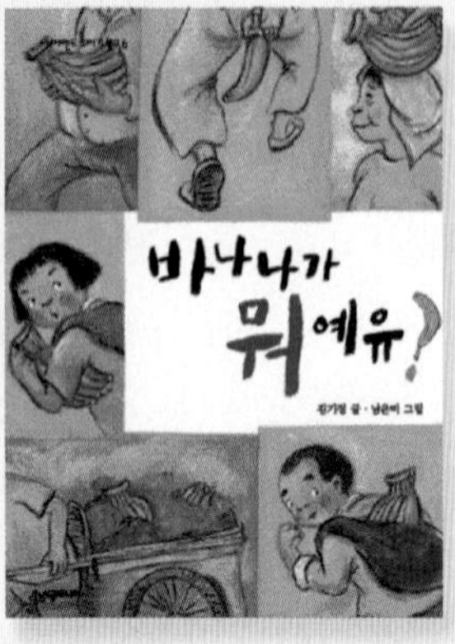

『바나나가 뭐예유?』

© 김기정 글, 남은미 그림, 시공주니어

『박뛰엄이 노는 법』

© 김기정 글, 허구 그림, 계수나무

『뭐 하니? 놀기 딱 좋은 날인데!』

© 김기정 글, 정문주 그림, 낮은산

『신기하고 멋지고 새롭고 기막힌』

© 김기정 글, 이지은 그림, 창비

우리는 놀아야 산다

■ 3학년 어린이들이 읽은 김기정 동화들

아이들은 책을 어떻게 읽고 있나? 작가가 하고 싶은 이야기를 얼마나 알아차릴까? 어른 독자들이 재미있어 하는 걸 아이들도 느낄까? 아이들은 어떤 인물을 좋아할까? 혹은 싫어할까? 스스로 좋은 책을 골라 볼 수 있을까? 궁금하다.

올해 3월부터 아이들과 작가별 책 읽기를 했다. 지난 유월 한 달은 김기정 동화에 푹 빠져 있었다. 아이들에게 『바나나가 뭐예유?』(김기정 글, 남은미 그림, 시공주니어), 『박뛰엄이 노는 법』(김기정 글, 허구 그림, 계수나무), 『뭐 하니? 놀기 딱 좋은 날인데!』(김기정 글, 정문주 그림, 낮은산), 『신기하고 멋지고 새롭고 기막힌』(김기정 글, 이지은 그림, 창비) 네 권을 소개했다. 아침 독서 시간과 재량 시간에 앞부분을 조금씩 읽어 주었더니 남은 부분은 도서관에 가서 책을 빌려 읽거나 아예 사서 돌려 보기도 한다. 그러곤 "다른 책들도 읽어 봤냐? 어떤 게 더 재밌었냐?"고 물어본다.

"『뭐 하니? 놀기 딱 좋은 날인데!』 철면피 나오는 곳까지 읽었어요."

"선생님, 김기정 선생님 책에 나오는 인물들 공통점이 있어요."

"김기정 선생님 지은 책이 『네버랜드 미아』도 있고, 『고얀 놈 혼내 주기』도 있고, 『별난 양반 이선달 표류기』도 있어요. 선생님도 읽었어요?"

책 읽어 줄 때 나는 아무 이야기도 하지 않았다. 그냥 읽기만 했다. 독후 활동에 익숙한 아이들은 뭔가 이야기가 하고 싶어 입이 근질거린다고 했다. 그래서 책 이야기를 한번 해보기로 했다. 토론하고 싶은 아이가 아홉 명이었다. 토론하기 전에 자기가 느낀 점과 재미있었던 구절을 찾아 학습지에 간단히 적도록 했다. 이 과정에서 아이들은 글뿐만 아니라 그림도 자세히 보았다. "「보리는 어떻게 2학년 5반 아이들을 구했나?」(『개똥이네 놀이터』 2009년 5월호)하고 '박뛰엄' 그림 그린 사람이 똑같아요. 이름도 허구예요. 그림도 재미있어요." 했다.

선생님 『바나나가 뭐예유?』, 『박뛰엄이 노는 법』, 『뭐 하니? 놀기 딱 좋은 날인데!』, 『신기하고 새롭고 멋지고 기막힌』(이하 각각 『바나나』, 『박뛰엄』, 『뭐 하니?』, 『신기하고』) 이렇게 네 권을 같이 읽어 봤어요. 읽으면서 느낀 점, 아주 재미있었던 점이나 슬펐던 점, 흥미로웠던 점 들을 솔직하게 얘기해 봅시다. 먼저 제일 재미있었던 것부터 말해 볼까요?

지민 『박뛰엄』에서요, 박뛰엄이 뒷간에서 똥 눌 때 "심심해."라고 작은 소리로 말했는데 범이 와서 박뛰엄 엉덩이를 쓱 핥아서 재밌었어요. 동물이 핥으면 간지럽잖아요. (모두 웃음)

한희 『뭐 하니?』에서 곡두가 덩굴 아파트에 들어와서 벽에 그림을 그리는 장면 있잖아요. 저도 벽에 그림을 자유롭게 멋지게 그리고 싶어서 이 장면이 제일 재밌었어요.

찬희 국자 여사가 아파트 현관문마다 '내 거 내 거' 이렇게 막 쓰는데 아이가 막대기로 치고 그 페인트 통이 엎어지고 하는 장면이 제일 재밌었어요.

지환 곡두가 국자 여사랑 뚱보 사장을 뺑뺑이에 아주 빠르게 돌릴 때요. 불꽃까지 튀었어요. 멀쩡한 아파트 부수고 돈 벌려고 놀이터도 없애려는 국자 여사와 뚱보 사장을 혼내 준 곡두와 아이들이 멋지고 참 고소했어요.

미혜 곡두가 자야와 도톨을 초대하는 초대장이 재미있어요.

선생님 초대장에 뭐라고 쓰여 있죠?

아이들 "엄청 자미난 고슬 차자내따. 거기로 닐 초대흔다. 해꾜는 꼭 가따 와." (모두 웃음)

미혜 곡두가 색연필로 괴발개발 썼어요. '초대흔다', '해꾜' 이런 말이 재밌어요.

예진 『바나나』에서 참외가 커다란데…….

선생님 커다란 참외 뭐?

예진 (머뭇거리다) 남자애들이 빨가벗고요……. (웃음)

선생님 아아, 빨가벗고 참외 안에다 얼굴 집어넣고 먹는 거요? 그림도 참 재미있지요.

아이들 (함께 책에서 그림을 찾고 폭소)

한희 저는 『신기하고』에 나오는 노래가 재밌었어요. "도치 아저씬 좋겠다. 과자도 실컷, 장난감도 맘대로. 박박 아줌만 좋겠다. 아침부터 밤까지 짤랑짤랑 박박 긁어모은다."

금비 『뭐 하니?』에서 곡두가 굴삭기 위를 풀쩍풀쩍 뛰어다니고 겁 없이 올라가는 게 재밌었어요.

선생님 너도 그러고 싶어?

금비 그러면 재미있을 거 같아요. 곡두가 겁 없이 올라간 것도 신기하고 굴삭기에서 떨어지지 않는 것도 신기해요.

찬희 저는 하늘까지 올라가고 싶어요.

깡충 뛰엄 쏜살 뛰엄 살짝 뛰엄 성큼 뛰엄

선생님 그럼, 동화에서 읽어도 읽어도 웃기는 구절이나 정말 독특하다고 느낀 글이 있으면 말해 볼까요?

한희 『바나나』에서 지오 마을 사람들이 바나나 찾으러 가는 장면이 재밌었어요. "밭에서 김을 매던 아주머니는 호미 들고 달려가고, 대청에 누워 드르렁 드르렁렁 낮잠 자던 할아버지는 성큼성큼 큰 걸음으로 수염 휘날리며 달려가고, 똥거름 나르던 아저씨는 리어카를 끌고 잰걸음으로 뛰어가고, 산에서 나무하던 청년들은 지게 지고 달음질치고……."

미혜 뛰엄이가 108가지 뛰엄을 말할 때요. 깡충 뛰엄, 펄쩍 뛰엄, 마구 뛰엄, 쏜살 뛰엄, 살짝 뛰엄, 성큼 뛰엄, 한 발 뛰엄, 세 발 네 발 뛰엄, 이런 뛰엄 이름이요.

진석 『뭐 하니?』에서 버버 할미 이름이 재밌었어요. 눈뜰 영감도요.

지환 『바나나』에서 야금야금 쩝쩝 말소리도!

한희 마지막에 빼꾸기가 "빼내너." 하고 우는 거랑, 굴뚝에 바나나 모양 연기가 나오는 그림도 기억나요.

찬희 고속도로에서 냄새난다고 하면서 달려가고 사람들이 다 달려가는 장면도 재밌었어요.

아이들 (장면을 가리키며) 여기 있어요.

선생님 "무슨 떡인진 모르겠고, 처음 맡아 보는 겨. 머리가 어질어질한 게 꼭 꿀떡 같기도 하고." (아이들 일동 웃음)

아이들 "바나나래유, 바나나래유."

한희 『뭐 하니?』에서 곡두 가족이 덩굴 아파트 들어갔을 때 곡두하고 코털씨가 세계 코털 대회하는 모습이 제일 재밌었어요.

찬희 내가 하려고 했는데!

지민 한희랑 저랑 비슷해요.

지오 사람들도 바나나 좀 먹게 해 주세요

선생님 그런데 잘 생각해 보면 아쉬웠던 부분도 있을 것 같은데. '이야기가 이렇게 끝났으면 더 좋았을걸.' 하는 부분이 있었나요?

금비 『뭐 하니?』에서 끝에 곡두가 학교에 가잖아요. 근데 학교 가서 어떻게 노는지도 조금 보여 줬으면 좋겠어요.

지민 아, 내가 하려고 했던 얘긴데.

지환 저는 『박뛰엄』에서 박뛰엄이 이사 안 가고 범하고 계속 놀았으면 좋겠다고 생각했어요.

한희 뛰엄 할아버지가 저승사자하고 장기를 둬서 이겼잖아요. 뛰엄 할아버지가 계속 이겨서 아주아주아주아주 오래 살았으면 좋겠어요.

아이들 장기가 아니라 바둑이나 오목을 뒀으면 좋았을 텐데. 체스도 있잖아. 윷놀이! 알까기! 범이랑 달리기!

찬희 『뭐 하니?』에서 곡두가 학교 가서 공부 시간인데 너무 떠들고 놀아서 혼났다는 이야기 덧붙이고 싶어요.

한희 『바나나』에서 사람들이 마지막에는 노란 바나나를 맛있게 먹었으면 좋겠어요. 바나나가 얼마나 맛있는지 좀 알게요.

진석 박뛰엄이 뛰엄병을 도깨비한테 안 팔았으면 좋겠어요. 왜냐하면 좀더 연습해서 순간 이동을 할 수 있게. 엄마 아빠한테 회초리 맞을 때 순간 이동으로 '튀자.' 하고요.

찬희 그러면 교통사고 났을 때 아이를 딱 구하는 영웅이 될 수도 있는데.

우리 엄마는 그 노을이 무척 그립대요

선생님 이야기를 읽으면서 내가 겪었던 일 떠오르는 것, 혹은 비슷한 일이나 들은 이야기 들을 해볼까요?

찬희 엄마가요, 어릴 때요, 친구들이랑 같이 모여서 노는데 티비 광고에서 김치 햄버거 만드는 걸 보고 만들어서 먹고 뒷산에 가서 노래도 부르고 들꽃도 보고 놀았대요. 이모들이랑 마당에서 땅따먹기도 하고 해가 저물도록 논 적도 있대요. 서쪽 하늘에 노을이 무척 그립대요.

지환 저는 하루 종일 빵빵이를 탈 정도로 빵빵이가 좋아가지고요, 빵빵이를 타는 여러 방법을 알아요. 그중에서도 하늘 보고 돌리면 세상이 다 도는 것 같아요.

진석 저요, 예전에, 2학년 때쯤에요, 기말고사 시험기간인데요, 엄마가 딱 하루만 다섯 시간 놀라고, 다음 시간부터는 공부한다고 그랬는데요, 제가요 여덟 시간인가 놀아서 엄마한테 디지게 맞고요(모두 웃음), 밤새서 공부했어요.

선생님 내 경험과 엄마 경험까지도 얘기했어요. 네 권의 책 중에서 어떤 이야기가 더 좋고 어떤 이야기는 별론지 견주어서 얘기해 볼까요?

지환 『뭐 하니?』에서 아이들이 나쁜 어른을 혼내 주거나 신나게 놀고 착하게 나오는데 『고얀 놈 혼내 주기』(김기정 글, 심은숙 그림, 시공주니어)에서는 주먹똥이 동물들 괴롭히는 나쁜 아이로 나와요.

선생님 두 어린이 중에 지환이는 어떤 어린이로 그려지는 게 더 좋아요?

지환 곡두처럼 그려지는 게 좋아요.

지환 그런데 『신기하고』에서 도치 씨가요, 건달 씨 장사 잘된다고 화내는데, 자기가 알려 줘서 잘되게 된 건데 화를 내는 건 이상해요(도치 씨가 건달 씨에게 "아이들은 신기하고, 새롭고, 멋지고, 기막힌 걸 좋아한다네." 하고 가르쳐준 것을 가리킴). 또 『뭐 하니?』에서 국자 여사가 잘못하고도 뉘우치지 않고, 아이들이 잘 놀고 있는데 놀이터를 없앤 것은 나빠요. 그런데 곡두가 아주 재미있게 잘 처리해서 다치지 않고 재미있게 놀이터를 지킨 게 좋은 것 같아요.

선생님 책 얘기를 하다 보니까 자연스럽게 인물에 대한 얘기를 많이 하는데, 이야기 속에는 갖가지 인물들이 다 나오죠. 버버 할미, 눈뜰 영감, 도톨……. 이렇게 인물들을 생각해 보고 그 인물 중에서 내가 보기에 제일 매력적인 인물이라든가 별로인 인물들을 견주어서 한번 얘기해 보도록 할게요.

아이들이 좋아하는 것을 연구하는 건달 씨가 좋아요

한희 건달 씨가 좋았어요. 왜냐하면 부모님의 말을 잘 듣는 게 효도하는 것 같기 때문이고, 아이들을 위해 신기하고 새롭고 멋지고 기막힌 물건을 매일매일 만들어 내기 때문에요. 그 반대는 도치 씨요. 건달 씨를 사기꾼이라고 일렀고 욕심이 많아서 싫었어요.

지민 저도 한희랑 똑같이 건달 씨가 좋은데요, 왜냐하면 돈 때문에 행복한 것이 아니라 아이들이 행복한 모습을 보고 행복하다고 했으니까요.

선생님 그 반대는?

지민 그것도 한희랑 똑같아요. 도치 씨요. 건달 씨가 사기꾼이라고 거짓말을 했으니까요.

수현 저도 건달 아저씨가 좋아요. 아이들이 좋아하는 것을 매일 연구하니까요.

금비 저는 곡두가 좋았는데, 왜냐하면 주인공이고 아주 재미있게 노니까요. 싫은 건 국자 여사요. 성격이 나쁘고 곡두를 괴롭혀요.

한희 『바나나』에서 구구장 할아버지가 제일 좋아요. 어머니가 돌아가시기 전에 바나나가 먹고 싶다고 한 걸 기억해서 바나나를 가지고 어머니의 무덤에 가서 바나나를 보여 드린 게 효자 같아요. 싫은 건 청년이에요. 왜냐하면 서울에 갔다 와서 바나나가 참외보다 수박보다 맛있다고 해서 지오마을 사람들 몸살을 앓게 해서요.

예진 『뭐 하니?』에서 곡두가 하루 종일 그림 그리다가 밥도 안 먹고 계속 노는 거가 좋고 코털 씨는 싫은데 코털이 많아서요.

수현 저도 곡두가 좋아요. 왜냐하면 우리가 상상도 못 한 놀이를 하니까요. 싫은 건 버버 할미예요. 왜냐하면 너무 오래 삶아서 곡두 다리를 절게 했으니까요.

미혜 곡두는 놀기 잘하고 그림도 잘 그리고, 곡두랑 놀면 하루하루가 재밌을 것 같아요.

한희 『신기하고』에서 건달 씨가 아이들에게 좋은 장난감을 줘서 재밌게 놀게 해 주니까 좋다고 생각하고요, 도치 씨가 건달 씨한테 장사를 잘한다고 격려해 주고 그래야 되는데 싫어해서 싫어요. 자기만 생각하는 거 같아요. 자기가 잘 팔 수 있게 해 놓고서는.

아직 사람들이 살고 있는데!

선생님 등장인물이 한 일 중 이해 안 되는 행동이 있으면 말해 볼까요?

미혜 국자 여사요. 아파트에 '내 거'라고 써 놓은 거 이해가 안 가요.

선생님 그건 자기 집이니까 그런 거 아닐까요?

미혜 자기 집이라도 그렇죠. 아직 사람들이 살고 있는데!

수현 지오마을 사람들이 하는 게 이상해요. 경찰서에 잡혀갔는데 시멘트 바닥만 호미로 긁어갖고요.

선생님 왜 그랬을까요?

아이들 거짓말하려고요. 호미로 긁고 시치미 떼요.

예진 뚱보 사장이 놀이터를 파괴하는 거 이상해요.

찬희 맞아요. 아이들이 재밌게 놀라고 만들어 놓고 아이들이 재밌게 놀고 있는데 지 맘대로 놀이터를 없애려고 하고. 자기가 만든 것도 아닌데. (주먹을 힘껏 쥐고) 나아쁜 사람! 그런 사람은 경찰서에 데려가야 돼요!

선생님 놀이터를 없애고 더 좋은 건물을 올리려고 하는데?

찬희 허! 자기만 좋잖아요.

모두 자기가 좋아하는 걸 하고 있어요

선생님 자, 김기정 선생님 동화 속 인물들의 공통점이 있을 것 같은데 어떻게 생각해요?

한희 공통점은 많이 노는 것 같아요.

찬희 거의 다 노는 것 같아 보이지만요, 『신기하고』에서는 건달 씨가 놀지는 않고 자기 일을 찾고 있어요. 남들이 보기엔 노는 것 같지만.

지환 저요! 핵심을 파악했어요! 모두가 좋아하는 걸 하고 있어요.

선생님 진짜 그러네!

아이들 다 재주를 가지고 있어요. 노는 재주! 떡보가 냄새 맡는 재주! 뛰엄이는 잘 뛰는 재주! 건달 씨는 잘 만드는 기술자! 곡두는 잘 노는 애! 다 신기한 일들만 하는 것 같아요. 엄지빵도 만들고 상상 놀이, 신기한 물건을 만들어요. 신선이랑 도깨비도 나와요. 신기한데 진짜 같아요.

찬희 (불쑥) 내려온대유!

아이들 아니야, 아니야. '굴러가유, 굴러가유.'야. (여기저기서) 굴러가유, 굴러가유.

선생님 '굴러가유.' 하다 어디로 굴렀어요?

아이들 집에요.

선생님 그래. 근데도 아무도 다치지 않았다는 게 웃겼는데. (일동 웃음)

우리는 놀아야 쑥쑥 자라지 않아요?

선생님 그럼 이 책에서 주제, 그러니까 작가는 뭐 때문에 이런 얘기를 썼을까요?

찬희 아이들은 놀아야 한다. 놀아야 산다.

지환 아이들은 많이 놀아야 한다는 걸 알리기 위해서 쓴 것 같아요.

선생님 아이들은 진짜 놀아야 돼요? 여러분 생각도 그래요?

아이들 네!

지환 아이들은 놀아야지 살 수 있어요.

선생님 못 놀면 죽어요?

미혜 집에 처박혀서 살면 답답해가지고 공부만 해야 돼요. 밖에 나가서 놀면 공부도 안 해도 되는데.

금비 하루에 조금이라도 안 놀면 신경쇠약성완전흐리멍텅바보병 걸릴 것 같아요.

지민 우리에게 즐거움을 주기 위해서 쓴 것 같아요.

수현 상상력을 길러 주기 위해서요.

선생님 곡두처럼 놀기만 하면, 내가 엄마라면 어떻게 생각할까요?

지환 그럼 여섯 시간 공부하고 여섯 시간 놀면 되잖아요.

수현 여섯 시까지 공부하고 열두 시까지 놀면요? (아이들 웃음)

지민 우리에게 꿈과 희망과 즐거움을 주기 위해서 쓴 것 같아요. 공부만 하는 우리들이 행복해 보이지 않아서요.

미혜 우리는 놀아야지 쑥쑥 자라지 않아요?

선생님 그래요? 안 놀면 쑥쑥 자라지 않아요?

미혜 놀아야 더 튼튼해지겠죠.

선생님 근데 여러분이 놀기만 하면 학교도 없어지고 선생님도 없어지는데 그럼 어떡하지?

수현 그럼 공부도 못하고 머리가 더 나빠지는 거죠. 곡두처럼 글씨를 못 쓰게 되겠지.

찬희 아니지. 우린 글씨는 이미 배웠으니까.

지환 인터넷 강의를 들으면 되지 않아? 컴퓨터로 해도 되고…….

한 시간 공부하고 열한 시간 놀면 적당해요

선생님 마지막으로 궁금하거나 물어보고 싶은 거 있으면 말해 볼까요? 아니면 토론회를 해 보니까 어떤지도 말해 볼까요?

예진 김기정 선생님 책이 재밌는 것도 알고 새로웠어요.

진석 토론회를 또 하고 싶고, 김기정 선생님을 직접 보고 싶어요.

미혜 친구들 얘기랑 견주어 보니까 내 생각보다 친구들 얘기가 더 재밌는 거 같아요.

지환 『뭐 하니?』에 대해서 발표를 하니까 무조건 놀아야겠단 생각이 없어지고 적당히 놀아야겠다는 생각이 들어요. 계속 놀기만 하면 공부도 못해지고 하니까. 적당히, 하루에 한 시간 정도 공부하고 열한 시간 놀면 되겠어요.

선생님 그게 적당히냐?

찬희 이제부터는 놀 때 친구들이랑 게임만 하고 놀지 말고 재미있는 놀이를 하고 놀아야겠어요.

한희 친구들하고 소중한 얘기를 나눠서 행복했어요.

선생님 그런데 내가 보니까 수현이는 자야를 좀 닮은 것 같아.

아이들 (웃음)

찬희 네 맞아요 맞아요. 너무 심술궂어요. (웃음)

진석 (찬희에게) 넌 눈뜰 영감이야. (모두 웃음)

아이들 난 도톨! 내가 도톨이야! 난 마똥이야.

아이들이 하는 이야기를 들으며 '어라! 이 녀석들 말 좀 하는데?' 하기도 했다. "핵심을 파악했어요!"라고 외치는 지환이 말에 너도나도 신나하며 말을 쏟아내던 아이들. 책 읽고 토론하는 것이 노는 거란 걸 몸소 겪으며 친구의 말을 귀담아듣고 자기 생각을 견주어 보며 아이들은 어느새 훌륭한 독자로 성큼 자랐다.

아이들은 책 속에 있는 이야기를 지금, 여기로 불러내어 몸으로 살아간다.

"우리도 곡두처럼 놀아요"

"체육 시간에 뛰엄 놀이 해요."

"오늘 급식은 바나나래유."

"또 무슨 책 읽어 줄 거예요?"

두 눈을 또록또록 굴리며 체육 시간에 운동장을 휘젓고 달리면서 곡두처럼 놀고, 뛰엄이와 범처럼 날뛴다.

열 권이 넘는 교과서를 배우고 한자, 영어 말하기, 컴퓨터, 독서 인증제, 논술, 체력 인증까지 해야 하는 아이들이 입을 모아 "우리는 놀아야 살 수 있다."고 외친다. 이 아이들에게 어린이문학이 줄 수 있는 것은 무엇일까? 신기하고 새롭고 멋지고 기막힌 이야기와 만나서 날마다 신나게 놀게 하는 것이 아닐까.

중학년 동화 읽기

3학년과 4학년을 중학년으로 묶었지만 성장에 따른 개인차는 심한 편이다. 특히 몸의 성장과 관련하여 사춘기 초기 증상을 나타내는 아이들도 있다. 교과도 아홉 개로 나눠져 학습량이 많아지고 해야 할 일도 늘어나지만 세상에 대한 호기심과 궁금함을 스스로 찾고 해결하려고 한다. 또래끼리 의견 다툼과 조율을 경험하고 남녀에 따라 좋아하는 책도 조금씩 달라진다. 중학년 책 읽기 활동은 다음과 같다. 우선 학기 초인 3, 4월에 학급문고나 필독 도서 알리기, 아침 독서 등 자연스럽게 책을 읽을 수 있도록 독서 환경을 만들었다. 5월에는 독서 퀴즈와 같은 행사를 하며 '가족과 함께 만드는 독서 퀴즈 활동'으로 가족이 함께 퀴즈 문제를 만드는 과정에서 가족 모두 책을 읽고 자연스럽게 생각을 나누도록 하였다. 요즘 학부모들은 책 읽기에 많은 관심을 가지고 있지만, 그 관심이 때론 학습지 풀이 형식의 공부가 되기 쉽다. 그래서 즐거운 책 읽기를 위해 가정 통신문을 만들어 책 읽기의 기본은 즐거움인 것을 알리는 것이 중요하다. 또 강제적인 독후 활동은 아이들이 책에서 멀어지게 하는 것이므로 독서록이나 감상문 쓰기는 거의 하지 않고, 〈읽으면 행복해요〉를 만들어 간단히 자기가 읽은 책 목록을 기록하고 책 읽어 주기 시간에 낙서를 하며 듣거나 인물과 장면 그릴 때 활용한다.

월 · 주제	문학 감상활동	독서 환경	함께 읽어준 책
3 · 책과 만남	● 숨겨진 친구의 모습 찾기 **화요일의 두꺼비** 러셀 에릭슨 글, 김종도 그림, 사계절출판사 ▷ 읽은 후 느낌 한마디 ▷ 그림으로 나타내기	· 독서 공책 · 학급문고 만들기 (안내장 발송) · 책나무 만들기	**까마귀 소년** 야시마 타로 글 그림, 윤구병 옮김, 비룡소 **나쁜 어린이표** 황선미 글, 권사우 그림, 웅진주니어 **내 짝꿍 최영대** 채인선 글, 정순희 그림, 재미마주 **짜장 짬뽕 탕수육** 김영주 지음, 고경숙 그림, 재미마주

월 · 주제	문학 감상활동	독서 환경	함께 읽어준 책
4 · 학급문고 만들기	● 장애 체험 **네 잘못이 아니야** 고정욱 지음, 황금두뇌 ▷ 장애 체험한 후 이야기 나누기 ▷ 삼각 무대 꾸미기	· 학급 도서 대장 · 학급문고 빌림장 · 안내장 발송 · 학급문고 운영 규칙 정하기	**나에게는 소리를 듣지 못하는 여동생이 있습니다** 진 화이트하우스 피터슨 글, 데보라 코간 레이 그림, 이상희 옮김, 웅진주니어 **내 친구 재덕이** 이금이 글, 성병희 그림, 푸른책들 **전학 간 윤주 전학 온 윤주** 장주식 글, 정문주 그림, 문학동네어린이 **풀꽃과 친구가 되었어요** 이상권 글, 정수영 그림, 창비
5 · 사랑하는 우리 가족	● 부모님을 주인공으로 **조커, 학교가기 싫을 때 쓰는 카드** 수지 모건스턴 글, 미레유 달랑세 그림, 김예령 옮김, 문학과지성사 ▷ 조커 만들기(책 광고) ▷ 독서 퀴즈 대회	· 퀴즈 대회를 위한 학급회의 · 독서 퀴즈 용지, 안내장 · 독서 점검표, 상품	**나비를 잡는 아버지** 현덕 글, 김환영 그림, 길벗어린이 **당나귀 실베스터와 요술 조약돌** 윌리엄 스타이그 글 그림, 이상경 옮김, 다산기획 **못나도 울 엄마** 이주홍 글, 이은천 그림, 창비 **엄마 까투리** 권정생 글, 김세현 그림, 낮은산
6 · 평화	● 평화와 공동체 **살꽃이야기** 이현주 글, 정순희 그림, 한겨레출판 ▷ 작은 책 만들기 ▷ 독서 토론	· 화해 평화 사탕 나누어 먹기 · 전쟁과 관련된 사진 보고 느낌 나누기	**나는 평화를 꿈꿔요** 유니세프 엮음, 김영무 옮김, 비룡소 **내가 라면을 먹을 때** 하세가와 요시후미 글 그림, 장지현 옮김, 고래이야기 **바람이 불 때에** 레이먼드 브릭스 글 그림, 김경미 옮김, 시공주니어 **밥데기 죽데기** 권정생 글, 박지훈 그림, 성바오로딸수도회(바오로딸)
7, 8 · 신화와 함께	● 함께 만드는 이야기 **버리데기** 박윤규 글, 이광익 그림, 시공주니어 ▷ 독서 토론 : 내가 버리데기였다면 어떻게 할까? ▷ 캐릭터 그리기	· 다독자와 독후 활동 학급표창	**까막나라에서 온 삽사리** 정승각 글 그림, 초방책방 **농사의 신 자청비** 김나경 글 그림, 한겨레출판 **백두산 이야기** 류재수 글 그림, 보림 **우리가 정말 알아야 할 우리 신화** 서정오 지음, 현암사

월 · 주제	문학 감상활동	독서 환경	함께 읽어준 책
9 · 역사를 만들어 가는 삶을 찾아서	● 뉴스의 현장으로 **불새의 춤** 『엄마 없는 날』에 수록, 이원수 저, 웅진출판 ▷ 시와 노래로 표현하기 ▷ 뉴스 만들기	· 퀴즈 대회를 위한 준비 · 위인전 1권 사기 · 직업 조사 (커리어 넷) · 명함 만들기	**바닷가 아이들** 권정생 글, 이혜란 그림, 창비 **바보별** 나가사끼 겐노스께 글, 김병호 그림, 양미화 옮김, 창비 **초대받은 아이들** 황선미 글, 김진이 그림, 웅진주니어 **해를 삼킨 아이들** 김기정 글, 김환영 그림, 창비
10 · 생명과 환경을 생각하며	● 함께 사는 우리, 우리 말 우리 글 **토끼 청설모 까치** 장주식 글, 원혜영 그림, 국민서관 ▷ 조커 만들기(책 광고) ▷ 독서 퀴즈 대회 **한글, 빛나는 발명품** 배성호 글, 김선배 그림, 웅진주니어 ▷ 주장하는 글쓰기 ▷ 손바닥 크기 포스트 그리기	· 우리 집, 우리 동네의 환경오염 조사 · 우리 말로 된 간판이나 상표 조사	**내 동생 삐옥이** 박성옥 글, 조원형 그림, 문학동네어린이 **마지막 거인** 프랑수아 플라스 글 그림, 윤정임 옮김, 디자인하우스 **지구는 잘 있지?**(『짜장면 불어요』에 수록) 이현 지음, 윤정주 그림, 창비 **초정리 편지** 배유안 지음, 홍선주 그림, 창비
11 · 양성평등	● 우리 집의 하루 **엄마는 파업 중** 김희숙 글, 박지영 그림, 푸른책들 ▷ 우리 집의 하루 관찰하고 일기 쓰기 ▷ 독서 토론	· 콩깍지 놀이 · 아름다운 성 이야기	**돼지책** 앤서니 브라운 글 그림, 허은미 옮김, 웅진주니어 **쉿! 나도 어른이 되어가고 있어요** 야마모토 나오히데 글 그림, 이미숙 옮김, 웅진주니어 **종이 봉지 공주** 로버트 문치 글, 마이클 마첸코 그림, 김태희 옮김, 비룡소
12, 2 · 꿈, 미래	● 좋아하는 작가를 정하여 동화 읽기 ▷ 작가에게 보내는 편지 쓰기 ▷ 모둠별 연극발표	· 다독자, 독후 표현 우수자 표창	**만년샤쓰** 방정환 글, 김세현 그림, 길벗어린이 **만희네 집** 권윤덕 글 그림, 길벗어린이 **으뜸 헤엄이** 레오 리오니 글, 이명희 옮김, 마루벌 **잔디숲 속의 이쁜이** 이원수 글, 이상권 그림, 웅진주니어

학부모와 함께 하는 독서 활동 사례

동화 읽는 엄마, 읽어 주는 아빠

3월 초에 가정 통신문과 학급 소개 활동에서 '어머니 동화 모임'과 '책 읽어 주는 엄마 아빠' 활동을 제안했다. 그리고 참가를 희망하는 부모님을 모집하였다. '어머니 동화 모임'은 도서관 도우미 활동과 연계하여 독서지도뿐 아니라 어린이 책을 읽고 생각을 나누는 시간을 가졌다. 어머니 십여 분이 참여해 4월부터 매달 셋째 주 수요일 오후 2시에 어머니들과 '동화 공부'를 했다. 모임 진행은 살아온 이야기 나누기, 동화 공부(발제한 어머니의 이야기 듣기), 토론하기, 아이들 이야기, 한 달 도서관 운영과 다음 달 독서 행사 안내, 다음 모임 계획 짜기, 소감 나누기로 했다.

'책 읽어 주는 엄마 아빠' 활동은 한 달에 두 번 정도 아침 독서 시간에 부모님들이 교실에 와서 아이들에게 책을 읽어 주는 것이다. 부모님이 어릴 때 재미있게 읽은 책이나 최근에 나온 동화나 그림책 등 다양한 책을 소개하고 직접 읽어 주며 아이들에게 재미난 경험이 되도록 하였다.

'어머니 동화 모임'을 통해 교사와 학부모 모두 아이를 키우는 어머니 마음으로 돌아가 내 아이의 문제에서 출발하여, '우리 아이들, 우리 학교, 공교육의 문제'까지 생각을 넓혀갔다. 학부모 교육으로 '동화 작가 임정자 초청 강연회'를 기획하고 진행하였다.

매달 학급에서 하는 활동과 아이들의 글과 작품들, 그리고 동화 모임에 참여한 어머니들의 소감문을 월별 학부모 통신 「사랑의 징검다리」에 실었다. 학급 홈페이지에도 내용을 실어 모임에 참석하지 못한 다른 학부모들과 자료와 생각을 공유하였다. '어머니 동화 모임'은 누가 시켜서 하는 일이 아니라 학부모와 교사 스스로 모임을 만들고 고민을 나누는 자리가 되었다. 또 장애 아이를 둔 어머니들이 서로에게 힘을 주는 자리가 되기도 했다. 어머니 동화 모임에 참석한 분들의 소감문 몇 가지를 소개하면 이렇다.

● 긴 시간은 아니었지만 선생님과 학부모들이 함께 책을 읽고 의견을 공유한다는 것 자체가 새로운 충격이었고, 항상 멀게만 어렵게만 느꼈던 선생님의 모습과는 다른, 아이들과 함께 호흡하려는 선생님의 모습에 다시 한번 감사를 드립니다. 엄마들과 선생님의 이런 마음이 아이들에게도 전해졌으면 하는 작은 소망이 생겼습니다.

김재욱 어머니

● 세계 명작이라는 동화책 속 내용들이 서양 사람들의 서구 중심 동화였다는 것을 모른 채, 그리하여 그 책을 읽는 많은 아이들이 그 그림책에 있는 주인공들을 보며, 아이들의 머릿속에 서서히 자리 잡을 열등감, 도피심이 생기는 것도 모른 채 책 읽기만 강요했습니다. 이제부터는 우리 정서에 맞는 우리나라 사람들이 쓴 좋은 책을 아이와 함께 고르며 읽어야겠다고 생각했습니다.

박진성 어머니

● 다른 아이들도 명작 동화도 창작 동화도 읽으니까 내 아이도 무조건 읽어야 된다는 생각만을 가지고 있던 저에게 좋은 시간이 되었던 동화 모임이었습니다. 희성이도 몇 년을 힘들게 보내면서 답답하고 스트레스를

많이 받는다는 것을 알면서도 힘이 든다는 생각만 하고 그것을 풀어 주고 같이 할 수 있는 것을 찾지 못한 것 같습니다.

선생님께서 "좋은 책을 통해 상처받은 아이들이 치유될 수 있다."는 말씀을 하실 때 엄마로서 모범도 안 보이고 책을 자연스럽게 접할 수 있는 환경을 만들어 주지 못했다는 생각을 많이 했습니다. 앞으로 같이 좋은 책을 많이 읽을 수 있도록 노력해야겠습니다. 처음 동화 모임에 참석하려니 걱정이 많았는데 편한 분위기와 격의 없이 대해 주시고 말씀하시는 선생님과 다른 어머니들 덕분에 좋은 시간이 되었습니다. 감사합니다.

정희성 어머니

● 평화와 화해에 관한 책을 읽어 줄 때였습니다. "왜 어른들은 싸움을 하나요?", "전쟁은 누가 일으키나요?" 하는 아이들의 질문에서 다시 한번 가슴이 뜨끔하고 철렁했습니다. 매일 아이들한테 "이런 것 하면 안 된다. 착하고 좋은 것만 해라." 하면서 먼저 제 자신을 돌아보지 못한 것 같아 아이들에게 부끄러운 마음이 들었습니다. 집에서도 화가 나면 큰소리 친 제 자신을 돌아보게 되었습니다. 또 전쟁이 끊이지 않은 이 세상에 평화가 얼마나 소중한지 알아가는 책 읽기 활동은 우리 아이들에게 꼭 필요한 과정이라고 생각했습니다.

홍덕기 아버지

● 얼마 전에 민우가 "엄마, 사랑의 편지 쓰기에 엄마가 나왔어." 하며 무지무지 좋아하더군요. "6월 호에 엄마 편지 실린대. 하하하." 그 마음이 그대로 전해져 와 저도 6월호 사랑의 징검다리를 많이 기다렸답니다. 이번 달엔 우리 아이들이 학교에서 무슨 일을 했는지, 어떤 공부를 했는지 궁금하고 기다려지고, 생각이 얼마나 커졌는지 가슴 설레며 기다렸답니다. 엄마를 생각하는 아이들의 마음은 다 똑같은가 봅니다. 힘들고 바쁘지만 가족들에게 최선을 다하는 엄마들의 모습을 마음 저 깊은 곳에 담

아 두고 있었네요. 대견스럽고 모두 사랑스럽습니다. 함께 공부하는 아이들도 너무 감동적이었어요. 잘하고 못함보다는 그 안에서 함께하는 아이들의 모습은 너무 순수하고 예쁘더군요. 선생님, 정말 고맙습니다. 언제나 한결같은 사랑으로 아이들 곁에서 함께해 주시는 선생님. 더운 날씨에 건강 유의하시고요. 다음 호에서 뵙겠습니다.

이민우 어머니

● 아이들의 글 속에서 계절의 변화를 느끼며 아이들의 감성이 풍부하다는 것을 알게 되었습니다. 개구쟁이 같기만 하던 아이들인데 글 속에서 자기의 생각과 느낌을 나타내는 걸 보니 많이 컸다는 것도 느낍니다. 책장을 넘기며 우리 아이의 글을 보고 가슴이 뭉클했습니다. 우리 아이가 어느덧 이렇게 자라서 아빠와 엄마를 위로하는 글을 쓰고 부모의 마음을 헤아릴 만큼 의젓해졌습니다. 사랑의 징검다리를 다 읽고 우리 서로 "사랑한다." 하고 안아 주었습니다.

정솜이 어머니

학부모와 함께 하는 독서 활동 표

달	공부한 내용	참여 활동(▷), 아이들에게 읽어준 책(●)
3월	**어머니 동화 모임 만들기** - 자기 소개하기, 힘든 점 나누기 - 책 읽어 주는 엄마 활동 계획과 순서 정하기	▷ 참가하게 된 동기 나누기, 활동 계획
4월	**어린이 책을 읽는 어른** 이주영 글, 웅진지식하우스 - 발제와 토론 『전학 온 윤주 전학 간 윤주』 합평	▷ 한솥밥 먹기 ● **종이밥** 김중미 글, 김환영 그림, 낮은산 ● **전학 온 윤주 전학 간 윤주** 장주식 글, 정문주 그림, 문학동네어린이
5월	**어린이 책을 읽는 어른** 이주영 글, 웅진지식하우스 - 발제와 토론 『털뭉치』 합평	▷ 단오날 천연 염색하기 ▷ 어린이 도서관 견학 도우미 활동 참여 ● **털뭉치** 김양미 글, 정문주 그림, 사계절출판사 ● **돼지책** 앤서니 브라운 글 그림, 허은미 옮김, 웅진주니어
6월	**동화 작가 임정자 작품 읽기** 『당글공주』, 『내 동생 싸게 팔아요』, 『어두운 계단에서 도깨비가』 등	▷ 동화 작가 임정자 만남 ● **내 동생 싸게 팔아요** 임정자 글, 김영수 그림, 아이세움 ● **박뛰엄이 노는 법** 김기정 글, 허구 그림, 계수나무
7월	**어린이 책을 읽는 어른** 이주영 글, 웅진지식하우스 - 발제와 토론 『엄마 까투리』 합평	▷ 학급 마무리 잔치 참여 ● **짜장 짬뽕 탕수육** 김영주 글, 고경숙 그림, 재미마주 ● **엄마 까투리** 권정생 글, 김세현 그림, 낮은산

달	공부한 내용	참여 활동(▷), 아이들에게 읽어준 책(●)
9월	**동화 이렇게 보세요** 어린이도서연구회 엮음, 웅진지식하우스 『또야 너구리가 기운 바지를 입었어요』 합평	▷ 학부모 참여 수업 ● **초대받은 아이들** 황선미 글, 김진이 그림, 웅진주니어 ● **나쁜 어린이표** 황선미 글, 권사우 그림, 웅진주니어
10월	**어린이 그림책의 세계** 마쓰이 다다시 글, 이상금 엮음, 한림출판사 - 그림책 읽어 주기에 대해 공부하기 1 - 학부모와 함께 하는 그림책 수업 계획 짜기	▷ 학부모와 함께 하는 그림책 수업 ● **피터와 늑대** 프로코피예프 글, 프란스 하켄 그림, 유영미 옮김, 미래아이 ● **오늘이** 정하섭 글, 윤정주 그림, 웅진주니어
11월	**어린이 그림책의 세계** 마쓰이 다다시 글, 이상금 엮음, 한림출판사 - 그림책 읽어 주기에 대해 공부하기 2	▷ 학예회 '그림자극-훨훨 간다' 공연 ● **독후감 숙제**(『문제아』에 수록) 박기범 글, 박경진 그림, 창비 ● **훨훨 간다** 권정생 글, 김용철 그림, 국민서관
12월	『몽실 언니』 합평 - 몽실 언니 읽은 후 소감 나누기 - 한 해를 마무리하며 느낀 점 나누기	▷ 학년 마무리 잔치 참여 ● **아낌없이 주는 나무** 셸 실버스타인 글 그림, 이재명 옮김, 시공사

3

공감과 나눔의 동화 읽기

『두꺼비신랑』 © 서정오 글, 김성민 그림, 보리

이야기로 시작하는 관계 맺기

「천석이와 다섯 형제」

아침부터 체육대회 연습으로 온 학교가 들썩거린다. 힘든 달리기 연습과 편을 갈라 하는 긴 줄다리기로 온몸에 매운 먼지를 뒤집어쓴다. 교실로 들어와 땀 흘린 아이들이 쉴 수 있게 옛이야기 한 자락을 펼치기로 했다.

"얘들아, 우리 어제 무슨 이야기했지?"

"자전거로 학교 다는 것 때문에 찬반 토론 했잖아요."

"자전거 보관대 좁다고 걸어서 30분 걸리는 아이들만 타고 오라고 해서 오늘 걸어왔어요. 아이쿠! 다리야."

"내가 힘이 세서 확 밀고 올 수만 있으면 얼마나 좋게?"

"힘도 세고 날 수 있다면 더 좋지?"

아이들이 저마다 한마디씩 한다.

"그래? 옛날에 다섯 형제가 살았는데 그런 힘이 다 있었대. 이야기해 줄까?"

"그럼요. 그럼요. 이야기 준비, 준비, 이야기야 나와라!"

아이들 몇몇이 앞 다투어 이야기판을 깔아 준다. 「천석이와 다섯 형제」(서정오 글, 김성민 그림, 『두꺼비신랑』, 보리) 이야기를 시작했다. 미리 책을 읽고 이야기를 외웠더니 생각보다 말이 술술 나왔다.

"옛날 옛날 짐승이 사람 되고 사람도 짐승 되던, 뭐든지 다 되는 옛날에 한 부부가 살았거든. 이 부부는 사이가 참 좋았어. 말하자면 닭살 커플이야. 그런데 걱정거리가 하나 있었거든."

"알아요. 아이가 없는 거죠?"

"그래, 맞아. 아이가 없어서 용한 점쟁이를 찾아갔어. 그랬더니 그 점쟁이가 부부의 얼굴을 쓱 살피더니……." 하면서 열심히 듣고 있던 성호 코앞에 얼굴을 확 들이밀었다. 성호가 깜짝 놀라 꽥 소리를 질러 아이들이 모두 웃었다. 그리고나서 말을 이어 나갔다.

"당신들, 아이가 없어서 왔지? 내 한 가지 방법을 일러 줄 테니 그대로 따라 하시오." 하는데 듣고 있던 동훈이가 "뒤뜰에 단지를 하나 묻어라 했지." 한다. 뭐든 앞질러 말하는 동훈이가 미워서 눈총을 줬더니, 아이들이 "야, 알아도 말하지 마. 재미없잖아!" 한다. 역시 여럿의 힘은 크다. 동훈이는 얌전한 강아지 꼴이 되어 입만 우물거렸다.

정성 들여 낳은 아들이 일곱 살이 되어도 말도 못 하고 똥오줌도 못 가리네. 아이고, 다 큰 아이가 누워서 엄마 젖만 먹고 있으니 부모님은 걱정이 태산이었지. 그런데 여덟 살이 되니까 갑자기 막 돌아다니고 말도 술술 해. 게다가 열대여섯쯤 되어서는 쌀 한 가마니는 한 손으로 번쩍 들고 도끼질 한 방에 커다란 나무가 휙 쓰러지거든. 힘이 천하장사야. 하루는 엄마가 조나 좀 심어라 했더니 좁쌀 한 말을 심었어. 어떻게 심었냐고. 커다란 구덩이를 파고 거기에 좁쌀 한 말을 다 쏟아 부어. 그리고는 어머니가 "김은 안 매냐?" 하니 한 포기만 달랑 남겨 두고 다 뽑아 버렸어. 오줌장군에 오줌을 가득 채워 거름을 주는데 하루에 여남은 장군씩 주니까 조가 아주 커다란 나무가 되었어. 타작은 도끼로 조 나무를 후딱 베어다가 마당에다 '쾅' 메다꽂으니 조 이삭이 우루루 떨어져. 그걸 다 쓸어 담아 보니 천석이야. 그래서 그 애 이름을 '천석'이라고 불렀지. 이렇게 조를 다 걷어 놓고는 부모님께 이제 저는 다 컸으니 집을 나가 이곳저곳 돌아다니며 세상 구경을 하겠다고는 넙죽 절을 하고 길을 떠났어.

이야기를 듣고 있던 동영이랑 재욱이가 불쑥 앞으로 나왔다.

"어머니! 만수무강하세요."

손을 모으고 여자처럼 절을 하며 외쳤다.

"하하하, 동영이 진짜 여자 같다."

"오냐, 재욱이, 동영이 잘 다녀오너라."

내가 인사를 받자, 두 녀석은 교실 뒷문을 열고 나가더니 앞문으로 다시 들어왔다. 엉뚱한 녀석들 때문에 이야기판에 흥이 살아났다.

길을 떠난 천석이는 집채만 한 바위를 떼굴떼굴 굴리고 가는 사람을 보았어. "여보시오. 힘 깨나 쓰는 것 같은데 나하고 팔씨름이나 해 봅시다. 이기는 사람이 형 되고 지는 사람이 동생 되기로 하고 말이오." 그래서 팔씨름을 했는데 천석이가 이겼어. 그래서 의형제를 맺었지. 바위 굴리던 장사는 이름이 '바위손이'이야. 둘이 가다 보니 콧김이 센 '콧김손이'를 만나 팔씨름을 해서 또 의형제를 맺었지. 그다음은 말이야 목소리 큰 장사인 '소리손이'를 만났어. 얼마나 소리가 크냐면 "이랴. 이놈의 소야!" 했더니 논갈던 소가 놀라 자빠져 버려. 또 팔씨름을 해서 의형제를 맺었어. 네 번째는 웬 사람이 도끼 한 번 번쩍하더니 장작이 한 짐이 되는 거야. 그래서 또 팔씨름을 했지. 이름이 뭐라고? '장작손이'이지. 이렇게 다섯 형제가 가다 보니 이번에는 웬 사람이 배를 만드는데 '뚝딱'하면 배 한 척이 나오더래. 그래서 '뚝딱손이'라고 했지. 이렇게 의형제를 맺어 육형제가 되었지.

"선생님 우리 반에도 장사 있어요. 오줌발 센 오줌 장사요.

"맞아요. 규민이랑 호성이가 제일 세요."

"야! 그런 말 하면 어떡해."

"오줌손이 의형제, 팔씨름을 하시오."

얼굴이 빨개진 두 아이를 보니 이야기판이 흥이 났다. 천석이와 다섯 형제가 호랑이 여섯 마리하고 대판 싸우는 장면은 완전 스펙타클하다.

천석이는 달려드는 호랑이를 번쩍 들어 메다꽂고, 바위손이는 산에서 바위를 가져다가 호랑이한테로 떼굴떼굴 굴려 보내고, 콧김손이는 콧김으로 바람을 쌩쌩 일으키니 호랑이들이 정신을 못 차리지. 소리손이는 호랑이 귀에다 대고 벼락같이 소리를 지르고 (아이구야, 호랑이 귀에 소리를 지르다니, 정말 대담한 놈이군!) 장작손이는 번개같이 장작을 패 던지고, 아, 이러니 호랑이들이 견딜 수 있나. 1차전, 호랑이들이 항복했지. 그런데 호랑이들이 가만 있을 리 없지. 얼마나 맛있는 밥인데 말이야. 그래서 꾀를 쓴 거야. 내기를 하자고 했지.

이 대목은 책을 보고 읽는데 판소리 사설처럼 흥얼흥얼 높낮이를 곁들여 '~ 하고'에 저절로 장단을 넣게 되었다.

내기가 뭔고 하니 장작 높이 쌓기였어. 누가 잘 쌓을 것 같아. 물론 여섯 형제들이지. 그런데 높이 쌓고 있자니 저 아래서 호랑이들이 장작에 불을 확 붙이는 거야. 야, 이를 어째? 그냥 타 버릴 수도 없고. 아이고, 이제 꼼짝없이 죽었구나 하는데.

"다섯 손이들 바베큐 되겠네요."
"아니지, 아니지. 주인공은 절대 죽을 수 없지. 똑딱손이가 있잖아."
"그렇지. 배를 띄워 탈출하면 되지."
"우리 반 오줌손이들 가야지. 왕오줌발로 불도 끄고. 배도 젓고."
"아휴, 냄새야. 누런 오줌 물에 배가 떠가다니"
이 대목에서 아이들은 코를 싸쥐고 손사래를 치며 발을 동동 굴렀다.
"육 형제는 세상을 마음껏 돌아다니다 천석이네 마을에 와서 집을 짓고 잘 살았더래. 아마 어제 저녁까지 잘 살았을걸"

"어떻게 잘 살아요?"

"그것도 모르냐? 이웃 마을 처녀들하고 딴딴따단 해서 행복하게 살았지."

그 대답에 용섭이가 고개를 끄덕인다.

이야기를 마치고 나서 쉬는 시간에 카드 놀이를 하던 아이들, 저희들끼리 나누는 이야기가 재미있다.

"나는 카드손이다. 마법 카드에 엑조디아도 있다."

"야, 넌 삐죽손이야. 게임만 지면 입을 삐죽거리고 화내잖아."

수학 시간이 되자 영호가 이렇게 외친다.

"쌤, 나는 수학손이 할래요."

"너는 체육손이지. 체육을 더 잘하잖아. 호성이가 수학손이야."

"아니야, 이제부터 수학손이 할 거라고"

"선생님, 다은이는 피아노손이하고 유림이는 책손이, 희선이는 그림손이 하면 되겠네요."

은형이하고 희수하고 성은이, 선영이가 우리 반 서른 명에게 손이 이름을 지어 주었다.

"나는 뭐로 할까?"

"은경쌤은 싸부손이 해요"

은형이가 톡톡 튀는 이름을 금방 지어 준다.

"하하손이도 좋아. 선생님 화내지 말고 웃으라고 하하손이 어때?"

"난 다 좋아. 이제 나는 하하손이 싸부손이다. 고맙다. 얘들아."

옛이야기로 풍성해진 우리 교실엔 서른 손이들이 살고 있다.

▲ 친구들에게 별명을 붙여 준 성은, 은형, 선영, 은수

『문제아』© 박기범 글, 박경진 그림, 창비

당당하게 희망을 말해요

「독후감 숙제」

1.

우리 학교는 전교생이 매주 책 한 권씩 읽고 독후감을 쓴다. 학년에 맞게 독서 기록장을 나누어 주고 독후감을 쓴 수만큼 금장, 은장, 동장으로 나누어 상을 준다. 학년에 따라 독후감 쓸 책 목록도 나누어 주었다. 5, 6학년은 그림책이나 만화책은 안 된다는 기준이 있어서 우리 반 아이들은 불만이 많다. 일방적인 책 읽기와 독후감 쓰기는 아이들과 책 사이를 멀어지게 한다. 책 읽기의 즐거움을 경험하는 일이 우선인데 뭐든 줄을 세워 똑같이 만들려는 어른들의 생각이 문제다.

예전부터 꼭 읽어 주고 싶었던 「독후감 숙제」(박기범 글, 박경진 그림, 『문제아』, 창비)를 읽었다. 책에 나오는 그림일기는 역할을 정해 아이들이 직접 낭독을 했다. 다 읽고 한참을 가만히 있었다.

"선생님, 성린이 그림 좀 보세요."

솜이가 슬그머니 공책을 내민다. 책을 읽는 동안 생각나는 장면을 만화처럼 그려 놓았다. 아이들과 둘러보며 칭찬을 많이 했다.

"이야기에 나오는 2학년 그 아이가 너무 안됐어요."

"가난해서 무용복 안 가져온다고 벌만 세우고. 그 선생님 정말 나빠요."

"수학여행비가 없어 못 가져오는 걸 알지도 못하고 벌만 세우는 담임은 뭐냐?"

아이들은 책 속 주인공에게 감정이입을 하며 다양한 생각을 말했다.

책 읽은 뒤 주인공의 환경을 나타내는 부분 찾아 밑줄 긋기를 했다.

- 독후감 숙제를 해야 하는데 쓸 책이 없다
- 수도세로 싸우는 엄마
- 신문지로 콩나물 팔 때 담는 봉투 만들기
- 봉투 만들 때 피곤해서 조는 엄마
- 6학년 수학여행 때 있었던 일

가장 인상적인 부분을 한 단어로 나타내어 그 까닭을 알아보기도 했다.

- '부글부글'은 학교 마치고 청소를 하면서 친구들이 주인공에게 치사하게 약을 올려 분하고 독후감 쓸 책도 없고 엄마한테 잔소리 듣고, 그래서 부글부글.
- '꼬질꼬질'은 엄마의 발 냄새, 콩나물 냄새, 반찬 냄새, 풀 냄새, 헌 신문지 냄새가 모이고 모여서 꼬질꼬질.
- '울퉁불퉁하다' 이야기에서 엄마가 "비켜 이년아!" 욕하는 건 처음이다. 엄마 입이 험하고 아이 인생은 울퉁불퉁.
- '막막하고 답답하다' 수학여행비를 못 내서 힘들었는데 이번엔 독후감 쓸 책이 없다. 콩나물 팔아서 생활하면 정말 가난하고 막막할 것이다.
- '뾰족뾰족' 선생님이 알지도 못하면서 오해하는 말할 때 가시에 찔리는 느낌.
- '뭉클뭉클' 엄마가 안아 주고 엄마의 젖가슴이 크게 부풀었다 작아지

는 걸 느끼고 가슴이 뭉클했을 것이다.

인상적인 부분을 한 단어로 나타낸 걸 다 이었더니 줄거리가 되었다. "이야기를 읽고 비슷하거나 똑같이 느낀 건 뭘까요?"라는 질문에 인물이 되어 말하기를 했던 은수가 "그건 인물이요. '나'의 기분, 생각, 말, 행동 이런 걸 보면 비슷하게 느껴요."라고 했다. 성린이는 "주인공이 억울한 것, 참는 것, 막막한 것, 뭉클한 것. 이런 걸 같이 느껴요."라고 했다. 그래서 '주인공을 통해 내가 느낀 것 말하기'를 했다.

"가난한 사람을 차별하지 말자."

"부자나 가난한 사람이나 다 평등하다."

아이들 말을 듣고 있던 환진이가 손을 든다.

"가난한 주인공 여자아이가 느낀 것이 주제예요."

"엄마가 자기를 안고 울먹일 때 느끼잖아요. '나를 사랑하는구나.' 하고. 그것을 느끼고 사는 게 주제예요."

민우가 뭔가 알았다는 듯이 외쳤다.

"엄마가 우는 걸 보고 사랑을 느끼는 것, 엄마가 무용복을 가져와서 화를 내며 우리 반 아이도 2학년 10반이라고 외치는 것 그게 주제지요."

"나는 그 아이가 이젠 쫄지 않을 거라고 생각해요. 왜냐면 이젠 엄마를 이해하게 되었으니까. 학교에 가도 당당할 거라고 생각해요."

"한마디로 OTL 금지."

아이들은 멋진 결론을 내면서 참 재미난 책 읽기라고 말했다. 퇴근하면서 칠판에 '아침 편지'를 썼다.

> 오늘 동화를 잘 들어 주어서 고마웠어요. 멋지게 이야기해 준 은수, 호성이, 세희 그리고 매화반 모두모두 하늘만큼 땅만큼 사랑해요.

저녁을 먹고 나서 윤호네와 은수네 가게로 전화를 했다. 사는 것이 힘겹다는 윤호 어머니가 이런저런 고민을 털어 놓았다.

"집주인이 나가라고 해서……. 마땅히 살 집도 없는데 앞이 캄캄합니다. 제가 너무 힘들어서 애들한테 못할 말을 했어요. 이렇게 엄마 말 안 들으면 아빠한테 보내겠다고요."

윤호 엄마의 이야기는 듣기만 해도 마음이 너무 아팠다.

"윤호 어머니, 윤호가 학교에서 참 잘해요. 수학 경시도 잘해서 상도 받고 씩씩해졌어요. 몸도 건강해지고 칭찬을 많이 받아요. 힘내세요."

윤호 엄마는 이 말을 듣고 고맙다고 했다. 윤호 엄마와 통화를 마치고 은수네 가게로 전화를 했다.

"오늘 은수가 발표를 너무 잘했어요. 5학년 올라와서 정말 많이 좋아졌는데 조금만 더 신경 써 주세요."

"그래요? 가게 때문에 10시 넘어서나 들어가서 잘 못 챙겨요. 죄송해요. 선생님, 그런데 은수가 음식도 곧잘 만드네요."

"맞아요. 손재주가 있어서 종이접기는 수준급이에요."

하하하 웃으며 좋아한다. 이렇게 학부모들과 아이들 이야기하면서 걱정을 나누다 보면 서로가 서로에게 힘이 된다. 교사에게 내려진 운명 같은 힘을 깨닫는다.

2.

"어제 읽은 동화로 무슨 공부를 할까?" 했더니 아이들이 주인공에게 힘 주는 공부를 하자고 했다. 시를 쓰거나 편지로 자신의 마음을 드러내는 공부를 했다.

독후감 숙제

곽은수

청소는 다 했는데
선생님은 안 오시고
숙제도 해야 되는데
선생님은 안 오시고
선생님이 안 오시니
아이들은 싸우고
늦게 집에 가니
만화도 못 보고

엄마 심부름 가서
작은 책 주워 와서
나는 봉투를 만들다
독후감 걱정을 하다 책을 읽고.

엄마가 딸에게

최세희

같은 가족이라서
미안해
더 좋은 집에 태어났으면
이 고생은 안 했을 거야

같은 가족이라서
미안해
더 좋은 것 먹을 수 있었을 텐데
걱정 없이 공부하고
제대로 배웠을 텐데
엄마가
미안해. 미안해

◀ 〈야단치는 엄마 – 희선〉

독후감 숙제를 읽고 쓴 독후감

「독후감 숙제」에 나오는 엄마랑 우리 엄마는 닮았다. 아이 엄마는 퇴근을 하고 와서 방문을 열자마자 짜증을 냈다. 방구석이 이게 뭐냐고 괜히 트집이다. 방도 하나도 안 치워 놓고 아침 먹은 그릇도 그대로라고 야단이었다. "다 큰 계집애가 궁딩이만 퍼질러 하냐." 하고 등짝을 철썩 때렸다. 우리 엄마도 그런다. 마트 일이 바쁘거나 힘들 때 잔소리를 하고 어떤 땐 빗자루를 막 던진다. 그럴 땐 나도 화나고 억울하다. 엄마들은 늘 자기 맘대로다. 어떻게 엄마 마음을 우리가 다 아냐고? 그런데 주인공인 '나'와 엄마는 서로 미안하다. 엄마는 딸에게 좋은 것을 해 주고 싶은데 그러지 못한 응어리가 남아있고, 회비 5만 원을 주지 못한 걸 알았을 때, 너무 미안했을 것이다. 말을 한 '나'도 엄마에게 미안한 마음이 들었다. 아마도 그런 미안함 때문에 이 아이 엄마는 속으로 운 것이다.

두 번째 이야기를 읽고 토론을 하면서 몽실 언니가 떠올랐다. 가난한 아이라서 그런가? 만화 속 아이를 걱정하는 주인공이 책 속의 아이 언니처럼 느껴졌다. 그런데 이렇게 마음이 넓은 아이가 있을까? 착한 아이가 당당하게 쫄지 않고 사는 걸 주인공 '나'가 보여 준다. 그래서 「독후감 숙제」는 감동이다.

12월 2일 윤주

주인공 아이에게

안녕, 나는 오성초등학교에 다니는 김예지라고 해. 우리 선생님이 『문제아』 라는 책을 읽어 주셨어. 근데 우리 반에 곽은수라는 애가 있거든. 걔가 인터뷰를 했어. 우리 반 애들이 은수한테 많은 질문을 했어. 은수가 네가 되서 말을 참 잘 하더라. 그리고 너네 엄마 인터뷰도 했었어. 남자인데 이름은 백호성이야. 우리는 질문을 많이 했지.

한 가지 더 물어 볼게. 수학여행 신청서를 왜 엄마께 안 보여 드렸니? 보여 드렸으면, 말이라도 했으면 벌도 안 받았을 텐데……. 난 빨리 수학여행 가고 싶은데…….

나 이만 쓸게 안녕.

12월 2일 예지가

아이들의 글과 그림에서 스스로 자라는 힘이 느껴진다. 용기를 낸 은수가 자신의 생각을 말하고 예지와 윤주가 떨리는 목소리로 편지를 읽는 이 시간, 이 공간이 좋다. 무엇보다 좋은 동화 한 편이 아이들에게 즐거운 책 읽기 경험을 줄 수 있다는 것이 희망이다. 청소를 마친 윤호와 하이파이브를 했다. 녀석의 손힘이 너무 세서 손바닥이 얼얼하다. 내가 아파하니까 윤호가 웃었다. 윤호가 큰 소리로 활짝 웃었다.

『어머니의 감자밭』 © 애니타 로벨 글 그림, 장은수 옮김, 비룡소

『사라, 버스를 타다』
© 윌리엄 밀러 글, 존 워드 그림, 박찬석 옮김, 사계절출판사

평화를 배워요

『어머니의 감자밭』『사라, 버스를 타다』

학년별 축구 시합 결승전이 열리는 날이다. 우리 반 아이들은 "3반이랑 전쟁이야! 꼭 이겨야 해!"라며 주먹을 쥐었다. 경기 도중에 한 아이가 실수로 골을 빼앗기자 남자아이들은 폭언을 하며 여러 명이 그 아이를 다그쳤다. 결승전에서 진 아이들은 화가 났고 싸움은 교실까지 이어졌다. 아이들과 함께 왜 그렇게 화가 났는지 이야기를 나누었다.

"3반이랑 축구해서 꼭 이기고 싶었는데 졌잖아요."
"이기고 싶었구나. 왜 이기고 싶었어?"
"이기면 기분이 좋으니까요. 또 힘도 세 보이고."
"지는 것보다 이기면 친구들하고 더 친해질 수 있으니까요."
"이기면 우리가 5학년에서 1등이니까요."

아이들은 이기는 것이 힘을 보여 주는 것이고, 친구들하고 더 친해질 수 있다고 했다.

남자아이들의 말을 듣던 여자아이들도 한마디씩 한다.

"응원할 때 우리 반이 이기면 응원한 보람이 있지만 지면 속상하니까요."

“지고 나서도 ‘우리가 이길 수 있었는데 져 준다.’ 이렇게 말하는 아이들은 비겁해요.”

“그런데 모두 다 이길 순 없잖아. 누구나 실수도 하고.”

“너무 중요한 데 실수하니까 화가 났어요.”

“우리 반이 경기에 진 것이 그 실수 때문일까?”

“그렇진 않아요.”

“그럼 왜 그렇게 속상해 하고 실수한 친구를 계속 괴롭히는 거야.”

“그건. 이기고 싶은 마음이 커서 친구의 실수를 봐줄 수 없었던 것 같아요.”

토론을 마친 아이들은 한 목소리로 말했다.

“평화롭게 살기 참 힘들다!”

그렇다. 평화롭게 살기는 생각보다 쉽지 않다. 그래서 어릴 때부터 친구나 이웃끼리, 나라와 나라끼리, 나아가 자연과 인간이 더불어 평화롭게 지내는 것에 대해 생각하고 배우며 익혀야 하는 것이다.

전쟁을 멈추게 한 감자밭

그림책 『어머니의 감자밭』(애니타 로벨 글 그림, 장은수 옮김, 비룡소)을 읽었다. 그림책 표지를 본 아이들이 말했다.

“표지에서 무엇을 보았나요?”

“어머니가 감자밭에 서서 감자를 안고 있어요.”

“어머니는 감자를 잘 키워 기분 좋은 표정이에요.”

두 아들은 점점 자랐습니다. 어느 날 큰아들은 담장 너머로 동쪽 나라 군대가 지나가는 것을 보았습니다.

"어머니, 어머니, 저 빨간 군복과 아름다운 칼을 좀 보세요."

큰아들은 감자 자루도 떨어뜨린 채 넋을 잃고 소리쳤습니다.

다음 날 작은아들은 담장 너머로 서쪽 나라 군대가 지나가는 것을 보았습니다.

"어머니, 어머니, 저 파란 군복과 빛나는 훈장 좀 보세요."

작은아들은 곡괭이를 집어던진 채 넋을 잃고 소리쳤습니다.

어머니와 감자 농사를 지으며 행복해 하던 두 아들은 군인이 되고 싶어 어머니를 떠나게 된다. 두 아들의 눈에 비친 빨간 군복과 아름다운 칼, 그리고 파란 군복과 빛나는 훈장은 감자를 키우는 일이나 밭에서 김매는 일보다 훨씬 매력적으로 보였기 때문이다.

두 아들은 군인이 되어 새 군복을 입고 번쩍이는 칼과 훈장을 받았다. 어여쁜 처녀들의 꽃을 받으며 큰아들은 동쪽 나라 장군이 되고 작은아들은 서쪽 나라 군대의 사령관이 되었다. 하지만 전장에 선 두 아들의 모습은 헐벗고 굶주렸고 어머니를 생각하고 있다.

"전쟁을 할 때 사람들의 표정과 분위기를 잘 보세요."

"어둡고 슬프고 힘들어요. 다친 사람은 많이 아파 보여요."

"왜 전쟁을 멈추게 되었나요?"

"먹을 게 없어서 어머니가 계시는 계곡으로 갔어요."

"병사들은 어떻게 했나요?"

"마구 감자밭을 파헤치고 집을 부수고 가축들은 도망갔어요."

"어머니는 어떻게 했나요?"

"감자를 내 주고 노래를 가르쳐 주었어요."

"병사들은 감자를 먹고 고향으로 돌아가 군복을 벗고 총칼은 버렸어요."

"마지막 장면 느낌은 한마디로 어떻게 이야기하면 좋을까요?"

"평화롭다."

아이들은 『어머니의 감자밭』에서 전쟁을 멈추고 평화를 되찾게 한 힘에 대해 이렇게 말했다.

유진 어머니의 감자밭의 힘이다. 싸울 이유가 없는 병사들은 전쟁 때문에 다치고 먹을 것도 없는 불행한 때 어머니가 용기를 내서 감자를 주고 노래를 가르쳤기 때문이다.

한아 병사들이 고향으로 돌아가 군복을 벗고 총칼을 버렸기 때문이다. 전쟁 대신 논밭을 일구어 먹을 것을 장만하고 살 때 전쟁은 사라진다.

선구 아들 둘이 어머니의 감자밭을 보고 전쟁이 얼마나 멋지지 않은 것인지 깨닫게 되었다. 군복 입고 훈장을 차는 것이 겉으로만 폼 잡는 일인 걸 알게 되었다.

상명 동쪽 나라와 서쪽 나라 사람들은 전쟁이 자기를 죽이는 일이란 것을 알게 되었다. 전쟁에 필요한 걸 만들기 위해 사람들은 굶주리고 병이 났다. 이렇게 비참하게 된 후에야 두 나라 사람들은 전쟁을 마치게 된 것이다. 전쟁에 참가한 군인들도 결국 비참하게 되었다. 전쟁을 하지 않고 서로 화해할 때 평화가 온다.

평화는 어떻게 올까

다음으로 미국 흑인 민권 운동의 촉발점이 된 로자 파크스의 실제 이야기를 바탕으로 한 그림책 『사라, 버스를 타다』(윌리엄 밀러 글, 존 워드 그림, 박찬석 옮김, 사계절출판사)를 읽었다. 먼저 표지를 보여 주었다.

"표지의 인물은 누구일까요?"
"사라예요."

"제목하고 이야기랑 무슨 상관이 있을까요? 우리가 배우는 도덕 공부랑 어떤 관계가 있을까요?"

"사라가 흑인이니까 흑인하고 상관이 있을 것 같아요."

"버스에서 일어난 일인가요?"

"예. 버스에서 일어난 일이에요."

"존중하는 것 하고 관계가 있어요?"

표지를 보고 많은 이야기를 나눌 수 있었다.

"그래요. 존중하는 것과 반대되는 이야기가 벌어진답니다. 자 그럼 이야기 속으로 들어가 볼까요?"

아침마다 사라는 엄마와 함께 버스를 탔습니다. 언제나 백인들과는 구분되어 뒷자리에 앉았지요.

첫 장면부터 아이들의 질문이 쏟아졌다. 정말 있었던 일인지, 왜 이런 차별이 생겼냐고 물었다. 그래서 1950년대 미국 남부의 '짐 크로우'라고 불리는 '흑인 차별법'에 대해 이야기를 해 주었다. 특히 미국 남부의 거의 모든 주에서 공공건물부터 화장실, 음식점, 병원, 도서관, 심지어 교회에 이르기까지 흑인은 백인과 다른 출입구를 사용하거나 들어갈 수 없었다고 말하자 아이들은 무척 놀랐다. 계속 책을 읽었다.

사라가 앞자리가 궁금해서 운전사 옆에 가서 앉았더니 운전사가 뒤로 가지 않으면 내리라고 했다.

"내가 만약 사라라면 어떻게 하겠어요?"

"저는 무서워서 그냥 뒤로 갈 거예요."

"아니요, 저는 그냥 앉아 있겠다고 말할 거예요."

"그럼 사라는 어떻게 했을까 말해 보세요."

"사라 표정을 보니 당당해요. 아마 뒤로 가지 않았을 것 같아요."

아이들의 이야기를 들으며 다시 책 속으로 들어갔다.

운전사는 경찰관을 불렀고 경찰관은 이렇게 말했다.

"아무렴. 법에는 말이다, 너희 같은 사람들은 버스 뒷자리에 앉아야 한다고 나와 있단다. 그래서 말인데, 법을 어기고 싶지 않다면 네 자리로 돌아가거라."

이 장면에서 아이들은 한숨을 쉬었다.

"사라 엄마나 흑인 어른들도 버스 안의 차별을 그대로 두고 보았는데 사라는 참 대단해요."

"경찰관이 와서 얼마나 무서웠을까요?"

"백인이잖아요. 경찰관도 운전기사도 모두."

여자아이 몇몇이 안타까워했다.

경찰이 사라를 안고 경찰서로 간 것, 그리고 엄마가 와서 당당하게 사라를 데리고 나가는 장면은 무척 인상적이었다. 특히 이 일을 알게 된 사람들이 신문이나 방송으로 이 소식을 알리고 사라를 따라 버스를 타지 않았다는 장면에서 아이들은 자기들 일인 것처럼 좋아했다. 여러 사람들의 노력으로 끝내 법을 바꾸어 모든 이들은 평등하게 버스를 타게 되었다는 것이 이야기의 마지막이었다.

"정말 있었던 일이에요?"

"맞아요. 실제 있었던 일인데 그 주인공은 로자 파크스라는 분이에요. 이때부터 버스승차 거부운동이 일어났고 유명한 마틴 루터 킹 목사가 이 운동을 이끌게 되었어요. 일 년 동안 계속 되었고 결국 버스에서 흑인 차별이 폐지되었답니다."

"저 루터 킹 목사 알아요. 흑인이죠? 형한테 이야기 들었어요."

승범이가 아주 큰 소리로 말했다.

책 읽은 후 활동으로 '작은 문제라도 용기 있게 말한 적이 있었는지? 그 때의 생각이나 기분을 짧게 소개하기'를 했다.

- 4학년 때 같은 반이었던 친구가 학교에 있는 느티나무 배움터에서 담배 피는 언니 오빠들에게 용기를 내서 말했어요. 담배 피우지 말라고. 그랬더니 욕을 하면서 갔어요. 그 일을 일기장에 썼는데 그 친구가 선생님께 칭찬을 받았어요. 그런데 속으론 되게 무서웠대요. 경은
- 제가 엄마 몰래 피시방에 갔어요. 늦게 집에 오니까 엄마가 "어디 갔다 왔냐?"고 계속 물어요. 그래서 사실대로 말했어요. 엄마가 다음부터 말하고 가라고 했어요. 저는 엄청 혼날 줄 알았는데……. 솔직하게 말하는 게 용기라고 생각해요. 상명
- 아빠가 담배를 계속 피워요. 나가서 피우지도 않고 거실에서 피우거든요. 그래서 제가 "아빠 이제 담배 끊어요." 했더니 아빠가 "알았어. 노력할게." 이랬어요. 우리 아빠는 좀 무서워요. 아빠한테 말하는데 가슴이 조마조마 했어요. 진희
- 친구가 자꾸 괴롭혀요. 남자 친군데 힘세다고 제 걸 막 가져가요. 그래서 "왜 괴롭혀!" 하고 소리를 쳤어요. 그랬더니 그 다음부터는 안 괴롭혔어요. 남자애들 싫어요. 한아

다음으로는 우리 주위에 벌어지는 차별에 대해 이야기를 나누었다. 아이들은 공부 잘하는 아이만 좋아하는 공부 차별, 아들만 바라는 남녀 차별, 동물들 함부로 죽이는 것과 장애인을 무시하는 것들 모두 차별이라고 말했다. 그 중에서도 재구의 이야기는 무척 인상적이었다.

"우리 집에 창문틀을 다시 했어요. 주인은 우리나라 사람이고 필리핀 사람이 일하러 같이 왔어요. 그런데 주인이 이 새끼 저 새끼 하면서 막 부

려 먹었어요. 공사 다 마치고 가는데 외국인이 무거운 짐 다 들고 가고 그랬어요."

"그때 재구는 어떤 생각이 들었어?"

"부끄러웠어요."

"왜?"

"우리나라 사람이 힘 약한 사람을 때리고 차별하니까요."

"맞아요. 흑인들 데려다 노예로 부리는 거나 똑같아요."

아이들은 차별이 무엇인지 그것이 왜 부끄러운 일인지 알고 있었다. 끝으로 이 책을 읽은 느낌 나누기를 했다.

- 똑같은 차별을 받고 있는 사람들도 그냥 그 사실을 인정하는 사람이 있고, 그것이 잘못되었다는 것을 알고 따지는 사람이 있다는 것을 알게 되었다. 그리고 그렇게 잘못된 것을 고치고 싶은 마음을 가지고 행동하면 차별하는 것을 인정하는 사람들까지 용기를 얻게 되어서 좋다고 생각한다. 경은
- 나와 다르다고 해서 차별하는 것은 나쁘다. 소라
- 나도 남녀 차별이나 장애인 차별 같은 것을 보게 되면 용기 있게 하지 말라고 말해야겠다. 일훈
- 나라면 사라처럼 그런 호기심도 용기도 없었을 텐데. 사라는 정말 대단하다는 생각이 든다. 법은 누구나 두려워하는 건데 사라가 아이라서 두려워하지 않았나? 나도 사라처럼 용기가 많았으면 좋겠다. 호진

학급에서 일어난 축구 전쟁이 좋은 공부가 되었다. 다시 생각해 보니 아이들이 신나게 즐길 수 있는 놀이가 아니라 경기를 통해 이기고 지는 것만 중요하게 가르치는 학교 사회의 경쟁 문화에 대해 가장 먼저 질문을

던져야 했다.

그림책을 읽고 이야기를 나누는 과정에서 아이들은 평화에 대해 구체적으로 생각하게 되었다. 평화란 불의에 대해 아니라고 말할 수 있는 용기를 내는 것과 어머니가 감자밭을 일구어 배고픈 사람들의 허기를 채워 주듯 생명을 키워 내고 지키는 것이라고. 무엇보다 우리 반에서 친구들과 평화롭게 지내는 것이 바로 진정한 힘이라는 것을 알게 되었다. 우리가 더불어 평화롭게 살기 위해서 지금 여기서 평화가 무엇인지 배우고 익히고 실천하는 것이다. 그래서 평화를 꿈꾸는 동화 읽기는 소중한 일이다.

『찐찐군과 두빵두』

© 김양미 지음, 김중석 그림, 문학과지성사

친구가 된다는 것

『찐찐군과 두빵두』

『찐찐군과 두빵두』(김양미 지음, 김중석 그림, 문학과지성사)는 제목이 퍽 인상적인 책이다. 일단 찐빵과 만두가 떠오르니까. 아이들은 노는 것 다음으로 먹는 걸 좋아한다. 그러니 이 책은 우리 아이들과 찰떡궁합이다.

책 속에는 성격이나 흥미가 완전히 다른 두 아이가 티격태격하며 아픔을 나눌 수 있는 친구가 되어 가는 과정에서 진짜 아빠를 찾아가는 사건들이 흥미롭게 전개된다. 특히 어떤 장소에 대한 구체적인 느낌이 잘 그려지는데, 그 예로 주인공이 도서관에서 느낀 감정이 마치 내가 느꼈던 냄새와 소리 그리고 풍경까지 생생하게 떠오르게 한다. '아하, 책 속 아이들도 도서관 계단에서 미끄럼을 타는 걸 좋아하네. 도서관에 식당이 없다면 정말 삭막하겠지? 후훗.' 다 읽고 나니 이 책이 다시 보였다. 이야기 속에 나오는 주인공이 우리 반 아이와 꼭 닮았다는 생각이 들었다. 작가는 주인공 아이의 마음을 아주 자세하게 살피고 있다. 아이가 무얼 시시해 하는지, 왜 좋아하는지도 세밀하게 그려 놓았다.

나같이 어슬렁거리며 뭐든 구경하는 걸 좋아하는 애는 그런 곳에 어울리지 않는다.

'어슬렁거리다'는 말이 걸렸다. 우리 반 한 아이도 교실에 들어오면 제자리에 있기보다 어슬렁거린다. 수업 시간에도 늘 심드렁하게 할 듯 말 듯 주변을 어슬렁거렸다. 어슬렁거릴 뿐 아니라 친구 일에 참견도 많이 하고 엉뚱한 말을 쪽지로 써서 마음을 상하게 했다. 그래서 나는 이 아이가 몹시 불편하다.

그런데 작품에서는 '어슬렁거리는' 아이의 마음과 생각을 아주 세밀하게 그려 놓았다. 다 읽고 나니 내가 그 아이의 무엇을 불편해 하는지 알게 되었다. 그래서 이 책을 같이 읽고 아이의 말을 듣다 보면 그 아이와 친해질 수 있을 거라는 믿음도 생겼다.

엄마가 없는 틈을 타 눈에 불을 켜고 하는 컴퓨터 게임

이 말에 남자아이들의 이야기가 쏟아졌다.

"우리 엄마는 외출할 때 컴퓨터 방문 잠그고 가요. 그래서 못 해요."

승범이의 불만 가득한 소리다.

"내가 컴퓨터 하면 엄마 핸드폰에 연락이 가요. 그래서 한 시간 지나면 엄마한테 전화와요. 그만하라고."

"정말이야? 너 참 안됐다."

태용이가 혀를 차고 손을 흔든다.

"그치, 그치. 아! 자유가 그립다."

준구는 못 참겠다는 듯이 머리를 흔든다.

"컴퓨터 게임 못 하게 하면 텔레비전이라도 보게 해 줘야지. 우리 엄마는 텔레비전만 보면 막 때려요. 바보 된대요. 그래서 눈알 빠지게 공부해야 돼요."

상현이의 이야기는 어른인 내가 들어도 불만이다.

도서관 정문이다. 흐 - 읍, 나는 도서관에서 나는 이 냄새가 좋다. 석 달

전쯤 엄마가 억지로 보내서 한 달 동안 다녔던 수영장 냄새는 이렇지 않았다. 무언가 들뜨고 자꾸만 무언가 해야 할 것 같은 냄새가 났다.

"얘들아, 학교에 오면 어떤 냄새가 나니?"

"친구 냄새요. 또 급식 냄새도 나고."

요리사가 꿈인 규진이가 대답했다.

"교실은 조용해야 하는 곳. 공부해야 하는 생각이 들어 답답한 느낌이 확 들어요."

예진이의 날카로운 한마디에 모든 아이들이 고개를 끄덕였다.

"그렇구나! 선생님은 어떤 냄새가 나요?"

"나, 나는 왼쪽 콧구멍으로 남자 친구 냄새가 나고, 오른쪽 콧구멍으로 여자 친구들 냄새가 나지."

"히이, 그런 게 어디 있어요?"

"왜 없냐? 선생님 코는 개코야, 개코."

윤아가 도서관을 그리고 있었다. 내가 자기를 보고 있다고 느꼈는지 연습장을 덮어 버렸다. 그리고 눈이 마주쳤다. 당황한 눈빛이 아닌 공감의 눈빛이었다. 자신감을 얻고 한 시간 가까이 기쁘게 책을 읽어 주었다. 그리고 책을 그 아이에게 빌려 주었다.

아이들 난장으로 말하다

한 주가 지난 월요일. 아침부터 소연이가 기분 나쁜 얼굴이다. 짝꿍 때문이다. 화진이가 8일 날 유학을 가게 돼서 한 주 동안 자리를 바꿔 주기로 했다. 자리를 바꾸다 보니 소연이가 남주랑 짝을 하게 되었다. 소연이는 한나랑 짝하기를 기대하고 있었는데 남주랑 하려니 불만이 쌓였다. 또 윤아가 "너 남주랑 짝이야? 짝이야?" 하고 놀려 대니 기분이 나쁠 수밖에.

글쓰기 시간에 소연이가 화진이에게 편지를 썼다. '아무리 전학을 가도 자기 하고 싶은 대로 하면 안 된다. 또 그런 생각 때문에 피해를 보는 사람이 생기기 때문에 네 생각을 바꿔라.' 화진이는 글을 읽어 보고 답장을 썼다. '미안해. 그렇지만 일주일만 내가 앉고 싶은 자리에 앉게 해 주면 안 될까? 그리고 자리 바꿔 줘서 고마워.'

하지만 문제는 풀리지 않았다. 소연이가 남주랑 짝하기 싫다는 것이다. 두 시간 넘게 이야기를 했다. 난장으로 말하면서 두 아이는 서로 상처 주는 말을 했다. 아이들 말을 듣는데 무지 힘들었다. 교사인 내가 이렇게 해라 하면 바로 문제가 해결될 것 같고 이런 혼란도 없을 것이다. 말하고 싶은 걸 꾹꾹 참아가며 아이들 이야기를 들었다. 친구 이야기가 나왔을 때 그 아이가 자기 이야기를 했다.

"1학년 때 어떤 친구가 잃어버린 샤프를 같이 찾아 줘서 친하게 되었는데 그 친구가 전학 가 버려 지금은 친한 친구가 한 명도 없다."

그때 소연이가 "그럼 남주랑 친구하지 그러니? 저번에 남주가 잃어버린 유희왕 카드 찾아줬잖아."라고 말하자 그 아이는 "남주랑 놀면 힘들어. 뭐든 봐줘야 하고. 난 그냥 다른 친구랑 노는 게 좋아."라고 했다. 다른 아이들도 남주에 대한 불만을 마구 이야기 했다. 남주는 친구들이 한꺼번에 쏟아놓는 이야기에 어리둥절해 하다가 "왜? 내가 뭐!"라며 씩씩거렸다.

그런데 일훈이가 한마디했다.

"우리도 남주처럼 떠들고 장난치잖아. 남주는 좋은 걸 더 좋다고 말할 뿐이라구."

갑자기 교실이 조용해졌다. 모두 입을 다물고 생각에 잠겼다.

침묵하는 아이들 앞에 서서 내 생각을 말했다.

"남주에게 이불 덮어 주기 하자."

이불 덮어 주기는 친구들이 남주가 가진 좋은 점을 말하면 따뜻한 이불이 발끝에서 점점 올라가게 되는 것이다. 아이들은 열 번이나 이불을 올려 남주의 몸을 따뜻하게 감쌌다.

1. 곤충에 대해 잘 안다.
2. 축구 할 때 수비를 잘한다.
3. 잘 웃기고 분위기를 좋게 한다.
4. 착할 때 너무 착하다. 자기가 아는 걸 모르는 친구에게 자세하게 알려 준다.
5. 플라나리아나 도룡뇽을 가져와서 과학 시간에 실험을 잘하게 해 준다.
6. 뭐든지 열심히 하려고 한다.
7. 밝은 웃음이 귀엽다.
8. 공룡을 잘 안다.
9. 기억력이 좋다.
10. 친구 부탁을 잘 들어 준다.

남주는 칭찬을 듣자 기분이 좋아져서 소리 지르거나 화를 내지 않겠다는 약속을 했다.

실과 시간. 그 아이 윤섭이와 남주가 바느질을 함께 했다. 윤섭이가 물었다.

"너 김밥말이가 맛있어? 떡볶이가 맛있어?"

"나 김밥말이. 너는?"

"나는 김밥말이를 떡볶이 국물에 찍어 먹는 게 제일 맛있어."

"너 군만두가 좋아? 찐만두가 좋아?"

"군만두가 더 맛있어. 우리 엄마가 잘 해 줘."

"너는 엄마가 좋아? 동생이 좋아?"

"나 동생 없어. 누나 있어."

"그래? 동생 있으면 불편 해. 누나가 좋지."

남주랑 윤섭이가 수다를 떨며 오랫동안 친했던 아이들처럼 앉아있다.

"파란 하늘 파란 하늘 꿈이 드리운 푸른 언덕에 아줌마들 여럿이 고스

톱 치고 놀아요. 해처럼 밝은 얼굴로…….”

남주가 노래를 하니 윤섭이가 따라 부르고 반 전체 아이들이 불러서 합창이 되어 버렸다.

두 시간 뒤 퍽 근사한 주머니가 만들어졌다. 다 만든 주머니에 자기 이름을 새기고는 서로 칭찬을 하였다. 이렇게 다정한 아이들의 모습에서 ‘친구가 된다는 것은 서로가 서로에게 알고 싶고 묻고 싶은 게 많아지고 특별한 관심이 생기는 그 무엇’이란 생각이 들었다. 두빵두가 찐찐군에게 도서관 지하 식당 차림표를 묻는 것처럼 말이다.

다음 미술 시간에는 꽃잎과 나뭇잎 그리고 나뭇가지를 모아 내가 살고 싶은 곳 만들기를 해야겠다. 서로 다른 두 아이가 만들어내는 세계가 어떤 곳일지 무척 궁금하다. 그 시간이 되면 두 아이 곁을 어슬렁거리며 궁금한 게 있으면 물어봐야지. 찐찐군과 두빵두처럼 친구가 된 두 아이를 응원하면서.

‘아, 그런데 소연이랑 화진이는 어떡하지?’ 두 아이 문제는 여전히 남아 있다. 당장 소연이랑 화진이 모두가 만족할 만한 해결책이 생각나지 않는다. 그렇다면 이 문제도 아이들에게 물어봐야겠다. 두 아이 모두 좋은 친구 관계를 경험할 수 있는 기회가 되도록 말이다.

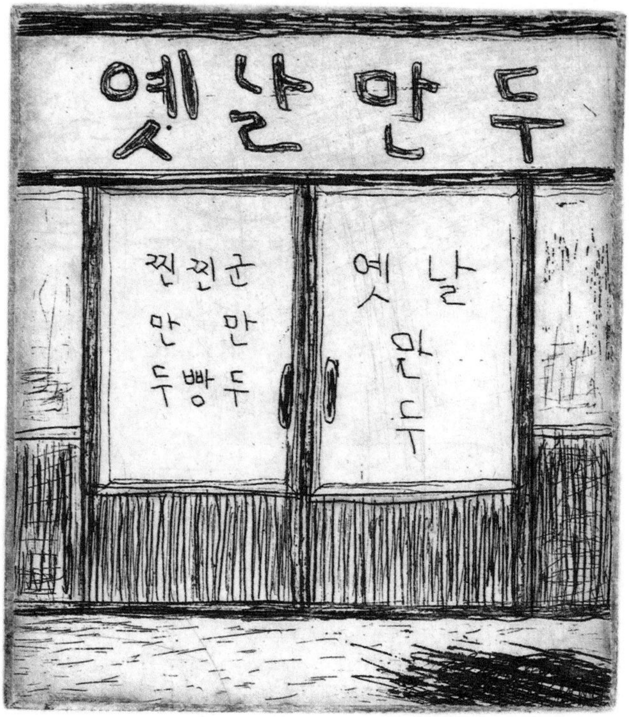

●●● 『찐찐군과 두빵두』 © 김양미 지음, 김중석 그림, 문학과지성사

『해바라기 마을의 거대 바위』

© 김종렬 글, 홍지혜 그림, 창비

탈출을 꿈꾸는 아이들

「엄마 몰래 탈출하기」

'우리 아이가 변했어요.' 이건 텔레비전 프로그램 제목이 아니라 지금 우리 반이 겪는 문제다. 2학기가 시작되면서 아이들은 변했다. 아니 여름 방학 때부터 시작된 일인지도 모른다. 학원을 안 다니는 아이들이 거의 없고, 과외를 시작한 아이들도 있었다. 1학기보다 하루 평균 두세 시간씩 영어와 수학 공부를 더 하고 있다. 그래서인지 아이들은 학교만 오면 놀고 싶어 했다. 특히 체육 든 날은 아침부터 마음이 운동장에 가 있다.

놀고 싶은데 놀 수 없는 아이들과 「엄마 몰래 탈출하기」(김종렬 글, 홍지혜 그림, 『해바라기 마을의 거대 바위』, 창비)를 읽었다. 제목을 듣자마자 아이들은 자기 일처럼 떠들기 시작했다. 말이 없던 남자아이들까지 한마디씩 했다.

"엄마한테서 탈출하면 뭐 할 건데?"
"놀지요."
"뭐하고 놀아?"
"컴퓨터 실컷 하고 싶어요."
"고작 컴퓨터? 밖에 나가서 뛰어 놀아야지."
"축구나 재미있지 딴 건 다 시시해요."

여자아이들에게도 뭐 할 건지 물어보았다.

"그냥 놀아요. 이야기하고 사진 찍고 만화책 보고 싸이월드도 하고 슈퍼주니어 노래도 듣고……. 공상 많이 해요. 게임도 하고."

이야기 속 주인공도 마찬가지였다. 엄마의 감시를 받으며 몰래 컴퓨터 게임을 즐기는 형수는 친구가 이야기한 플래시 게임 '엄마 몰래 탈출하기' 마지막 관문인 붉은 방에 도착했다. 떠도는 소문에 의하면 붉은 방 화면이 뜨고, 세 개의 문 중에서 하나를 잘 골라 탈출에 성공하면 스피커에서 누군가의 목소리가 들려온다고 했다. 목소리가 '정말 학원가기 싫으니?'하고 물을 때 '네!'하고 대답하면 엄마가 그 소원을 정말로 들어준다는 허무맹랑하지만 꼭 성공하고 싶은 게임에 빠져있다.

형수의 이야기를 들은 아이들은 비슷한 게임을 안다고 했다.

"'보스 때리기'가 제일 재미있어요."

"우산으로 찌르고 가위로 자르고, 퍽! 퍽! 피가 나요."

"컴퓨터 부수기도 재미있어. 망치나 도끼로 찍으면 컴퓨터가 박살나. 와우, 상쾌해."

"난 싫어요. 너무 잔인해요."

"맞아요. 어떤 노인이 자동차를 넘어가는데 쫙 깔려서 죽는 장면도 있어요. 너무 살벌해요."

여자아이들의 반대하는 목소리가 많았다.

"이런 게임이 왜 좋아?"

"답답할 때 하면 시원해요."

"왜 시원해?"

"내가 내 맘대로 할 수 있으니까요. 아무도 없으니 욕도 맘껏 할 수 있고."

현실보다 게임 세상이 더 상쾌하고 시원하다는 아이들.

너도 곧 6학년이야. 어물쩍거릴 시간이 있는 줄 알아? 학원이다, 과외다, 벌써 입시 준비 수준으로 공부하는 애들이 수두룩하더라. 엄마가 좋은 학원 알아보고 있으니까 넌 그냥 따라오면 되는 거야. 세상에 공부보다 쉬운 게 있는 줄 알아? 엄마가 너만 했을 때는…….

"왜 다들 잘하는 사람들과 비교해요? 우리가 만능 엔터테이너예요?"

"맞아요. 12살짜리 제 사촌이 있는데 남자예요. 그런데 공부를 엄청 잘해요. 다섯 과목 다 올 백 맞았대요. 엄마는 시험만 치면 그 소리예요."

"오늘 엄마 친구가 와요. 그런데 그 집에도 저랑 나이가 똑같은 애가 있어요. 아마 오늘도 그 애랑 비교할 걸요."

"우리 엄마는 인터넷이나 신문에 어릴 때 대학에 간 사람이나 성공한 이야기만 나오면 인쇄해서 책상 위에 붙여 놓고 닮으라고 해요. 그 애랑 저랑 똑같아요? 그럼 그 애 엄마하지 왜 내 엄마를 하냐고요?"

"세상에는 다들 연세대나 서울대, 고려대 간 사람만 있나 봐요. 저희 집은 다행히 공부 잘하는 사촌이 없어서 아주 좋아요. 우리 누나도 반에서 40명 중에 20등이 넘어요. 히히히."

친구들의 부러운 눈길을 받으며 의기양양해 진 성민이.

"야, 그래도 20등은 좀 너무하다. 공부 좀 해야겠다."

"20등도 얼마나 잘하는 건데. 학원 안 다니고 혼자 하는데?"

"아, 그렇구나!"

아이들은 고개를 끄덕였다.

작가 김종렬은 아이들 삶을 생생하게 들여다본다. 책을 읽다 보면 마치 영화처럼 장면이 선명하게 떠오르고 지금 아이들이 즐겨 구사하는 입말을 자유롭게 부리는 작가의 재주는 어린이 독자를 이야기 속으로 푹 빠지게 한다. 그래서인지 아이들은 이야기를 들으며 주로 그림을 그렸다.

도현이는 그림을 설명하며 이런 말을 했다.

"이 동화를 어른들이 읽는다면 어떨까? '무슨 이런 동화가 있어? 공부나 해.' 이럴까? 아님, '아이들이 이렇게 힘들구나. 학원 한 개 끊어야지.' 이렇게 착한 생각을 할까? 아마 착하게 되는 어른들보다 좋은 동화가 아니라고 생각하는 사람이 더 많을 것 같다. 하지만 내 생각에 이 동화는 참 좋은 동화이다. 왜냐하면 진짜 우리 이야기니까."

「엄마 몰래 탈출하기」를 다 읽고 난 후 아이들의 반응은 다양했다.

"이야기의 끝이 뭘 말하는지 모르겠다."

"엄마 몰래 탈출하는 아이가 다시 학원으로 가는 이야기 같다."

"주인공이 들은 소리는, 그 목소리는 착각인가."

"형철이 엄마는 왜 형철이의 생각을 물어보지 않나?"

"어른들은 자꾸 명령하고 공부만 하라고 하니 학원에 가기 싫고 반항하게 된다."

"인생의 중요한 시기에 학원 공부만 해야 하나? 불공평하다."

"재미는 있는데 속이 시원하지 않다."

수업을 마치고 나서 내 마음도 개운치 않았다. 아이들이 엄마 몰래 탈출하고 나서 어떻다는 거지? 그 이후 세계는 아이들에게 떠맡겨졌다. 아이들의 힘든 상황을 대신 말해 주는 것이 동화인데 왜 이렇게 답답하지? 현실을 있는 그대로 드러낸 이야기가 아이들에게 어떤 것을 줄 수 있을까?

요즘 나오는 동화, 특히 고학년 대상 동화를 읽어 줄 때마다 이야기의 끝이 완결되지 않고 가운데가 뚝 잘려 버린 것 같은 때가 많았다. 이런 방식의 작품은 읽고 난 느낌은 굉장히 인상적이다. 하지만 결말이 열려있으니 '이야기 끝이 뭐 이래? 그래서 어떡하자는 거야?' 하는 황당함을 느끼게 한다. 단편 동화가 가진 강렬한 효과를 모르는 건 아니지만 독서 후 느낌은 이전 작품들과 굉장히 다르다. 그런데 다시 생각해 보니 이런 이야기도 괜찮다는 생각이 들었다. 탈출을 꿈꾸지 않는 아이가 있는가? 내가 아닌 다른 사람으로, 지금이 아닌 다른 공간으로 변신과 탈출을 꿈꿔 보지 않는 사람이 있을까? 현실을 풍자하면서 세상에 멋진 킥을 날려 주는 이야기의 등장으로 본다면 꾸준히 지켜볼 일이다.

이야기의 주인공이 다시 현실로 돌아와 엄마의 채근으로 학원 가방을 메지만 뒷얘기는 열려있다. 그 공간을 아이들은 자기 생각으로 채우기도 하고 그림으로 그려 보기도 했다. '그러면 됐지 않았을까?' 이런 생각도 했지만 이 동화가 아이들의 마음과 깊이 소통했는지 알 수 없다.

아이들에게 책을 읽어 주며 어떤 출구를 만들어 주고 싶다. 놀 수 없는 아이들에게 학교, 학원, 집 이야기를 넘어 함께 되돌아보고 같이 만들어 가고 싶은 것들. 그것을 나눌 수 있는 이야기가 더 필요하다는 생각이 간절했다. 이 아이들이 맘껏 뛰어놀 수 있는 마당은 무엇일까? '바로, 이거다.' 할 수는 없지만 아이들이 세상의 낮고 여리고 소중한 생명들과 관계를 맺게 하고, 나와 너와 세상에 대해 이야기 할 수 있는 시간과 공간이 동화가 열어 갈 세상이라고 생각한다. 아이들이 맘껏 활개치고 더 넓은 세상을 향해 짱짱한 걸음을 내딛을 수 있도록 힘껏 격려해 주고 싶다.

『짜장면 불어요』 © 이현 글, 윤정주 그림, 창비

우정과 현실에 관한 탐구

「3일간」

여자아이들은 절대 혼자 다니지 않는다. 등하교며 급식실 갈 때나 심지어 화장실도 두세 명이 같이 간다. 우리 반 진아, 예랑이, 경아는 단짝이다. 뭐가 그리 좋은지 늘 깔깔거리고 소곤거리며 붙어 다녔다.

그런데 오늘 체육 시간에 피구를 하는데 예랑이와 경아가 공을 주고받으며 진아를 집중적으로 공격하는 것이다. 예랑이가 던진 공에 진아가 맞고 울면서 경기장 밖으로 나갔다. 일단 경기를 중단하고 아픈 아이를 보건실로 보내서 치료를 받게 했다.

수업을 마친 후 두 아이와 상담을 했다. 아이들은 미안한 기색 없이 학원에 늦었다며 툴툴거렸다. 예의를 따지고 싶지 않아 오늘 일 반성하고 앞으로 친구를 괴롭히지 않겠다는 약속을 받고 돌려보냈다. 다음 날은 토요일이었고 별 다른 일 없이 한 주를 마무리하였다.

월요일 아침, 출근을 하니 진아 부모님들이 교실 앞에 서 있었다. 이야기를 들어 보니 지난 토요일 샌드위치와 김밥 만들기를 했는데 예랑이와 경아가 실습 도구로 가져온 빵 칼을 들고 진아 동생을 불러내어 그 칼을 보여 주며 협박을 했다고 한다. 언니들의 느닷없는 행동으로 겁에 질린 진아 동생은 배가 아프고 머리가 아파 학교에 오지 못했다고 한다.

두 아이 모두 교실에서는 나무랄 데 없이 예쁘고 착한 아이들인데 왜 이런 일을 저질렀을까? 학기 초에 예랑이와 경아가 친하게 지내다 진아도 단짝이 되었는데 도무지 이런 상황이 이해가 되지 않았다. 아이들과 이야기를 해 보니 자기들이 한 일이 얼마나 위협적인 일인지도 모르고 있었다. 소식을 들은 두 아이의 어머니들도 만났다.

"죄송합니다. 그런데요, 제 아이가 무슨 나쁜 마음을 먹은 게 아니니까 일을 더 크게 만들지 말아 주시면 안 될까요? 부탁드립니다."

"경아가 그 자리에 있어서 친구를 말리지 않은 건 잘못입니다만 경아도 지금까지 피해를 입고 있습니다."

이런 태도를 보이니 진아 어머니는 더 흥분을 해서 어른들의 감정싸움으로 커졌다. 흥분한 진아 부모님은 교장 선생님을 찾아가 두 아이의 일이 학교 폭력과 연관되고 따라서 학교에서 어떤 조치를 취해야 한다고 요구했다. 그래서 한 분씩 만나 좀 더 차분하게 대화를 했다. 처음엔 우리 아이만은 피해를 입지 말아야한다는 방어적 입장을 가진 학부모들이었지만, 대화를 하면서 학교에 대한 부정적인 경험과 그로 인한 불안감이 가장 크다는 것을 알게 되었다. 그래서 세 학부모 모두에게 솔직하게 느낀 점을 편지로 썼고 답장을 받았다.

"선생님, 이렇게 편지를 주시니 감사합니다. 선생님과 만나면서 느낀 것은 우리 어른들이 아이들에게 신뢰를 주지 못하고 든든하게 지켜 주지 못한다는 생각을 했습니다. 그런데 선생님과 이야기하면서 서로의 입장을 이해한다는 것이 아이들을 지켜 내는 길이란 것을 배웠습니다. 오늘 경아 엄마와 예랑이 엄마를 만나 많은 이야기를 했습니다. 그리고 좋은 얼굴로 헤어졌습니다. 걱정을 끼쳐 드려 죄송합니다. 아이들이 5학년을 잘 마칠 수 있도록 선생님께서 든든한 버팀목이 되어 주시기 바랍니다."

우여곡절 끝에 이 일은 해결되었다. 하지만 점점 폭력적으로 되어 가는 아이들과, 내 아이는 아무 잘못이 없고 오히려 피해자라고 강변하는 학부모를 만날 때마다 교사와 학교의 책임이 더 무겁게 느껴졌다. 가장 큰 문제는 아이들 사이에 갈등이 생기면 아이들 스스로 해결할 수 있는 방법을 찾고 그 과정을 기다려 주어야 하는데 교사나 어른들은 기다리지 못한다는 것이다. 아이들 역시 서로 다름을 인정하며 배려하고 갈등을 해결하는 과정을 익혀야 한다. 아이들이 제대로 자라기 위해 갈등은 귀중한 경험이란 걸 알아야겠다.

그날 이후, 세 아이는 서로 어울리지 못하고 서먹하게 지냈다. 관계 맺기를 어려워하는 아이들에게 함께 나눌 이야기가 필요하다. 나 역시 아이들과 이야기를 쌓아 나갈 때 세 아이뿐 아니라 우리 반 전체 아이들과 행복한 교실을 만들 수 있다는 생각이 들었다. 그래서 「3일간」(이현 글, 윤정주 그림, 『짜장면 불어요』, 창비)이란 작품을 골라 읽어 주었다.

「3일간」은 제목처럼 3일 동안 있었던 일을 쓴 단편소설이다. 가정 형편과 처지가 각기 다른 세 여자아이는 한 반이 되어 단짝으로 친하게 지내며 누구도 넘보지 못할 견고한 우정을 쌓게 된다. 하지만 이 관계는 한 아이의 가출 사건으로 인해 오해와 갈등을 겪게 되고 결국 해결되지 못하고 마는 현실을 생생하게 그리고 있다.

본문을 읽기 전에 아이들과 친하게 지내는 친구들은 누구인지, 친하게 된 계기는 무엇인지에 대해 이야기를 나누었다. 혜랑이에게 물었더니 "4학년 때 내가 전학을 왔는데 경아가 먼저 와서 말을 걸어주고 친절하게 대해 주어서 친해졌다."고 했다. 아이들이 서로 친하게 된 계기는 다 달랐지만 누군가 필요할 때 먼저 다가오는 아이와 마음을 나누는 것은 꼭 닮았다.

아이들의 경험을 나누고 나서 책 제목이 왜 '3일간'일까 생각해 보고 내용을 미리 상상해 보았다. 아이들은 '3일간'이 사건이 일어나고 전개되며 결말까지 볼 수 있어서 그렇다는 이야기를 했다.

희주가 냉장고 문을 열며 말했다. 냉장고 불빛이 희주를 노랗게 감쌌다.

"헉!"

나도 모르게 놀라서 소리를 내고 말았다. 반바지 아래 드러난 희주의 가는 다리에 멍 자국이 무성하다. 희주는 물을 꺼내며 나를 흘깃 쳐다보더니 제 다리를 내려다보며 말했다.

"담임한테 맞았어."

이 대목을 읽다가 '담임'을 '담탱이'라고 읽어 버렸다. 엉겁결에 나온 말에 나도 놀라고 아이들도 놀라는 눈치였다.

"선생님, 저도 억울하게 맞은 적 있어요."

일훈이가 손을 번쩍 들고 말했다. 단짝 친구가 mp3 가지고 빼겨서 엄마한테 사달라고 했더니 "니가 뭘 잘했다고 그런 걸 사달라고 해?"라며 혼만 났다는 일훈이는 지금도 기분이 나쁘다고 했다. 이때부터 아이들의 이야기가 쏟아졌다. 친구와 싸웠는데 친구 엄마가 학교에 찾아와서 선생님한테 "걔 어디 살아요? 주택에 사나? 엄마는 있대요?"라고 할 때, 그런 말하는 친구 엄마와 맞장구치는 선생님이 정말 미웠다고 주먹을 쥐는 아이도 있었다. 공부도 잘하고 착한 줄 알았는데 계주할 때 져 달라며 돈을 주는 치사한 친구를 때려 줬는데 자기만 혼난 이야기며, 남들 다 벌 받고 있는데 혼자 공부하는 척하는 학원 친구에게 "너도 떠들었잖아!"라고 따지다 손바닥 맞은 이야기, 아이들은 가슴에 쌓인 이야기를 마구 쏟아 냈다. 아이들 이야기를 듣고 보니 현실에서 보이는 어른의 모습이 「3일간」에 등장하는 어른의 모습과 많이 닮았다.

"희주야…… 너 윤서 좋아했잖아. 친했잖아. 친구였잖아!"

"…… 내가 정말 윤서 친구였을까? 너처럼, 너처럼 내가 친구였을까?"

잠시 말이 없던 희주가 나를 쏘아보며 떨리는 목소리로 말했다. 가슴이 불에 덴 듯 뜨겁고 쓰라리다. 아무 말도 할 수가 없다. 희주를 똑바로 바라볼 수도 없다.

이 장면을 읽으며 "친구란 뭘까?"하고 물어보았다. 한 교실에서 같이 지내고 떠들고 장난치고 그러다 속 깊은 이야기까지 하게 되는 사이, 제일 힘들 때 생각나는 단짝, 나의 어떤 모습이라도 솔직하게 보일 수 있는 사람, 여러 가지 대답이 나왔다.

"이런 친구를 가진 사람 있어요?"

"저는 있어요."

희교가 자신 있게 손을 든다.

"바로 영인이에요. 3학년 때부터 영인이가 저랑 친구해 줬어요. 이상인이란 아이가 날 괴롭힐 때도 도와주고 아이들이 놀려도 내 편이 되어 주고 축구할 때 같은 편에 넣어 주었어요. 그 전까지 정말 흑흑흑……."

말을 하다 말고 희교가 울어 버렸다.

"정말이에요. 1학년 때 희교랑 같은 반이었어요. 그런데 이상인도 같은 반인데요. 희교가 조용하고 약하다고 매일 여자라고 놀리고 머리에 풀 묻히고 해서 희교 매일 울었어요. 그런데 3학년 때 또 같은 반이 된 거예요. 우리는 희교가 아는 게 많아서 '박사'라고 불렀는데 이걸 질투해서 닭싸움할 때 희교만 공격하고 남자애들 풀어서 희교 가방 숨기고 했어요."

"그런데 영인이가 그걸 막았어요. 다른 애들한테 희교 놀리는 게 비겁한 일이라고 말했어요. 이상인이랑 맞짱 뜰려고 했는데 아이들이 다 영인이 편이 돼서 응원하니까 이상인이 도망갔어요."

진희랑 한아가 신나게 이야기를 했다.

"선생님, 6학년 때 이상인랑 희교가 같은 반 돼도 괜찮아요. 그때는 우리가 도와줄 거예요."

"와우, 진태 짱이다."

남자아이들의 우정은 이렇게 몸과 몸이 부딪혀서 일어나는가 보다. 남자아이들에 비해 여자아이들은 별말이 없었다. 월요일 이후로 여자아이들의 관계는 냉랭해졌다. 틈만 나면 재잘거리고 음악에 맞춰 몸을 흔들던 아이들이 전혀 움직이지 않고 있다. 책을 읽고 나도 답답했다.

두 시간 책을 읽고 나서 아이들은 〈나만의 공책〉을 폈다. 뭘 하라고 말하기도 전에 "난 뒷이야기 쓸 거다. 그림 거릴 거다. 아니 난 윤서가 돼서 가출일기 쓸 거야."라며 자기네끼리 할 거리를 정했다. 세형이가 영선이가 되어 일기를 써 왔다.

다음 날 학교에 갔다. 일단 희주가 왔나 둘러보았다. 다행히 희주는 왔다. 하지만 희주는 다른 사람처럼 보였다. 아무 말도 않고 말을 걸어도 대꾸하지 않았다. 수업이 끝나고 희주에게 가 보았지만 아무 말이 없었다. 다음 날 슬픈 일이 일어났다. 희주가 죽었다는 소식이다. 나는 소문일 거라고 생각하며 기다려 보았지만 희주는 오지 않았다. 친구들은 슬픈 기색도 없이 수군거리기만 했다.

학교 마치자마자 희주네 집에 찾아갔다.

'무슨 일이 있어서 안 왔을 거야. 아무 일 없을 거야.' 속으로 빌면서 달려갔다.

문이 열렸다. 희주 엄마처럼 보이는 아줌마가 나왔다.

"희주에게 무슨 일 있어요?"하고 물었다.

그 아줌마는 공책을 내밀었다. 희주의 일기장이었다. 일기장에는 이런 이야기가 써 있었다.

11월 00일 목요일

선생님이 오늘 과학실로 나를 불렀다. 선생님은 윤서가 어디 있냐고 계속 물었다. 나는 말하지 않고 계속 서 있었다. 그러자 선생님은 몽둥이로 때리는 것이다. 그렇게 한참 때리더니 나를 풀어 주었다. 정말 죽고 싶었다.

11월 00일 금요일

나는 생각했다. 가출은 윤서가 했는데 왜 나한테만 이러는 걸까? 왜 나만 맞아야 하는 걸까? 친구들은 나를 보고 수군거리고 작은엄마는 문제 좀 일으키지 말라고 했다. 할머니도 꾸중을 했다. 나는 오늘 결심했다. '나 같은 애는 있으나마나 그런 사람이겠지, 악역은 이제 끝내도 되겠지.' 라고. '잘 있어라. 친구들아. 이 세상도 안녕.'

일기는 여기까지가 끝이었다. 다음 날 친구들과 선생님께 그 일기를 보여 주었다. 다들 고개를 숙였다. 결국 희주는 안타깝게 죽게 된 것이다. 희주야…….

세형

세형이가 쓴 일기를 읽고 나서 세형이에게 물어보았다.

"왜 그렇게 썼어?"

"그냥요. 희주는 아무도 위로해 주는 사람도 없고 늘 불행했잖아요."

이때, 호진이가 한마디 했다.

"아니에요. 죽지 않을 거예요. 제 생각엔 그 다음 날 희주네 집에 윤서랑 영선이가 찾아와서 미안하다는 사과 편지를 주고 화해해요. 그리고 같이 놀고 친구가 되요."

"맞아요. 친구가 있으면 힘든 일 있어도 괜찮아요. 희주가 죽으면 너무 불쌍해요."

"윤서가 가출한 일을 윤서 엄마나 선생님 모두 희주가 꼬득여서 그렇다고 하잖아요. 어른들은 왜 그래요? 희주를 함부로 때리는 선생님은 정말 폭력 교사예요."

지수가 호진이 말에 맞장구를 치며 희주의 억울함을 대신 이야기했다.

그런데 많은 아이들이 윤서가 되어 가출 일기를 썼다. 자기도 그래 보고 싶다는 이야기도 했다. 그림도 그리고 작가에게 편지도 썼다.

● 윤서의 가출 일기

2006년 10월 28일 수요일 날씨 맑음.

희주가 얘기한 주유소에 도착했다. 시설은 꽤 좋았다. 그곳에서 하마 오빠를 찾으려고 했지만 그럴 필요가 없었다. 하마 오빠는 말 그대로 입이 무척 컸기 때문이다.

잠시 그곳에 있다가 통장에서 돈을 빼 귀도 뚫고 귀고리도 샀다. 지금 봐도 예쁘다.

그런데 쇼핑을 하다 엄마, 아빠랑 쇼핑하던 생각이 났다. 갑자기 눈물이 삐죽삐죽 새어 나왔다.

'지금 희주랑 영선이는 뭘 하고 있을까? 엄마랑 아빠는 날 걱정하고 있을까? 희주가 한 달이라고 했지만 며칠 후에 돌아가야지.'

'그런데 내가 통장에서 돈을 뺀 걸 알면 엄마 아빠가 혼내시겠지……. 어떻게 하지? 걱정이 태산이다. 그래도 돌아가긴 해야겠다.'

나 때문에 영선이랑 희주가 선생님과 친구, 우리 엄마 아빠의 질문 공세에 시달리고 있을테니 말이다 .

슬기

● 「3일간」을 쓴 작가님께

안녕하세요? 저는 재구라고 합니다.

작가 선생님께서 희주, 영선, 윤서 세 아이를 바탕으로 쓴 단편 동화를 읽었어요. 윤서 엄마 아빠가 싸움하고 이혼을 하려고 해서 윤서는 가출을 했어요. 그런데 윤서 엄마는 희주가 윤서를 꼬득였다고 합니다.

엄마들은 왜 이럴까요? 꼭 남의 아이 탓만 합니다. 정말 이해가 되지 않습니다.

그리고 선생님은 너무하신 것 같아요. 가출은 윤서가 했는데 희주를 혼내다니요. 윤서 엄마 말만 믿고 희주가 나쁘다는 것을 어떻게 보장합니까? 희주가 너무 불쌍하네요. 선생님 동화에 나오는 어른들 맘에 안 들어요.

그럼 이만 줄입니다.

2006년 11월 9일 목요일 재구 올림

● 작가님께

작가님, 안녕하세요? 저는 5학년 3반 영인이죠. 작가님께서 쓰신 책을 선생님께서 읽어 주셨습니다. 우리는 두 시간 동안 귀를 기울였습니다. 그동안 읽어 주신 책이랑 좀 달랐어요. 재미있기는 하지만 좀 우울한 느낌이 들었거든요. 또 이제 막 사춘기에 들어간 여자아이들이 서로 도우면서 부모님의 갈등 때문에 가출하는 이야기를 정말 실감나게 썼다고 생각합니다.

우리 반 여자애들은 거의 다 사춘기인 것 같아요. 남자애들이 좋은 말을 해도 화만 내고 이해가 안 돼요. 뭉쳐서 다니며 슈퍼주니어가 어떻다고 하면서 그런 것만 관심이 많은 것 같아요. 매일 모여서 춤 연습하고 그러다 삐지고 울고……. 참 알 수가 없어요.

책 중에서 선생님이 희주를 때리는 부분이 있는데 그런 이야기를 들으면 선생님에 대한 공포심이 생기지 않을까요? 처음 여자 선생님인 줄 알았는데 알고 보니 남자 선생님이었어요. 그래서 더 재미있었죠. 작가님, 앞으로도 재밌는 이야기 많이 써 주세요.

2006년 11월 9일 영인이가

친구들의 글을 읽고 이야기를 나누어도 진아와 예랑이와 경아는 아무 말이 없었다. 수업을 마쳤다. 청소하는 아이들과 이야기를 나누었다.

"너네 여자들끼리 아직도 서먹서먹하지?"

"아니요. 예랑이랑 진아는 화해를 했구요. 경아랑 진아도 그럭저럭 지내고 있어요."

"어, 그래? 언제 화해했니?"

"에이 선생님, 그런 건 모르는 척해 줘야 돼요. 어렵게 화해하는데 아는 척하면 더 하기 싫어져요. 그냥 기다리면 다시 친해져요."

"참, 여자 아이들은 정말 모르겠어요. 만날 싸우고 삐지고……."

"여자들의 깊은 속을 어찌 남자가 알겠느냐? 더 이상 알려고 하지 말거라. 다친다."

현정이가 구시렁거리는 영인이를 나무랐다.

'기다리라고, 기다리면 다시 친해진다고? 더 지켜봐야 한단 말이지.'

아침부터 비가 내렸다. 점심을 먹고 나서 교실이 들썩거렸다. 학예회 연습으로 '슈주걸'이 다시 뭉쳤기 때문이다. 그렇게 다투던 아이들이 음악에 맞추어 신나게 몸을 흔들었다. 눈빛을 맞추며 손을 흔들고 웃음을 날렸다. 아이들이 즐거우니 내 마음도 상쾌하다. 더 좋은 건 두 아이 어머니가 편지를 보낸 것이다.

셋이서 다시 만나 이야기를 했습니다. 서로가 오해한 부분이 많았습니다. 마음을 풀고 좋게 헤어졌습니다. 그동안 애써 주신 선생님께 죄송하고 감사합니다.

저절로 한숨이 났다. 막혔던 가슴 한쪽이 툭 터진 느낌이다.

'아이고, 이러니 선생 뭐는 개도 안 먹는단 말이 나오지! 비도 오는데 친구 만나 찐하게 한잔하면서 수다 떨고 싶다. 아, 친구가 그립다.'

『창비어린이』 © 창비

서로 다른 생각 이해하기

「다랑리에 사는 민우」

초등학교 국어에서는 일상생활에서 제기되는 문제를 토의를 통해 해결하는 방법을 익히고 서로 의견을 조율하여 해결 방안을 제시하는 능력을 키우도록 되어 있다. 그러나 교과서식 공부는 토의 과정과 방법을 익히는 것에 치중하여 실제로 나와 다른 상대방의 입장을 인정하면서 잘 듣고 판단하는 과정을 몸소 경험하기 어렵다. 가령 '초등학생의 컴퓨터 게임은 통제되어야 하는가?'라는 문제를 해결하기 위해 '통제해야 한다.'와 '아니다.' 두 입장의 차이를 듣고 토론할 때 주의할 점을 배운다. 다음으로는 토론 주제 정하기, 내 주장 정하기, 주장에 대한 근거 마련하기와 상대방의 주장을 반박할 근거 마련하기, 토론 규칙 지키며 토론하기, 정리하기 순서로 진행하였다. 그런데 문제는 토론 과정에서 아이들이 실제 자신의 이해와 의견을 담아내기 힘들다는 것이다.

교과서처럼 '컴퓨터 게임을 통제해야 하는가?'라는 주제는 토론이 되지 않는다. 이런 주제는 이미 답이 정해져있어 아이들이 굳이 자기 생각을 이야기하지 않아도 되기 때문이다. 살아 있는 토론이 되기 위해서는 무엇보다 아이들의 생활과 밀접한 갈등 상황이나 문제가 주어져야 한다. 그렇게 되면 아이들은 서로 다른 의견을 조율하고 자신의 행동을 결정하는 과정을 몸소 경험하면서 문제를 해결하거나 실천할 수 있기 때문이다.

컴퓨터 게임과 관련하여 「다랑리에 사는 민우」(장주식 글, 『창비어린이』2006 겨울 15호)를 읽고 같이 토론해 보았다.

이야기는 생활보호대상자로 할머니와 살고 있는 민우와 정우 형제가 군청 사회복지 자원봉사자인 유영선 선생님을 만나면서 시작된다. 도벽에 거친 성격을 가진 민우는 이틀에 한 번씩 민우 형제를 찾아오시는 유 선생님과 만나면서 따뜻한 사랑을 느끼게 된다. 이런 행복도 잠시, 정부에서 민우네 집에 무상으로 컴퓨터를 설치하고 인터넷까지 깔아 준다. 컴퓨터를 너무 좋아하는 아이들을 보고 뭔가 불안을 느낀 유 선생님은 민우에게 컴퓨터는 잘 써야 한다는 말을 해 준다. 겨울방학이 되자 민우는 하루 종일 게임만 하고 싶다는 동생 정우를 주먹으로 때리고 이를 말리는 할머니께 욕을 하며 대들기까지 한다. 민우의 난폭한 행동을 본 유 선생님은 고민을 하다 담임교사에게 전화를 한다.

"민우네 컴퓨터를 되가져가시면 안 될까요?"

"안 됩니다. 민우처럼 생활보호대상자 아이들이 가난하다는 이유로 정보화사회에서 뒤처지는 일이 있어서는 안 되지요. 바로 그래서 정부에서 특별히 예산을 집행한 일이라 컴퓨터를 회수할 수 없습니다."

"그럼 인터넷만이라도 끊을 수 없을까요?"

"그것도 안 됩니다. 벌써 통신사랑 정액제로 계약이 된 거라서 마음대로 끊었다 이었다 할 수 없거든요. 아, 그리고 공부 도우미라고 하셨지요?"

"예. 그렇습니다."

"그럼, 민우 보호자도 아니시군요. 죄송하지만 이만 전화 끊겠습니다."

이야기는 여기서 끝이다.

"이게 전부예요?"

"그 다음은 어떻게 하지?"

"그 다음은 우리들이 생각해야죠. 토론이 될 것 같은데요."

영인이의 말에 내가 다시 물었다.

"정말 토론할 가치가 있는 문제일까?"

"아니요. 컴퓨터 게임에 관한 건 토론을 해도 지키지 않으면 하나마나예요."

상명이 말에 아이들이 고개를 끄덕였다.

"하지만 토론하면서 생각이 바뀔 수도 있지 않을까?"

희교가 조심스럽게 자기 생각을 말했다.

"그렇지. 지키건 안 지키건 토론을 한 후에 자기가 결정하면 되니까."

일훈이가 정리를 했다.

"그럼 주제는 어떻게 정할까?"

"'민우의 컴퓨터를 없애야 할까?'로 정해요."

토론을 시작하기 전 자신의 입장을 정했다. 컴퓨터를 없애는 데 찬성하는 아이는(유 선생과 할머니) 25명이고 반대편(민우, 담임교사)은 8명이다.

"찬성이 너무 많아서 토론이 안 되겠다."

"아니야. 결과는 해 봐야 알지. 끝까지 가 보는 거야."

토론이 시작되었다.

유선생(정영) 민우가 게임을 하면서 욕도 하고 성격이 난폭해졌습니다. 또 할머니에게 대들기까지 하니 컴퓨터를 없애야 합니다. 제가 피시방에 가 보면 게임에 지고 욕을 하는 사람이 많습니다. 분명히 민우가 난폭하게 된 건 게임 때문이라고 생각합니다.

정영이 말이 끝나자 성민이가 반박을 했다.

"그렇게 말하는 것은 개인적인 생각입니다. 근거가 되지 않습니다."

아이들이 "우와, 성민이 대단한데……." 하고 칭찬을 하자 정영이가 "저는 본 것을 사실대로 말했을 뿐입니다. 경험한 것만큼 정확한 근거가 되는 것이 있습니까?"라고 다시 반박을 해서 처음부터 치열한 토론이 되기 시작했다.

민우(병헌) 절 가만히 내버려 두면 욕도 안 하고 때리지도 않습니다. 자꾸 뭐라고 하니까 그런 거죠. 컴퓨터로 게임만 하지 않습니다. 추워서 어디 가지도 못하고 친구도 없는데 게임까지 못 하게 하니까 화를 낸 겁니다.

할머니(상명) 엄마 아빠도 없고 가난하지만 그래도 더 잘 자라야 하는데 컴퓨터가 오면서 동생과 싸우고 대들고 해서 걱정입니다. 컴퓨터를 없애거나 게임을 못 하게 해 주십시오.

담임교사(성민) 컴퓨터를 함부로 없애지는 못합니다. 정부에서 한 일이고 예약까지 되어 있어서, 그리고 민우가 정보화 시대에 뒤떨어지길 바라십니까? 그리고 유 선생님께서 게임하면 욕을 한다고 했는데 게임하지 않아도 욕은 합니다. 싸우면서도 하고.

할머니(상명) 하지만 욕을 계속하면 습관이 되고 참을성이 없어지게 됩니다.

반대편 도우미(희교) 그럼 승패를 가르는 게임을 하지 않고 학습 게임을 하면 되지 않습니까? 한자 게임이나 요구르트 같은 거요.

민우(병헌) 그런 게임을 누가 합니까? 그런 게임도 마지막엔 정리를 하게 되어 있어서 승패가 갈립니다.

찬성편 도움이(세형) 이기는 사람도, 지는 사람이 "쯧쯧 내가 봐줬다." 이렇게 말하면 화가 나서 욕을 하게 됩니다.

담임교사(성민) 그럼 컴퓨터를 친척집이나 어른이 있는 이웃에 두면 안 될까요?

반대편 도움이(희교) 그렇게 말하면 안 되지. 담임교사는 계속 반대해야 돼.

담임교사(성민) 아, 그런가?(히히히) 그럼 취소. 유 선생님께 묻겠습니다. 보호자도 아니면서 나서면 안 되잖습니까?

유선생(정영) 저는 공부 도우미로 민우의 잘못된 상황을 보고 지나치거나 그냥 두면 안 된다고 생각합니다. 양심이 없는 거니까요.

(일순간 교실이 조용해지고 담임교사였던 성민이가 고개를 끄덕거린다.)

민우(병헌) 컴퓨터를 없애지 않고 비밀번호를 주거나 락을 걸어 두면 된다고 생각합니다.

찬성편 도우미(진희) 이건 정부의 의견이 잘못되었다고 생각합니다. 왜냐하면 민우가 앞으로 컴퓨터를 어떻게 사용할지도 생각하지 않고 그냥 줘서 게임에 빠지게 했습니다. 공부 도우미를 보낸 건 잘한 일이지만 혼자 통제할 수 없는 아이에게 아무 생각 없이 컴퓨터를 주면 정보화 사회 문제가 다 해결된다는 생각은 잘못되었습니다.

1차 토론은 여기까지 마무리를 하면서 다시 2차 토론을 시작했다.

유선생(정영) 정보화사회에 뒤떨어진다고 컴퓨터만 잘하면 되는 건 아니라고 봅니다. 책이나 텔레비전 전자사전 같은 것도 있습니다.

찬성편 도우미(슬기) 저도 유 선생님의 의견에 동의합니다. 컴퓨터보다는 백과사전이나 민우에게 필요한 책을 소개하는 것이 좋다고 생각합니다. 그런데 민우는 책을 주면 보겠습니까?

민우(병헌) 아니요. 책은 싫습니다. 컴퓨터로 검색을 하는 것이 더 빠르고 정확한데 책을 왜 봅니까?

찬성편 도우미(경은) 컴퓨터 중에도 게임을 하지 못하게 하는 것도 있다고 생각합니다.

반대편 도우미(재구) 게임도 안 되고 속도도 느린 똥컴을 준다면 무슨 의미가 있습니까?

담임교사(성민) 왜 꼭 컴퓨터가 없어야 한다고 생각합니까? 컴퓨터로도 얼마든지 공부 잘할 수 있는데 말입니다.

할머니(상명) 그렇지 않습니다. 정보를 검색하다 보면 블로그가 많이 뜨고 그런데 가면 게임에 대해 더 잘 알 수 있게 해서 공부하고는 거리가 멉니다.

사회자(소연) 예. 여기까지 찬성과 반대 주장을 듣고 질문을 하고 토론을 했습니다. 그럼 찬성과 반대쪽 주장을 잘 생각해서 자신의 의견을 손들어 표시해 주시기 바랍니다.

담임교사(성민) 주장을 조금 바꾸겠습니다. 컴퓨터 게임을 하되 조금만 하거나 약속을 정해서 하자로 바꾸겠습니다.

사회자(소연) 예. 그럼 찬성과 반대에 손을 들어 주시기 바랍니다.

결과는 찬성이 16명, 반대가 17명으로 나와 '민우의 컴퓨터는 없애면 안 된다'로 되었다. 반대했던 아이들이 "와!" 함성 소리를 내질렀다.

"왜 이렇게 되었을까?"

아이들에게 물어보았다.

"토론을 하다 보니 민우의 생각을 알게 되었습니다."

"컴퓨터를 없애면 민우가 너무 불쌍해요. 하다가 못 하면 더 화가 나고 난폭해질 수 있다고 생각해요."

"제일 먼저 컴퓨터를 사용하는 민우에게 물어봐야 하는데 유 선생님이나 담임선생님 모두 자기들이 결정하려고 해요. 그래서 저는 반대했습니다."

지수가 찬성에서 반대로 바뀐 자기 생각을 말했다.

"그런데 결론이 이거예요? 이걸로 마치면 좀 찝찝한데……."

재구가 심각하게 말했다.

"뒷이야기 쓰기로 우리가 이야기를 만들면 되지. 또 민우한테 편지도 쓰고."

"맞아. 세형이가 멋진 결말을 쓰지 않겠냐?"

그래서 뒷이야기 쓰기를 하고 편지도 쓰고 민우 캐릭터 그리기도 했다.

뒷이야기 쓰기

● 유 선생님은 차를 타고 복지회관으로 갔다.

'시원한 바람을 쐬니 기분이 좀 낫다.'

복지관에 도착하니 여러 선생님들이 커피를 마시며 이야기를 하고 있었다. 유 선생님은 선생님들께 가까이 갔다.

"어, 유 선생님 웬일이세요?"

"그냥 바람 좀 쐬려고요. 저랑 얘기 좀 하실래요?"

"그래요."

유 선생님은 그동안 있었던 일을 말했다. 말을 하고 나니 기분이 풀렸다.

"그럼 이렇게 하면 어떨까요?"

다른 선생님들이 유 선생님에게 속닥속닥 이야기를 했다.

유 선생님은 당장 민우네 집으로 갔다.

"민우야, 나랑 이야기 좀 하자."

"어? 언제 오셨어요? 또 왜요?"

"중요한 이야기다. 너 나한테 컴퓨터 배우는 것은 어떠니? 선생님이 컴퓨터는 좀 하는데, 어때?"

"왜? 저한테……."

그때 민우의 눈이 붉어졌다.

"선생님! 고맙습니다. 예전부터 선생님이 엄마 같고 좋았어요. 근데 저는 할머니 말도 안 듣고 대들기만 했는데 저를 왜 이렇게……."

"걱정 마. 민우야. 네가 부모님 없이 자랐어도 선생님이 너를 위해 줄게."

"선생님, 저 빨리 컴퓨터 가르쳐 주세요."

"그래."

이렇게 민우와 선생님은 다시 친해졌다.

그 다음 날 민우는 선생님께 아주 힘들게 말했다.
"선생님 우리 같이 살아도 돼요?"
선생님은 망설임 없이 허락했다.
이삿짐 차가 왔다.
민우가 하늘을 보았다. 날씨가 좋은 날에 기분까지 좋았다.

슬기

"왜 이런 공부를 할까요?"

"서로 다른 생각을 알기 위해서입니다."

"자꾸 쓰면 논술 시험 잘 친대요. 엄마가 그랬어요."

"토론하는 게 꼭 싸우는 것 같아요. 이야기를 듣는데 마음이 두근거려요."

"선생님, 개인적인 생각하고 근거가 되는 자료하고 어떻게 달라요?"

"자기가 보고 듣고 겪은 일이나 관련 인터넷 글과 전문가가 쓴 글은 자료가 된다고 생각합니다."

정영이의 질문에 희교가 아주 명쾌하게 대답을 한다.

"토론이 재미있지만 듣기만 하니까 힘들어요."

"정말 힘들지. 듣는 게 정말 힘들어. 그냥 축구나 한판 했으면 좋겠다."

"그래? 그럼 농구 한판 어때?"

"좋아요."

토론에서 배심원 역할을 하며 듣기만 했던 아이들이 운동장에서 펄펄 살아났다.

흠씬 땀 흘리고 나서 먹는 점심은 꿀맛이었다.

일기글

● 2006년 12월 7일 목요일

제목 : 토론

하루 종일 토론을 했다. 과학 두 시간 하고 말하기 · 듣기 · 쓰기 4시간. 근데 엄청 재미있었다.

민우, 선생님, 할머니, 담임, 또 ……. 내용도 재미있고 근거도 정말 타당했다.

근데 떠드는 것이 문제였다. 우리 반은 토론할 때 떠드는 것을 고치면 더 나은 토론을 할 수 있을 것 같다. 솔직히 처음엔 '컴퓨터를 없애자.'에 찬성했다가 반대로 바뀐 이유가 나도 컴퓨터를 하는 입장에서 (지금은 금지됐지만-.-) 컴퓨터를 안 하게 한다는 건 민우에게 너무 가혹한 벌이다. 차라리 시간을 정해 놓거나 조금만 하겠다는 다짐을 받아 내야 한다. 그런데 민우가 정우를 때리고 할머니한테 대들고 선생님한테도 엄마라도 되냐고 말한 것은 고쳐야 한다. 민우도 잘못했지만 잘못했다고 당장 컴퓨터를 없애면 성질이 더 더러워(?)질 것 같다. 그렇게 토론을 끝냈다. 토론을 끝내니 왠지 긴 여행을 하고 온 것처럼 느껴지고 피곤하고 졸렸다. 그런데 토론이 안 끝났으면 좋겠다는 생각도 들었다.

예림

아이들이 쓴 글을 읽어 보면 토론을 하면서 민우의 이야기를 자신의 일처럼 느끼고 그 입장에 공감했다. 뿐만 아니라 정우와 선생님 그리고 할머니의 입장도 함께 살폈다. 그 과정에서 갈등이 왜 일어났고 어떻게 풀어야 하는지 그 방법을 익힌 것이다.

이처럼 동화를 읽고 토론하는 것은 나와 다른 생각을 가진 상대방을 이해하고 공감하게 되는 소중한 경험이다.

『똥떡』© 이춘희 글, 박지훈 그림, 언어세상

『우리가 정말 알아야 할 우리 신화』

© 서정오 글, 현암사

우리 신화와 오구신 바리데기

『똥떡』「오구신 바리데기」

신과 함께 살아간 우리 조상들

바야흐로 신화의 시대다. 아이들은 그리스 로마 신화부터 우리 신들까지 다양한 신들의 이야기를 동화와 만화, 영화와 게임, 그리고 웹툰으로 만나고 있다. 신화는 인류가 함께 꾼 오래된 꿈이라고도 한다. 인간은 현실에서 말할 수 없는 고통과 풀 수 없는 소망들을 꿈속에서 풀어내듯 신화를 통해 이야기해 왔다. 세상의 많은 민족과 나라에 수많은 신화들이 있다. 신화 속 이야기는 어떤 힘이 있어 지금까지 전 세계 사람들의 가슴을 뛰게 하는 것일까? 신화를 뿌리로 만들어진 이야기들은 어린이문학뿐 아니라 사회 교과서에도 포함되어 있다.

사회 교과서 '민속을 통해 본 조상들의 삶' 단원에서는 건국 신화와 동네 제사를 알아보고 조상들의 종교 생활을 원시 종교와 불교, 유교, 천도교, 그리스도교, 원불교와 대종교까지 다루고 있다. 그런데 교과서를 따라 공부하면 요점 정리하는 것으로 끝이 난다. 조상들의 삶과 일과 놀이 다음으로 간절했던 마음, 아침과 저녁 맑은 물을 떠 놓고 소원을 빌던 그 정성이 아이들과 어떻게 만나야 하나 고민이 되었다.

내가 찾은 답은 '이야기'로 재미있는 신화의 주인공들과 만나게 하는 것이었다. 문제는 또 있다. 어떤 신화의 주인공을 만나게 할 것인가? 자청비나 아이들과 닮은 오늘이, 소별왕과 대별왕, 이러지도 저러지도 못할 만큼 힘든 삶을 살았던 거북이와 남생이, 아니면 생명을 탄생시키는 삼신할머니 이야기를 할까? 일단 아이들과 함께 우리 신화에 나오는 인물을 찾아보기로 했다.

"신들 이름이 너무 이상해요."

"한자 이름이 너무 많아요."

"불교 이야기 같아요."

"예전에 할머니 집에 가면 쌀을 넣어 둔 항아리가 있었는데 그걸 보고 성주님, 성주님 하던 게 기억나요."

"집 안 곳곳에 귀신이 다 있는데 부엌에는 조왕신이, 화장실에는 측신, 문을 시키는 문왕신도 있고, 장독대 지키는 신도 있어요."

동짓날 팥죽에 얽힌 이야기나 정월 대보름에 다리밟기나 동제사도 알아보고 이사하면 시루떡 돌리기와 시험 잘 보라고 엿을 먹는 것 모두가 예전 조상들의 삶과 연관이 되는 것임을 알게 되었다.

"사실 선생님은 어릴 때 측신을 진짜 봤거든."

"에게, 거짓말 하시네. 귀신을 어떻게 봐요."

"어떻게 보기는. 똥통에 빠졌으니까 그렇지. 우리 집 변소가 나무판으로 되어 있었어. 똥통이 넓어서 똥 눌 때 조심해야 되는데 하루는 똥 누다가 힘을 너무 많이 줘서 미끄러지고 말았거든. 똥통에 빠졌더니 ……."

"어휴, 그만해요."

아이들이 코를 싸쥐고 손사래를 쳤다. 내가 자기들 옆에 가기만 해도 몸서리를 치면서 저리 가라고 했다.

여세를 몰아서 『똥떡』(이춘희 글, 박지훈 그림, 언어세상)을 읽어 주었다.

"봐! 준호가 똥통에 빠져서 준호 엄마랑 할머니가 떡을 만들잖아. 그런데 측간에 귀신이 쓱 나타나지. 그림이 정말 리얼하다."

"맞아요. 눈이 쭉 찢어졌네. 다음 장 빨리 보여 줘요."

뒷간 귀신이 똥떡 먹는 장면에서 아이들은 뒤집어졌다.

"우와. 손이 똥처럼 생겼다. 얼굴도 막 흘러내리는 것 같다."

"우우웩. 한 시간만 지나면 급식 시간인데…… 뭐예요, 선생님!"

"이거 작전이야, 작전. 어제 말 안 들었다고 선생님이 복수하는 거야. 우우욱."

"어떻게 알았어? 그리고 한 가지 더! 우리 학교 4층 화장실에도 측간 귀신이 산다는 사실. 어제 내가 확인했지."

"어떻게요?"

"너희 다 가고 나서 나 혼자 화장실에 갔는데 뒤가 으스스해서 돌아보았더니……."

"꺄아악! 그만해요. 머리는 왜 풀어요? 선생님이 귀신 같애."

"그래도 똥떡으로 제사 지내고 나면 측간 귀신도 사라지고 동네 사람들끼리 나눠 먹고 좋잖아?"

"아아. 그래서 음식을 나눠 먹으면 복이 오는구나."

"그렇지. 그런데 신들도 여러 종류가 있는데 말이야. 종류라기보다 급이라고 해야 하나?"

"알아요. 집에 있는 가신들 말고 세상을 만든 신이나 농사신, 저승신, 옥황상제나 뭐 이런 신들 말이죠?"

역시 희교다.

"그렇지. 너희들이 아는 신화나 신들은 어떤 게 있어?"

"그야 그리스 로마 신화에 나오는 신들이죠. 페르세포네, 제우스, 아테네……, 황금사과 이야기는 너무 많이 읽어서 다 외워요."

"그리스 로마 신화에 나오는 이야기 나도 좋아해. 특히 페르세포네와 데메테르와 하데스 이야기는 여러 가지 의미가 담겨 있단다."

"저도 읽었어요. 페르세포네가 하데스가 준 석류를 먹잖아요. 그래서 1년의 3분의 1은 지하 세계에서 살고 나머지는 지상에서 살게 돼요."

"맞아. 그 신화 속에 어떤 뜻이 숨겨 있단다. 단지 신들의 이야기가 아니라 사람들의 삶이 들어 있다는 거지."

"어휴, 어려워라. 뭐지? 하데스는 지하 세계의 왕인데……."

평소 판타지를 즐겨 읽는 강현이가 머리를 흔들었다.

"음 그 속에는 말이야. 곡식 알맹이인 씨앗의 의미가 들어 있어."

"씨앗이라고요?"

"아하! 그러니까 씨앗일 때는 어두운 지하 세계에 있다가 봄이 오면 싹이 나서 땅 위로 올라오는 거죠. 그러다 다시 열매를 맺고 죽어서 땅속으로 가게 되는 거요."

"희교 짱이다! 희교야, 너 언제 그런 걸 다 알았어? 영재다, 영재."

승욱이가 부러운 듯 칭찬을 한다.

"그렇지. 죽음과 다시 살아나는 것, 그리고 영원히 되풀이하는 삶이 바로 신과 같은 삶을 살고 싶은 사람들의 소망이 담겨 있다는 거야."

우리는 세계 여러 나라 신들과 우리 신들을 비교하며 신과 함께 살았던 옛사람들이 신화 속에 담아 둔 의미들을 조금씩 알아가기 시작했다.

인간인 바리가 어떻게 신이 되었나?

"얘들아, 우리는 지금 여기 살고 있지. 그런데 다 살고 나서는 어떻게 될까? 어디로 갈까? 지금 사는 이곳과 죽음의 세계 어디에 더 많이 있을까?"

"그야, 죽고 나서가 더 길겠죠. 사는 건 백 년이면 땡이잖아요?"

"그렇지. 그 긴 죽음의 세계와 죽음에 대해 우리는 뭘 알고 있지?"

"저는 예수님 믿으니까 천당 가서 행복하게 산다는 거 알아요."

"나는 불교 믿으니까 부처님처럼 지내겠죠."

"맞아. 종교는 이렇게 사는 것과 죽음, 그리고 다시 사는 걸 이야기하는 거란다. 그런 믿음을 여러 사람이 나누는 거지."

"우리 신화에도 죽음의 신이 있단다. 죽은 사람들을 따뜻하게 맞아서 길 안내를 해 주는 신이야. 처음엔 공주로 태어났다가 버림을 받게 되지. 다시 친부모를 만나고 그 아버지를 살리기 위해서 먼 여행을 해. 죽은 사람들만 간다는 서천 서역국 동대산에 있는 약물을 얻으러 간단다. 그러다 약물지기인 동수자를 만나서 결혼을 해."

"다 읽어 주세요. 천천히 읽어 주세요."

먼저 칠판 가득 '우리 신화의 배경 지도'를 그렸다.

"북쪽 위로 하늘나라(옥황)가 있고 남쪽 아래 지하국이 있고 동쪽에는 인간 세상으로 불라국과 해동조선국이 있지. 서쪽 끝으로 가면 황천수가 흐르고 건너면 저승 세계야. 저승 세계는 세 갈래 길이 나오는데 오른쪽이 서천 꽃밭이고 꽃밭을 지나면 극락이 나와. 가운데가 시왕국이고 동대산 가는 길이지. 왼쪽이 바로 지옥이야.

"우와, 옛날 사람들이 생각한 지도는 굉장하네요. 저승도 세 가지나 있고. 죽으면 천당 아니면 지옥이라고 생각했는데."

평소 그림에 일가견이 있는 호진이의 말에 『나니아 연대기』와 『반지의 제왕』을 독파한 일훈이가 한마디 한다.

"『반지의 제왕』에 보면 중간계도 나오는데 우리 조상들이랑 서양 사람들이랑 비슷하기도 하고 다르기도 하네."

지도를 보고도 아이들의 이야기는 끝이 없다. 목소리를 가다듬고 「오구신 바리데기」(서정오 글, 『우리가 정말 알아야 할 우리 신화』, 현암사)를 읽기 시작했다. 길대 부인이 내리 딸만 낳자 오구대왕이 마지막 칠 공주는 보지도 않고 버리라는 대목에서 여자 아이들의 비판은 날카로웠다.

"왕자가 일곱째 태어나면 갖다 버리라고 했겠어요? 정말 왜 그래요? 미리 가리 박사가 딸만 낳을 거라고 예언을 했는데도 무시하더니 참 길대 부인도 그래? 버리라고 버려요? 나 같으면 혼자서라도 키우겠다."

오구왕을 살릴 수 있는 건 동대산 샘물인데 이걸 구해 와야 한다는 말에 여섯 공주는 아무도 못 간다고 한다. 그 이유를 듣던 아이들 입을 모은다.

"어릴 때 너무 귀하게 크면 안 돼. 자기만 알잖아."

그런데 바리데기가 아버지를 위해 길을 떠난다고 하자, 그럴 줄 알았다고 한다. 주인공은 늘 힘든 고난을 거친다면서 이야기의 재미를 알아챘다. 바리는 머리 허연 할아버지와 빨래하는 할머니, 숯 씻는 할아버지를 만난다.

"좀 이상해요. 다른 책에는 검고 이상한 짐승이 나타나서 도와주는데 이건 없어요."

풀 뽑는 할머니에게 꽃 한 송이와 방울 하나를 얻게 되는 장면에서 상명이가 궁금증을 나타내서 바리 신화는 지역마다 전해 오는 이야기가 모두 다르다는 말을 해 주었다.

"바리 이야기가 전국에 다 있었어요?"

"그럼. 옛날 할아버지 할머니들이 아이들에게 입으로 이야기도 해 주고, 무당들이 굿을 할 때도 바리 신화를 노래하면서 신을 부른단다. 신을 노래하니까 신화지."

"아, 그렇구나. 난 옛날이야기책에만 있는 줄 알았어요."

"아니야. 선생님이 찾아봤더니 지금도 경기도랑 경상도 여러 곳에서 굿하는데 바리 신화를 노래한대."

신화는 까마득히 먼 옛날이야기인 줄 알았는데 지금도 노래된다는 것에 많이 놀라워했다.

"바리데기가 무당 같아요. 죽은 사람을 부를 때 무당이 방울을 흔들잖아요. 텔레비전에서 봤어요."

방울을 흔들어 황천수를 건너는 대목에서는 성민이가 말했다.

"에고, 바리데기가 또 버림을 받네. 어쩌지?"

동수자와 결혼해서 아이 셋을 낳고 뼈살이꽃과 살살이꽃과 혼살이꽃과 약물을 얻어 오니 남편인 동수자는 하늘로 가고 없다는 대목에서 내가 물으니까 여자아이들이 바리데기를 응원했다.

"그래도 바리데기는 씩씩해서 괜찮아요. 잘 살 거예요."

"주몽에 나오는 소서노도 남편이 없지만 씩씩하게 잘 살잖아요."

"그런데 저는 다 이상해요. 바리데기처럼 아무 힘도 없는 여자아이가 황천강도 건너고 약물도 떠 오잖아요. 아무리 부처님이나 그런 신들에게 도움을 받는다고 해도 정말 이해가 안 돼요."

소연이가 심각하게 물었다.

"그러게 나중엔 나라의 반을 준다고 해도 받지 않고 죽음의 신이 되잖아요. 그것도 이상해요."

"신은 신이지 인간이 아니잖아요? 인간이 어떻게 신이 되나요?"

아이들의 질문은 쏟아졌다.

'인간이 어떻게 신이 될 수 있었을까? 죽음의 강을 건너 사랑하는 사람을 구하러 간 이야기는 여럿 들었지만 저승에 가서 아이를 낳고 다시 이승으로 온다는 건 처음 듣는 이야긴데 아이들에게 뭐라고 말하지?'

나도 할 말이 없었다.

"이렇게 생각해 보면 어떨까요?"

희교가 손을 들고 이야기를 했다.

"사실 예수님도 사람인데 다른 사람들 대신해서 죽었다가 다시 살아나서 하늘로 올라가잖아요. 그래서 신이 되지요. 부처님도 왕자였다가 도를 알게 되고 제자들을 가르치다가 죽어서 부처가 되잖아요. 그런 것처럼 바리데기도 자기 목숨을 버리고 저승에 다녀와 죽은 사람을 살리니까 자기도 다시 살아났으니까 신이 될 수 있었던 아닐까요?"

"바리데기처럼 아주 심한 고난을 겪고 나면 신처럼 죽음도 이겨 내니까 신이 될 수 있다고 생각해요."

상명이도 자신의 생각을 이야기 했다.

"또 어릴 때 그 할아버지 할머니한테 여러 가지를 배우잖아요? 보통 사람은 아닌 것 같아요."

윤주가 소연을 보며 말했다.

"어려움을 이겨 낸다고 무조건 인간이 신이 되는 건 아니잖아? 무당은 신이 아니고 그런 건 미신이라고 하잖아? 책에도 원시종교라고 하고 교회나 절하고 다르잖아? 그런데 바리데기랑 예수님이랑 부처님하고 어떻게 똑같은 신이라고 생각하니?"

진희가 똑 부러지게 묻는다.

"맞아요. 굿하는 거랑 교회서 예배 보는 건 차원이 다르지. 비교가 안 돼요."

"굿은 왠지 무섭고 살벌하고 주몽에 나오는 신녀처럼 으스스할 것 같아요."

아이들도 나름대로 생각을 풀어 놓았다.

"그래. 그렇게 생각할 수 있어. 나도 신화를 알기 전에는 그저 아주 오래된 풍속이고 할머니들만 믿는 건 줄 알았거든. 그런데 신화에 대한 역사를 알아보니까 생각이 바뀌게 됐단다."

"어떻게요?"

"음. 1학기 때 『고양이 학교』 읽었잖아? 김진경 작가의 말이, 그 안에 담긴 이야기들이 우리 신화에서 가져온 거래. 그러니까 우리가 이야기하는 신화는 아주 오래 전 이야기지. 고구려 이전에 불교가 우리나라에 들어오기 전부터 있었던 신화야. 여러 시대를 거치면서 무당이나 그들이 모시는 신에 대해서 양반들이나 왕들은 싫어하게 됐지. 왜냐하면, 우리나라 신들은 모두 평등하니까. 불교나 유교는 그렇지 않지. 왕이 가진 힘을 인정하고 더 키워 주니까. 게다가 일제강점기에 일본이 들어와 동네 제사나 민속신앙을 미신으로 여기고 심지어 풍물놀이도 못 하게 했어. 그러다 보니 자연히 우리는 무당이 하는 굿이나 그들이 부르는 노래와 신화들을 미신이라고 아주 낮은 종교라고 배워 온 거란다."

쉽게 설명한다고 했는데 아이들은 여전히 미심쩍어했다.

"그래, 지금 다 알 수 있는 건 아니야. 그리고 지금 우리가 알고 있는 종교들과 다른 점도 많아. 신화는 신들의 이야기잖아. 너희들이 크면서 우리 신화에 관심을 갖고 자꾸 읽어 보고 생각을 키우면 숨은 속뜻을 알게 될 거야."

아직도 잘 모르겠다는 아이들에게 바리 공주와 관련된 책들을 소개했다 긴 이야기를 마치고 글쓰기를 하며 2학기 마지막 책 읽기 수업을 마무리하였다.

뒷이야기 - 내가 바리데기였다면

● 내가 바리데기였다면 엄마가 나를 찾았을 때 나는 도와주지 않았을 것이다. 바리데기 말고 다른 딸들도 다 같은 자녀인데 막내라는 이유로 바리데기 엄마는 자기 배로 힘들게 낳은 자식을 버렸다는 게 이해가 안 간다.

점쟁이가 딸을 일곱 낳는다고 내년에 결혼하라고 할 땐 말도 듣지 않았으면서……. 만약 바리데기가 아들이었다면 오구대왕은 바리데기를 버렸을까? 아들 일곱을 낳아 막내가 또 아들이라는 이유로 버릴 수 있었을까? 또, 다른 공주들한테 어릴 때부터 사회 생활을 가르치던가 했어야지, 좋은 옷에 유모에 편안한 생활을 했으니 공주들이 밖으로 한 발짝도 못 나가는 게 아닌가? 그건 애초부터 바리데기 엄마 아빠가 잘못 가르쳤다. 또 길대부인은 바리데기를 버리라고 명을 받았을 때 버리지 말라고 왕을 달래든가 몰래 도망시켜 살리든가 하지, 그렇지도 않으면서 염치없게 버린 딸을 찾아 하는 말이 "약 좀 구해 오라."였다.

정말 염치없는 짓이다. 그런데도 바리데기는 낳아 주는 은혜를 입어서 약을 구하러 간다고 했다. 내가 바리데기였다면 어릴 때 이미 흰 가루가 되었을 것이다.

예림

● 날 버린 부모를 용서하지 않을 것이다. 왜냐하면, 생명은 필요할 때 쓰고 필요 없으면 버리는 물건이 아니기 때문이다. 사람이 사람을 함부로 쓰는 건 옳지 않다.

선생님은 바리데기 이야기에서 '성덕 바우만'이란 사람 이야기를 해 주었다. 그는 태어나면서 부모가 버려 외국으로 입양되어 자랐다고 했다. 어른이 되어 부모를 찾으러 우리나라에 왔다고 했다. 또 부모의 나라 사람을 위해 자신의 골수를 기증했다고 했다. 하지만 나는 이해가 가지 않는다. 자신을 버린 부모를 위해서 왜 생고생을 해야 하는가? 목숨을 바쳐 가며 꼭 살려야 하는가? 바리데기의 마음을 알 수가 없다. 도대체 왜 그랬을까? 또 한 가지는 남편인 동수자가 아이들과 자신을 버렸다. 그런데도 바리데기는 아이들을 데리고 오구대왕에게 간다. 그리고 아버지를 살린다. 바리데기는 공주로 편히 살 수도 있고 오구대왕의 대를 이어 황제가 될 수도 있었을 것이다. 그런데 왜 죽음의 신이 되었을까? 잠시라도 자신이 황제가 되어 자신을 버린 부모나 자매들을 벌할 수도 있었을 텐데. 신으로 살아가는 게 훨씬 나아서일까? 내가 바리데기처럼 죽음의 신이 되었다면 자신을 버린 사람들을 가두거나 벌을 줄 것이다. 그런데 바리데기는 그렇게 하지 않았다. 왜 그랬을까?

승욱

TIP

바리 신화에 관련되어 어린이들에게 소개할 수 있는 책은 다음과 같다. 우선 그림책으로는 『바리공주』(김승희 글, 최정인 그림, 비룡소)와 『버리데기』(박윤규 글, 이광익 그림, 시공주니어) 등이 있다. 비룡소에서 나온 『바리공주』는 서사무가에서 드러난 중요한 화소들을 적절하게 살린 이야기와 우리 전통의 오방색 느낌을 살린 그림이 눈에 띄었다. 하지만 저승까지 다녀온 바리공주의 의연한 모습이 청순가련형으로 그려졌고, 초반에 아기를 유기하는 장면이 위협적으로 그려져, 혼자 그림책을 읽을 어린이 독자에게 공포심을 심어 줄 수 있는 작품이어서 아이들에게 권하기 힘들었다. 대신 구수한 입말체와 반복을 효과적으로 살린 간결한 글로 옛이야기의 참맛을 느낄 수 있는 시공주니어에서 나온 『버리데기』를 읽어 보라고 권해 주었다. 이 작품은 태어나자마자 딸이라는 이유로 버림받은 버리데기가 아버지의 목숨을 구하는 과정, 특히 아버지를 구하기 위해 저승까지 다녀오는 과정에서 험한 일도 척척 해내는 버리데기를 씩씩하게 그려 놓았다. 고학년 아이들에게는 서사무가로 부르는 '바리공주'를 읽어 주기 위해 신화적 관점과 입말을 잘 살린 서정오 선생의 「오구신 바리데기」(『우리가 정말 알아야 할 우리 신화』에 수록)를 읽어 주자는 생각이 들었다.

『난 뭐든지 할 수 있어』
© 아스트리드 린드그렌 글, 일론 비클란트 그림,
강일우 옮김, 창작과비평사

도서관에서 일주일

「메리트 공주님」

2007년 2월 5일 월요일 아이들이 느끼는 도서관

겨울방학을 마치고 온 아이들은 불쑥 자라 있었다. 다들 할 이야기가 많은 얼굴로 눈을 반짝거렸다. 간단히 겨울방학 소감을 나누고 특별 과제였던 '도서관 나들이'를 한 내용을 짧게 글로 써 보았다. 아이들이 느끼는 도서관은 '돈을 내지 않고 가서 재미있게 놀 수 있는 곳', 'DVD나 영화를 볼 수 있는 곳', '친구랑 작게 수다 떨며 놀 수 있는 곳', '엄마 잔소리를 피할 수 있는 따뜻한 곳'이었다. 아이들을 보내고 오후 내내 학기말을 재미있게 보낼 도서관 수업 계획을 짰다.

2월 6일 화요일 첫날 이야기

5, 6교시 도서관 수업을 했다. 좋은 책과 새 책이 가득한 곳에서 아이들은 침묵에 쌓였다. 그만 읽으라고 하자 상명이가 "에이, 덜 읽었어요." 하며 아쉬워했다. 교실에 와서 자기가 한 일에 대한 글쓰기를 했다. 쓴 글을 보니 책 읽기에 대한 몇 가지 문제점이 드러났다.

1학기 때와 똑같은 책(주로 화보집이나 만화책)만 읽는 아이들이 있다. 저학년 때도 그렇고 5학년이 다 지나가도록 이런 책만 읽는다. 이유가 뭘까? 공개적으로 아이에게 몇 마디 이야기를 하고 싶었지만 참았다. 또 『공룡세계에서 살아남기』나 『대장금』 같은 명랑만화만 보는 아이들도 있다. 주로 남학생들이 많은데 줄 글로 된 책이 따분하다고 생각한다. 마지막은 영화를 책으로 만든 것이나 짧게 요약된 책만 골라 읽는 아이들이다. 이런 책은 편집도 원색적이고 제목도 너무 자극적이다. 그런데 아이들은 이런 책을 좋아한다. 왜냐하면 길고 두꺼운 책보다 읽기 쉬워서다. 이 문제에 대해 아이들이 낸 의견은 이렇다.

"그림으로 된 짧은 책들과 만화만 읽는 아이들은 선생님이 재미있는 책을 앞부분만 읽어 주기를 하고 나서 뒷부분은 스스로 읽기를 한다. 또 짧은 글만 읽는 사람들은 원작을 읽거나 한 작가를 정해서 그 작가가 쓴 책을 모두 읽어 본다."

스스로 정한 것이니 일단 해 보기로 했다. 이렇게 도서관 수업을 계획한 또 다른 이유가 있다. 일전에 전국초등국어교과 모임에서 독서 교육에 관해 사례 발표를 한 적이 있다. 그 자리에 오신 춘천교대 김상욱 교수님의 질문이 유독 기억에 남았다.

"발표 잘 들었습니다. 그런데 최 선생님께 배우는 아이들은 국어 능력이 많이 신장되었나요? 다른 반이랑 차이가 있습니까? 있다면 그것은 어떤 내용인지 궁금합니다."

질문에 대해 구체적으로 이렇다고 대답하지 못했다. 그 이유는 다른 반과 아이들의 능력을 비교해 보겠다는 생각을 한 적이 거의 없었고, 오랫동안 초등국어교과 모임에서 함께 공부하고 수업한 것에서 독서교육이나 국어교육에 대한 고민을 마무리했기 때문이다. 하지만 그 질문은 여전히 내 가슴에 남아 풀리지 않은 숙제였다. 그래서 좀 더 오랫동안 자세하게 아이들을 관찰하고 싶어서 '도서관에서 일주일 살기'를 기획한 것이다.

2월 8일 목요일 셋째 날 이야기

도서관 수업 삼 일째다. 어제는 도서관 가는 길이 너무 시끄러워 잔소리를 했다. 오늘은 조용히 하려고 노력하는 모습이 보였다. 아이들은 집중해서 읽는 시간이 늘어나고, 책 속으로 몰입하는 데 걸리는 시간이 점점 짧아졌다. 읽고 나서 '배움 공책'에 내용을 적어 두는 아이들도 보였다. 3, 4교시 책을 읽고 5교시에 책 읽은 이야기를 나누었다.

가장 재미있었던 활동은 '친구야, 이 책 한번 읽어 봐!'였다. 듣는 아이들이 "친구야!" 하면 이야기하는 아이가 "이 책 한번 읽어 봐!" 하며 책 이야기를 해 주는 것이다. 아이들이 추천한 책은 다음과 같다.

희교 『문제아』를 읽었어. 제목이 눈에 띄었고 노래도 있고, 왜 문제아인지 생각해 보게 되었어. 또 자유롭지 못한 사람들과 힘이 없는 아이들이 어려움 당하는 이야기가 많지만 감동이 있었어. 꼭 읽어 봐.

강현 『교환일기』 책을 소개할게. 부모님과 떨어져 작은아버지 집에 사는 아이가, 자기가 겪는 어려움을 친구들과 일기를 쓰며 씩씩해져 간다는 이야기가 감동이고 지금 우리들 마음을 알 수 있는 책이야.

슬기 『우리는 왜 싸우는 거지?』란 책을 보며 떠돌이 개에게도 삶이 있다는 걸 알게 됐어.

남기 『핵 폭발 뒤 최후의 아이들』은 정말 진실하게 보여 줘. 핵폭발과 관련하여 사람들이 죽게 되고 살아남은 아이들이 얼마나 고통을 당하는지 알게 돼. 이런 책은 핵을 만들고 사용하는 어른들이 꼭 읽어 봐야 해.

정영 『애니의 노래』는 할머니의 죽음을 막으려는 애니와 이를 말리고 담담하게 죽음을 맞이하는 할머니의 모습이 아름다워.

일훈 삼 일 동안 『거울전쟁 1-3』을 다 읽었어. 이 책은 다른 판타지와 다르게 도움 신들이 자신을 희생해서 두 아이를 살리는 모습이 인상 깊었고, 마지막 라흐의 원래 모습이 거북이와 악어족이 결합된 것을 보며 부족 신앙이 무엇인지 알게 되었어. 또 이런 신화를 읽는 것은 그때 그 사람들의 생각을 알 수 있으니까 다른 친구들도 꼭 읽었으면 좋겠어.

상명 『이순신을 만든 사람들』을 읽고 그동안 알았던 이순신은 혼자서 영웅이 된 장군인 줄 알았는데, 나대용을 비롯해서 많은 사람들이 힘을 합쳤기 때문에 왜구를 무찔러 훌륭한 장군이 되었다는 사실을 새롭게 알게 되었어. 무엇보다 이순신의 훌륭한 점은 '훌륭하고 능력 있는 사람들을 알아보는 지혜로움에 있다'는 것을 알게 되었어.

친구들이 책 소개하는 것을 듣고 있던 성민이가 "책은 많이 읽었는데 지금 기억에 남는 것이 하나도 없다."라고 했다. 그러자 혜진이가 "성민이는 『먼나라 이웃나라』나 『Why?』시리즈나 잡지처럼 내용이 많은 책을 읽기 때문에 적지 않으면 생각나지 않는 거야."라고 했다. 승범이도 "맞아요, 저는 『맹꽁이 서당』을 읽었는데 병자호란 이야기가 나왔어요. 그런데 생각이 안 나서 다음부터 꼭 적어야겠어요." 한다. 성민이는 쓰는 걸 무지 싫어하는데 혜진이의 의견을 받아들일지 잘 모르겠다고 했다.

삼 일간 도서관 수업을 하면서 아이들이 여러 가지 변화를 보였다. 우선 책을 보는 힘이 길러졌다.

슬기 『엘리자베스』라는 책을 읽었어. 이 책은 책 표지부터 심상치 않아. 펜으로 그린 그림은 정말 살아 움직이는 모습을 보는 듯해.

소연 『히로시마』라는 그림책을 보았는데 그림의 크기가 커서 히로시마 섬이 더 실감나게 느껴졌어.

세형 오늘도 3교시에 도서관에 갔어. 나는 처음에 『산에서 살아남기』를 읽으려다 친구들이 그런 만화책만 보면 안 된다 그래서 『Why? 외계인』을 읽었어. 나는 처음에 외계인이 없을 것 같았으나 책을 읽고 나서 있을 수도 있겠다는 생각이 들었어.

이처럼 그림책 읽기에서 표지와 그림을 자세하게 보는 눈이 길러졌다. 특히 책 표지부터 꼼꼼하게 보고 표지에 담긴 정보를 읽는 아이들이 생겨났다. 또한 세형이처럼 읽을 책을 고를 때 책에 대한 정보를 공유하는 과정에서 책을 평가하는 힘이 생겨났다.

두 번째는 화보와 컬러판 도감만 보던 아이들이 줄 글로 된 책을 본다는 것이다. 처음엔 사진이 실린 곤충도감이나 잡지를 읽다가, 곤충에서 식물로 생태계 전체에 대한 정보를 주는 책으로 관심이 넓어졌다. 또 사진 자료뿐 아니라 세밀화로 그린 작품을 보고 '배움 공책'에 그리며 곤충의 특징과 그 생김새를 자세하게 알게 되는 것이다. 도서관에서 지낸 삼 일은 무척 재미난 이야기를 만들 수 있는 시간이었다.

2월 14일 수요일 마지막 날 이야기

5학년 마지막 수업을 했다. 한 해 동안 가장 많이 했던 책 읽기와 문학 수업, 그리고 도서관 수업에 대해 아이들이 쓴 글을 읽고 이야기를 나누었다. 아이들은 책을 읽은 후에 적는 것을 제일 힘들어 했다. 줄거리 간추리기나 내용 요약 정리를 어려워하는 아이들에게 내가 하는 방법을 이야기 해 주고 독서 공책을 보여 주었다. 책 제목을 쓰고, 지은이와 출판사 그리고 가장 재미있었던 대목이나 기억나는 캐릭터 그리기도 하고, 마인드맵으로 정리한 것을 보여 주었다. 쓰기를 가장 힘들어했던 성민이가 "우와, 선생님도 이렇게 하는구나. 그래도 쓰기는 힘들어." 했다. 그래서 길게 쓰지 말고 꾸며서 쓰지 않고 짧게 한 줄, 한 마디만 적어도 된다고 했더니 알았다고 했다. 성민이와 비슷하게 쓰기를 싫어하는 아이들에게는 굳이 독후 활동이나 쓰기를 시키는 것은 책과 멀어지게 하는 지름길이다. 독자로써 아이들이 가진 읽기와 읽지 않기의 자유를 절대 잊지 말아야겠다.

그리고 아껴 두었던 동화 「메리트 공주님」(아스트리드 린드그렌 글, 일론 비클란트 그림, 『난 뭐든지 할 수 있어』, 창작과비평사)을 읽어 주었다.

옛날 옛날에 한 공주님이 살다가 죽었습니다. 죽을 때 공주님은 겨우 여덟 살이었습니다.

첫 문장을 읽어 주었더니 아이들이 한마디씩 한다.

"첫 문장이 너무 허무한데 재미있어요."

"정말 죽었어요? 공주님이? 왜 죽었어요?"

"겨우 여덟 살에? 어디 아팠나요?"

역시 첫 문장의 힘이 어떤 것인지 알 수 있었다. 책을 읽다 보면 첫 문장이 얼마나 중요한지 알게 된다. 권정생 선생님의 『몽실 언니』나 『강아지똥』도 모두 첫 문장에 아이들의 귀와 마음이 쏙 빨려 들어가기 때문이다.

어느 때보다 귀를 기울여 듣는 아이들. 목청을 돋우어 재미나게 읽었다.

시간이 흘러 서서히 봄이 왔습니다. 봄이 오면 아이들에게는 뭔가 일이 생긴답니다.

"애들이 완전히 정신이 나갔어."

어느 날 아이들이 제 시간에 학교에서 집으로 돌아오지 않으면, 어른들은 그렇게 말할 겁니다. 맞아요. 봄이 되면 아이들은 완전히 정신이 나간답니다. 다른 어느 때에도 볼 수 없는 멋진 날들을 보내게 되니까요.

그것은 3월이 되어 눈이 녹으면서 시작됩니다. 그때가 되면 아이들은 학교에서 집으로 돌아오는 길에 할 일이 너무나 많습니다. 흙탕물을 튀기며 지나가야 하는 커다란 웅덩이들이 길 여기저기에 생기지요. 가끔 웅덩이와 무덤 위에 살짝 얼어 있는 얼음은 확실하게 깨뜨려 줘야 합니다. …… 그리고 5월이 되면 식사 시간을 지킬 수 있는 사람이 누가 있겠어요? 집집마다 새끼 양과 강아지가 태어나고, 들판에는 앵초가 가득 피어나며, 수풀을 헤치고 다니면서 인디언 놀이를 하는 아이들 얼굴에는 햇볕이 따사롭게 내리쬡니다.

이처럼 메리트네 반 아이들이 얼마나 신나게 노는지가 생생하게 그려져 있어 듣고 있던 우리 반 아이들은 배가 아플 만큼 부러워했다.

"우리는 1학년 때 그렇게 못 놀았는데!"

"맞아, 학원 다니느라고 못 놀았지. 아이고, 배 아파라."

메리트가 자신이 좋아하는 요나스 페터에게 굴러오는 바위를 온몸으로 막은 장면에서는 "아! 어떻게?" 하고 탄식을 했다.

메리트가 땅에 묻히는 날 같은 반 아이들은 메리트가 죽어서 너무 슬펐지만 장례식이 끝나자 요나스 페터가 발견한 새 둥지를 보러 학교 뒤에 있는 장작더미로 가는 마지막 장면을 읽어 줄 때까지 아이들은 차분하게 나를 바라보았다. 내가 이 책을 읽고 나서 가슴이 찌르르했던 것처럼 아이들의 표정에서도 그런 마음이 읽혔다.

"선생님은 이 책을 읽고 나서 한참을 그대로 앉아 있었어요. 그리고 메리트 공주님처럼 웃으면서 바위 쪽으로 곧장 달려갔던 사람이 떠올랐답니다."

"그게 누구예요? 그 사람도 죽었나요?"

"아니요. 살아있어요."

"이야기 해 주세요."

"그 사람은 여러분도 알고 있는 동화 『문제아』를 쓴 박기범 작가예요. 2003년에 미국이 이라크를 쳐들어가서 전쟁이 났지요. 그때 이라크 아이들을 위해 인간 방패가 되겠다고 전쟁터로 달려간 사람이 바로 박기범 선생님이랍니다. 동화를 쓰는 선생님은 이라크 아이들이 전쟁 때문에 고통받고 죽어가는 것을 그냥 보고만 있을 수 없었다고 해요. 그래서 메리트 공주님처럼 맨몸으로 이라크로 갔답니다. 지금도 이라크 어린이를 돕는 일을 계속하고 있지요."

"선생님? 그럼 지하철에서 다른 사람을 구하려다 죽은 사람도 똑같아요?"

희교의 말에 아이들은 모두 "그래, 그래." 하면서 고개를 끄덕였다.

"우리가 5학년을 마치고 헤어지면서 왜 이 이야기를 읽었을까? 생각해 보세요."

"착하게 살라고요."

"다른 사람을 도와주라고요."

"맞아요, 그런 마음도 있어요. 메리트 공주님처럼 여러분도 몸과 마음을 모두 던져서 하고 싶을 만한 것을 찾길 바랍니다. 하고 싶은 일을 하는 건 참 행복한 일이지요. 메리트네 반 아이들처럼 밖에 나가 자연과 맘껏 놀 수 있으면 좋겠지만 그러지 못할 때는 책을 따라가 보세요. 책을 따라 가다 보면 새로운 사람도 만나고 새로운 세상도 만나게 될 거예요. 또 우리들 마음이 너그러워지고 풍성하고 행복해져요."

"선생님이 책을 좋아하니까 저도 책을 많이 읽게 돼서 참 좋았어요."

상명이의 말에 여러 명 아이들이 "나도, 나도." 하며 소리를 쳤다.

"저는 김종렬 작가님도 알게 되고 메일도 주고받아서 좋아요."

윤주가 말했다.

“샤를 페로가 쓴 책은 다 재미있다는 걸 알게 되었어요.”

“『샬롯의 거미줄』을 읽었는데 영화로 만들어졌대요. 그래서 꼭 보러 갈 거예요.”

혜진이와 강현이도 행복한 얼굴로 이야기를 했다.

“어른들은 만화책이 나쁘다고 하는데 그렇지 않다는 걸 알아주었으면 좋겠어요. 『공룡세계에서 살아남기』를 읽었는데 기후 변화랑 공룡의 종류, 진화, 생태계에 대해 많을 걸 알게 되었어요.”

일주일 동안 책과 함께한 도서관 경험은 아이들에게 새로운 것을 알려 주었고 자기 목소리를 내게 해 주었다. 책을 읽으면서 성장하는 아이들. 그 아이들을 믿으며 마지막 악수를 힘차게 하고 손을 흔들며 헤어졌다.

사랑하는 5학년 3반 아이들아! 우리 책 속에서 또 만나자.

아이들이 쓴 글

● 나는 4학년 때와 5학년 지금이랑 너무 다르다. 4학년 때는 줄 글이 싫어서 만화책만 읽었다. 그렇지만 지금은 줄 글을 읽으려고 노력한다. 가장 기억에 남는 책은『수호천사 대소동』이다. 그 책은 용기를 주고 나에게 힘이 돼 주는 책이다. 지금처럼 쭉 나에게 힘이 되는 책과 공부와 관련 있는 책, 지혜로운 책, 내 꿈과 관련된 책을 많이 읽을 것이다. 그리고 내가 아는 작가 중에 가장 기억에 남는 작가는 김종렬 님이다. 책을 가장 좋아하시는 우리 담임선생님께서 소개해 주셔서 알게 되었다. 나는 김종렬 작가와 메일을 주고받는다. 김종렬 작가님께 메일을 보내면 기분이 좋아진다. 김종렬 작가님은 나뿐 아니라 다른 사람에게 용기와 희망, 웃음과 행복을 주는 분이다. 내 꿈이 작가는 아니지만 나중에 크면 김종렬 작가처럼 다른 사람에게 용기와 행복과 희망을 주는 사람이 될 것이다. 이것을 우리

나라 사람들에게 전하고 세계 여러 나라 아이들에게도 전하고 싶다.

윤주

● 어제까지 도서관에서 긴 수업을 했다. 도서관 수업을 하다가 떠들어서 규은이, 남기, 병헌이랑 책 정리를 하였다. 책 정리를 하다 보니 모르는 책이 참 많았다. 책 정리를 하고 나서 만화를 읽었다. 육식 공룡은 성질이 난폭했다. 하지만 자기도 먹고 살려고 그러는 건데 나도 인정을 하겠지만 초식 공룡은 아무 죄도 없는데 먹히니까 참 안됐다. 생태계의 먹이사슬이라는 말도 알게 되었다. 그래도 초식 공룡은 육식 공룡을 원망할 것 같다.

태용

● 나는 도서관에 갈 때 싫은 것이 하나 있다. 그 하나가 뭐냐 하면 바로 책을 읽고 공책에 적는 것이다. 처음에는 싫지 않았었다. 그런데 계속 쓰다 보니 좀 귀찮아졌다. 공책에 쓸 내용도 많았다. 그걸 맨날 쓰니 귀찮고 싫었다. 하지만 즐거웠을 때도 있었다. 『고구려사 이야기』를 읽고 쓰는데 재미있었다. 그 책은 1, 2권이 있는데 1권은 동명성왕부터 서천왕까지 이야기들이다. 고구려 왕은 다 성실하고 지혜롭고 씩씩한 줄 알았는데 자기 마음에 들지 않으면 신하를 죽이고 자식도 죽이는 왕도 있었다는 걸 알았다. 또 그 책은 왕들의 자식과 왕비 이름이 쭉 나와 있어서 더 좋았다.

성민

● 이번 5학년이 끝나는 마지막 주에는 매일 도서관에 갔다. 오래 읽으니까 지겹기도 했고 또 귀찮을 때도 많이 있었다. 하지만 책 속은 빠져들면 다시는 나올 수 없는 함정 같았다. 때로는 컴퓨터보다도 중독성이 강하다. 이런 책에 나는 흥미가 있고 자꾸 눈길이 간다. 그 중에 재미있던 책이 집에서 읽은 『뢰제의 나라』, 『황금박쥐 형제의 모험 1, 2』, 그리고 학교에서 읽었던 『이순신을 만든 사람』이다. 학교에서 읽은 이 책은 우리의 편견을

깨는 책이라 더 재미있었다. 『뢰제의 나라』는 우리가 상상할 수 없는 죽음의 나라를 재미있게 표현해서 기억에 남는다. 이런 책들을 더 많이 읽고 싶다.

상명

● 내 짝 상명이가 『이순신을 만든 사람』을 읽고 재미있다고 했다. 난 4학년 때 계속 만화만 봐서 중독이 된 적도 있었다. 요즘은 『율리시스 무어1-시간의 문』과 『이순신을 만든 사람』을 읽었다. 『이순신을 만든 사람』을 읽고 많은 사람들의 노력으로 거북선이 만들어졌다는 걸 알게 되었다. 우리 반은 친구들끼리 도움을 받기도 하지만 의견이 맞지 않으면 큰 전쟁이 일어나고 말싸움을 한다. 그래도 책 이야기를 할 때 다시 친해졌다.

진태

● 겨울방학 끝나고 도서관을 자주 갔다. 나는 주로 만화책을 읽었다. 글책도 읽고 '배움 공책'에 내용을 쓰기도 했다. 남은 시간 동안 주로 '살아남기 시리즈'를 많이 보았다. 어른들은 이런 책은 좋은 내용이 없고 읽지 말라고 그러고 쓸모없는 내용만 있다고 하는데 나는 이해가 안 된다. 우리에게 도움이 되는 내용도 많다. 예를 들어 『공룡세계에서 살아남기』라면 공룡에 대한 많은 지식을 알 수 있게 된다. 또 아마존, 바다, 사막, 무인도, 빙하, 초원, 시베리아, 곤충, 생태계 이런 것에 관련된 지식과 사실도 많이 들어있다. 나는 어른들이 이런 책을 읽지 말라고 하지 않았으면 좋겠다.

정영

● 나는 도서관을 다니며 논술 학원과 차이를 느꼈다. 우선 도서관은 논술 학원들과 달리 자유로운 분위기에서 책을 읽을 수 있다. 논술 학원은 지정된 책을 읽고 이야기를 하는 반면 도서관은 여러 책을 읽고 이야기를 할 수 있다. 또 학원비 같은 돈도 내지 않고 입장을 할 수 있고 몇 시간을 읽든지 상관이 없다. 하지만 도서관의 나쁜 점도 있다. 책을 함부로 다루

는 사람들이 있어 너덜너덜하게 찢어진 부분이 있어 책을 못 읽는 경우가 있다. 그리고 학원과 같이 간섭하는 사람이 별로 없어 뛰거나 소리치는 사람도 있다. 그래서 집중하기 힘들다. 하지만 책을 소중히 하고 도서관에서 엄숙한 분위기를 만들면 도서관은 책 읽기에 더없이 좋은 곳이다.

일훈

● 나는 특히 5학년 때 도서관을 많이 갔다. 한우리 논술을 하는데 논술은 우리가 좋아하는 책이 아니어도 읽어야 하고 한우리 교과서대로 생각을 정리해야 한다. 하지만 이번 도서관에서는 내가 좋아하는 책을 내 마음대로 골라서 보고 내 생각을 자유롭게 표현할 수 있었다. 나는 이제까지 책을 많이 읽지 못했다. 하지만 이번 일주일은 내가 자유롭게 책을 읽은 시간이었다. 책을 골라 읽으면 재미있고 책에 더 흥미를 가질 수 있다는 것을 깨달았다. 하지만 내가 6학년 때도 이렇게 읽을 수 있을까? 걱정이 앞선다. 이번 일주일은 새 학년이 올라가기 전의 행복한 일주일이었다. 6학년 때는 나 혼자서라도 도서관에 가서 책을 읽어야겠다.

현정

● 나는 처음에 책이 싫었는데 『내 고추는 천연기념물』이라는 책을 읽고 나서 책의 재미를 알게 되었다. 『내 고추는 천연기념물』의 내용은 이 아이가 포경을 해야 돼서 엄마가 병원에 끌고 갔는데, 아이는 포경수술을 하기 싫어서 병원에서 도망을 치고, 결국에는 포경을 안 하는 내용이다. 책을 읽으면서 '나도 포경수술 꼭 해야 하나? 포경수술 하면 아플 텐데.' 이런 생각도 들었다. 이 책을 읽어 보면 책의 재미를 느낄 수 있다. 읽어 본 사람들도 있겠지만 만약 읽지 않은 친구들은 읽어 보면 좋겠다.

도현

● 요 며칠 동안 계속 도서관에 갔다. 『모모』와 『샬롯의 거미줄』, 『11살에 천사가 된 아이』, 『샤를 페로의 꼬마 엄지』, 『톰 아저씨의 오두막 집』, 『착

한 발자국』을 읽었다. 아니, 더 많이 읽었다. 며칠 동안 책을 읽으니까 기분이 좋다. 그중 『샤를 페로의 꼬마 엄지』는 동화책인데 작가분이 선생님께서 소개해 주신 '샤를 페로'라서 읽어 보았다. 프랑스 동화를 쓴 책을 읽어 보았는데 동화라서 그런지 느낌이 포근했다. 다른 책도 찾아서 읽고 싶다. 이제는 정말 도서관에 가면 재미있고 좋은 책을 읽고 있다. 친구들이 나한테 책을 많이 추천해 주었으면 좋겠다. 내가 고른 것보다는 친구들이 나에게 추천해 준 책이 더 재미있으니까.

혜진

● 다 읽지는 못했지만 오늘 읽은 『샬롯의 거미줄』은 참 새로웠다. 사람의 이야기보다 거의 동물 이야기였기 때문이다. 이번에 개봉하는 영화 『샬롯의 거미줄』도 꼭 보고 싶다. 영화라면 또 다른 새로움을 느낄 수 있기 때문이다. 그리고 『히로시마』는 그림책으로 짧지만 그때의 끔찍한 일이 일어나기 전과 그 과정들을 그림으로 그려서 표현하니 무섭기도 하고 인간이 하는 행동은 참 무섭다는 생각까지 들었다. 그때 일은 되풀이 되면 안 될 사건 중 하나이다. 6학년이 되면 책을 많이 읽으시는 선생님을 만났으면 좋겠다. 이유는 시간이 없어 책을 못 읽을 때 학교 수업에서 책 읽는 수업을 하면 꾸준히 책을 읽을 수 있기 때문이다. 지금처럼 많이 읽을 기회가 왔으면 한다.

강현

● 나는 옛날에는 도서관을 자주 안 갔다. 5학년이 돼서 도서관을 자주 이용했다. 도서관 책 중에 가장 많이 읽은 것은 과학책이다. 내가 왜 과학책을 많이 읽었냐하면 거의 다 생물에 대한 이야기가 재미있기 때문이다. 내 꿈은 호랑이 사육사가 되는 것이다. 동물원에서 일하고 신기한 동물들과 같이 지내고 싶다. 또 깨끗한 환경에서 사는 민물고기들도 많이 알고 싶다. 그런데 환경은 점점 오염되고 있다.

남기

한 해 동안 책 읽기에서 느낀 점

● 난 책 읽기를 싫어한다. 만화책이면 몰라도. 엄마는 하루에 2시간씩 책을 읽으라고 하지만 학교 다녀오자마자 학습지 하고 씻고 학원 갔다가 와서 밥 먹고 학교 숙제하고 나면 책 읽을 시간은 없다. '주몽' 보는 시간이 제일 좋다. 하지만 동화책은 누가 읽어 주는 게 생각이 잘 되고 지겹지 않다. 선생님처럼 책을 읽어 주고, 그림도 그리고, 뒷부분도 상상하여 쓰고 하면 재미있고 책이 이해가 잘 된다. 하지만 5학년을 마치고 앞으로 계속 쌤이 읽어 줄 수 없으니까 혼자서 책을 재미있게 읽어야겠다. 난 책 읽기를 하면서 나의 문제점을 찾았다.

① 난 가만히 있지 못하고 다리를 떤다.

② 책을 꾸준히 읽지 못하고 텔레비전이나 비디오 보는 걸 좋아한다.

이 문제점이 잘 고쳐지지 않는다. 앞으로 노력해서 두 가지 문제점을 고쳐야겠다.

지난번 『노란 두더지』를 읽고 김종렬 쌤께 메일을 보내고 내 문제점을 고칠 방법을 알아냈다.

① 책을 무조건 빌리거나 사지 않고 도서관에 가서 반을 읽어 보고 반은 빌려서 읽는다.

② 놀 때는 열심히 힘들게 놀고, 공부할 땐 오렌지 주스 한잔하고 시원하게 공부한다.

앞으로 이렇게 실천하며 6학년에 올라갈 것이다.

진태

● 1학기에는 내가 책을 많이 읽지 않는 편이라서 글을 쓰는 것도, 읽는 것도 지루했다. 만화에 소질이 없어서 만화로 그리거나 그림으로 나타내는 것도 그리 좋지만은 않았다. 그래서 심심할 때 보고 싶은 책을 보는 게 전부였다.

하지만 선생님께서 쓰신 글을 자주 읽어 주고 듣다 보니 나도 글을 잘 쓰고 싶어졌다. 어느 날 선생님께서 시를 쓰라고 하셨다. 그때는 잘 쓰겠다는 생각으로 썼지만 내가 생각하기에 좋은 시가 아니었다. 1학기 끝날 때쯤 다시 한번 시 쓰기를 했는데 느낀 그대로를 썼다. '이번에도 별수 없군!' 이런 생각을 했지만 이번에는 달랐다. 좋은 글이 된 것이다. 했던 말을 그대로 썼는데 말이다. 그 후로 지금까지 뒷이야기 상상하기와 일기 쓰기가 생활화되었다. 그래서 선생님께서 읽어 주시는 글을 귀 기울여 들었다.

지금 가장 생각나는 책이 『찐찐군과 두빵두』이다. 그리고 「다랑리에 사는 민우」가 기억이 난다. 찐찐군과 두빵두가 친해지는 것도 재미있고, 민우의 변화가 마음으로도 그려지는 재미있는 책이었다. 작년과는 다르게 책 읽기 능력을 많이 길렀고 앞으로도 이런 재미있는 수업을 하고 싶다.

상명

● 나는 선생님께서 책을 읽어 주실 때 집중해서 들은 적도 있고, 딴 짓을 하면서 들은 적도 있다. 하지만 집중해서 들었건 딴 짓을 하면서 들었건 선생님께서 읽어 주시는 책은 다 재미있었다. 그중에서 『똥떡』과 「오구신 바리데기」가 가장 재미있었다. 그 이유는 내용을 이해했기 때문이다. 나는 무엇보다 교과서로만 공부하지 않고 여러 가지 책을 읽으면서 생각을 넓혀가는 게 좋다.

현정

● 나는 5학년 한 해 동안 우리 선생님과 많은 책을 읽었다. 선생님은 「엄마 몰래 탈출하기」, 『똥떡』, 『찐찐군과 두빵두』, 『청소녀 백과사전』 등 정말 많은 책을 읽어 주셨다. 그 중에서 어제 읽어 준 책이 「오구신 바리데기」였다. 내용은 슬펐다. 하지만 부모님에 대한 효행심이 느껴졌다. 뭐, 선생님이 읽어 주신 책은 모두 재미있게 들었지만 어제 이야기는 우리나라

신화 이야기라서 그런지 유별나게 재미있었다.

사실 우리나라 신들을 조사하는 과제를 하면서 우리나라 신들이 이렇게 많다는 것이 무척 놀라웠다. 또 선생님이 바리데기가 여행하던 곳을 그림지도를 그리며 이야기해 주셔서 더 알기 쉬웠다. 책 내용을 들으며 부모님과 효도에 대해 생각해보았다. 바리데기는 어떻게 그렇게 참을성이 많고 생각이 깊을까? 나 같으면 아버지를 살릴 다른 방법을 찾아보던가 아니면 포기를 했을 텐데. 바리공주는 정말 대단하다. 그래서 죽음의 신이 된 것일까? 나도 이제부터는 열심히 노력해서 삶을 살아 볼 생각이다.

혜진

아이들이 쓴 글 속에 아이들의 삶이 들어있다. 자신을 발견하는 아이들의 문장이 반짝거린다.

"난 책 읽기를 싫어한다. 만화책이면 몰라도." 같은 말을 하는 아이가 "동화책은 누가 읽어 주는 게 생각이 잘 되고 지겹지 않다. 선생님처럼 책을 읽어 주고, 그림도 그리고, 뒷부분도 상상하여 쓰고 하면 재미있고 책이 이해가 잘 된다."고 말하게 된다. 이런 경험은 결국 "지난번 『노란 두더지』를 읽고 김종렬 쌤께 메일을 보내고 내 문제점을 고칠 방법을 알아냈다."로 발전했고 "앞으로 이렇게 실천하며 6학년에 올라갈 것이다."라는 성장을 보여 준다.

이 글을 쓴 아이는 평범한 남자 아이이다. 책 읽기를 싫어하고 축구만 좋아했는데 이제는 책 읽기의 맛을 보고 조금씩 책 읽기를 즐기는 모습을 볼 수 있다. 동화를 읽고 함께 이야기를 나누는 동안 아이들은 조금씩 자라고 있었다.

고학년 동화 읽기

현재 5, 6학년 아이들은 입시 체제에 편입되면서 매우 바쁜 생활을 한다. 학교와 학원 공부로 지친 아이들에게 책 읽기는 해야만 하는 힘든 과제가 되기 쉽다. 사춘기를 막 시작한 아이들은 자신에게 일어나는 급격한 몸의 변화나 친구와의 갈등, 부모님과 사회에 대한 반항과 같은 알 수 없는 감정의 격랑을 지나게 되고 이런 문제를 각자 방에서 인터넷과 같은 사이버 공간에서 가장 쉽게 해결하고 있다.

실제 아이들과 이야기를 해 보면 어떤 시기보다 자기 주변과 사회 문제에 대해 민감하고 왕성한 지식욕을 가지고 있다. 그래서 고학년 아이들과 함께하는 책 읽기는 주로 삶을 단층으로 정확하게 포착하여 선명하게 드러내는 단편 동화들을 찾아 주제 중심으로 나누어 전체 작품을 읽었다.

토론과 간단한 비평 활동을 통해 책과 자신의 현실을 비추어 보고 내 생각과 다른 사람의 생각을 견주어 보며 공감하는 책 읽기를 경험하였다. 취향이 각기 다른 아이들은 서로 다른 책을 소개하며 새로운 정보를 나누고 함께 읽기의 재미를 느낄 수 있었다.

1. 주제별 동화 읽기

주제	단편동화	단행본 출처
사춘기 (이성교제)	청소녀 백과사전	**청소녀 백과사전**(김옥 글, 나오미 양 그림, 낮은산)
	착한 아이	**또야 너구리의 심부름**(권정생 외 글, 김경연 원종찬 엮음, 창비)
	껌	**주병국 주방장**(정연철 글, 윤정주 그림, 문학동네)
	우리들의 움직이는 성	**짜장면 불어요**(이현 글, 윤정주 그림, 창비)
친구관계	친구	**지구를 떠나며**(최금진 외 글, 이영림 그림, 푸른책들)
	학급 문고 책 도둑 사건	**힘을, 보여주마**(박관희 글, 변영미 그림, 창비)
	다복이가 왔다	**힘을, 보여주마**(박관희 글, 변영미 그림, 창비)
	문제아	**문제아**(박기범 글, 박경진 그림, 창비)

주제	단편동화	단행본 출처
장애	잇자국	**우리 누나**(오카 슈조 글, 카미야 신 그림, 김난주 옮김, 웅진주니어)
	해룡이	**사과나무 밭 달님**(권정생 글, 정승희 그림, 창비)
	오뚝이학교 5학년 2반 이야기	**왔다갔다 우산 아저씨**(공진하 글, 변병준 그림, 청년사)
평화, 통일	나는 평화를 꿈꿔요	**나는 평화를 꿈꿔요**(유니세프 지음, 김병무 옮김, 비룡소)
	용원이네 아버지와 순난이네 아버지	**짱구네 고추밭 소동**(권정생 글, 김병호 그림, 웅진주니어)
	바닷가 아이들	**바닷가 아이들**(권정생 글, 이혜란 그림, 창비)
자아	똘배가 보고 온 달나라	**똘배가 보고 온 달나라**(권정생 외 글, 윤정주 그림, 창비)
	가끔씩 비 오는 날	**가끔씩 비 오는 날**(이가을 글, 이수지 그림, 창비)
	만년샤쓰	**엄마 마중-겨레아동문학선집1**(방정환 외 글, 겨레아동문학연구회 엮음, 보리)
	하늘을 날다	**하늘을 날다**(김남중 글, 홍선주 오승민 조승연 정소영 그림, 낮은산)
정의	마지막 승리	**마지막 승리**(이현주 글, 이태호 그림, 효리원)
	하늘은 맑건만	**집을 나간 소년** (현덕 글, 윤정주 그림, 숲속나라)
	권구 시합	**집을 나간 소년** (현덕 글, 윤정주 그림, 숲속나라)
동물	달려라 바퀴!	**달려라 바퀴!**(최정금 외 글, 양경희 그림, 바람의 아이들)
	사격장 독구	**너만의 냄새**(안미란 글, 윤정주 그림, 사계절)
	너만의 냄새	**너만의 냄새**(안미란 글, 윤정주 그림, 사계절)
생명	나를 싫어한 진돗개	**자존심**(김남중 글, 이형진 그림, 창비)
	빼떼기	**바닷가 아이들**(권정생 글, 이혜란 그림, 창비)
	자존심	**자존심**(김남중 글, 이형진 그림, 창비)
판타지 & 호러	기다란 머리카락	**금이 간 거울**(방미진 글, 정미진 그림. 창비)
	돌멩이	**신기한 시간표**(오카다 준 글, 윤정주 그림, 박종진 옮김, 보림)
	청소함	**신기한 시간표**(오카다 준 글, 윤정주 그림, 박종진 옮김, 보림)

주제	단편동화	단행본 출처
판타지 & 호러	주문이 많은 요리점	**주문이 많은 요리점**(미야자와 겐지 글, 이가경 그림, 민영 옮김, 우리교육)
노동	불새의 춤	**엄마 없는 날**(이원수 글, 권문희 외 그림, 웅진닷컴)
	샤하드	**또야 너구리의 심부름**(권정생 외 글, 김경연 원종찬 엮음, 창비)
가족	나비를 잡는 아버지	**나비를 잡는 아버지**(현덕 글, 원종찬 엮음, 창비)
	독후감 숙제	**문제아**(박기범 글, 박경진 그림, 창비)
	할아버지 숙제	**멀쩡한 이유정**(유은실 글, 변영미 그림, 푸른숲주니어)
	희망	**또야 너구리의 심부름**(권정생 외 글, 김경연 원종찬 엮음, 창비)
	얄미를 이해하기 위하여	**알파벳 벌레가 스멀스멀**(유영소 글, 강전희 그림, 문학동네어린이)
가상현실	엄마 몰래 탈출하기	**해바라기 마을의 거대 바위**(김종렬 글, 홍지혜 그림, 창비)
	친구를 제공합니다	**너만의 냄새**(안미란 글, 윤정주 그림, 사계절)
	대화명 스타짱	**쓸 만한 아이**(이금이 글, 원유미 그림, 푸른책들)

2. 토론하기 좋은 책

순	책 이름	지은이	내용	순	책 이름	지은이	내용
1	고양이 목에 누가 방울을 달 것인가?	전래동화	우정, 통일	9	살꽃이야기	이현주	통일
2	거북이와 토끼	이솝우화	용기, 공존	10	겨자씨의 꿈	조성자	자아실현, 꿈
3	원숭이와 꽃신	정휘창	경제자립	11	강아지똥	권정생	사랑, 꿈
4	만년셔츠	방정환	용기, 사랑	12	불꽃의 깃발	이원수	희생, 생명
5	반장 선거	어린이도서 연구회	올바른 선거	13	떠돌이 연어의 꿈	손춘익	환경
6	꼬마 독재자	박상규	우정, 민주주의	14	나쁜 어린이표	황선미	따돌림
7	벚꽃과 돌멩이	이원수	4.19의거	15	다랑리에 사는 민우	장주식	컴퓨터 게임
8	토끼와 원숭이	마해송	전쟁, 사랑	16	청소녀 백과사전	김옥	이성교제

4

문학 토론과 동화 비평

문학 토론 동아리 '책 먹는 두더지'

지난 2010년 3월부터 한 해 동안 5, 6학년 어린이 10여 명과 함께 문학 토론 동아리 '책 먹는 두더지' 활동을 하였다. 매주 화요일 방과 후에 학교 도서관 이야기 방에 모여 동화 읽기와 토론을 함께 했다.

현행 초등학교 국어과 문학 영역에서 가장 많이 다뤄지고 있는 부분은 '문학 작품 속 인물의 모습과 행동을 통해 인물의 특성을 파악하는' 활동[5]이다. 이번 활동에서는 학습자를 5, 6학년 아이들로 한정하여 '이야기를 이루는 다양한 요소들의 관계를 파악할 수 있다.'를 전체 목표로 설정하면서 인물을 중심으로 문학 비평 활동을 해 보았다.

작품은 1920년대부터 2010년대까지 우리 아동문학 역사에서 어린이 자아의 역동적인 성장을 선명하게 보여 주는 고학년 단편 동화들을 주로

---

5) 인물을 중심으로 하는 수업은 2학년 문학 영역에서 인물에 흥미를 가지고 그 특성을 파악하고, 파악한 내용을 구체적으로 표현하는 능력을 기르고, 6학년에서도 문학 작품에 나타나는 인물 간의 갈등을 파악하는 능력을 길러 인간 삶의 모습에 대한 총제적인 이해와 상상력을 향상 시키기까지 초등학교 전 학년에 걸쳐 반복적으로 제시되어 있다

6) 2006년부터 군포의왕지역의 초등 국어 교과에 관심 있는 교사들이 모여 단편 동화로 여는 국어수업, 교과서 분석, 옛이야기 들에 관해 꾸준히 공부하고 실천하는 모임이다. 특히 삶의 문제를 직접적으로 탐구할 수 있는 주제 중심 책 읽기가 초등학교 고학년 책 읽기에 적합하다는 생각으로 단편 동화를 중심으로 다양한 주제로 책 목록을 선정하고 각 반에서 독서 활동을 전개하고 있다.

7) 4장 글은 필자의 논문 「문학능력 증진을 위한 문학토론 실행 연구」(춘천교대아동문학교육학과 석사논문)의 내용을 발췌, 수정 · 보완 하였다.

읽었다. 동화 목록은 지역의 초등 선생님들과 함께하는 '전국초등국어교과 군포의왕 모임'[6]에서 펴낸 고학년(5, 6학년) 주제 중심 단편 동화 목록을 참고하고 아이들이 추천한 작품도 목록에 포함시켜 교사의 주관적인 편향을 덜어냈다.

토론 과정은 녹취를 하거나 그때그때 중요한 부분을 메모하는 방식으로 정리하여 그 다음 시간에 아이들과 함께 읽어 보고 토론 활동을 이어나갔다. 토론에 참석한 아이들 중 '난다'를 제외한 네 명은 4학년 때부터 독서 활동을 꾸준히 해 온 어린이들로, 꿈이 작가이거나 문학에 관심이 많은 어린이들이다.[7]

함께 한 아이들 소개

초코(5학년, 여)의 꿈은 작가다. 자의식이 강하며 주변 사람들의 관심을 받기 위해 무척 노력하는 편이다. 4학년 때부터 도서관 수업에 성실하게 참여하였고 문학 토론에 대한 흥미가 높아 선정된 도서를 미리 읽어 오거나 관련 자료를 찾아 정리하였다. 본 연구에서는 좋아하는 작가의 작품을 추천하여 토론에 활력을 더하였고 6학년들과도 잘 어울리나 다른 학생들의 말이나 반응에 핀잔을 줄 때도 있어 갈등을 일으키기도 하였다.

미씨(5학년, 여)는 정의로운 경찰이 꿈이다. 토론을 하며 작품 속 인물에 몰입하는 능력이 향상되었고 자신의 처지를 있는 그대로 차분하게 드러내면서 문학이 주는 치유의 힘을 경험하였다. 작품을 읽을 때 다른 학생들이 미처 발견하지 못한 인물의 성격과 감정을 잘 파악하고 자신의 생각을 글로 잘 표현한다.

난다(5학년, 남)는 운동, 특히 축구를 좋아하고 축구 선수가 꿈이며 학급 회장이다. 책 읽기는 어머니가 권하는 걸 주로 읽고 '해리 포터' 시리즈를 무척 좋아한다. 독서 관련 활동은 이번이 처음이지만 질문이 많고 이해 못 한 부분은 다시 물어서 끝까지 확인하려고 하였다. 본인의 생각보다 학부모의 강력한 지지와 격려로 문학 토론을 끝까지 수행하였으며 쓰기를 좋아하지 않았으나 점차 책 읽기와 글쓰기에 대한 거부감이 사라지는 것이 눈에 뜨인다.

두지(6학년, 남)는 장래희망이 SF작가이고 도라에몽 모자를 쓰고 다니는 등 개성이 아주 강한 아이이다. 학급에서는 혼자서 노는 아이로 평가되었다. 또래보다 키가 작고 몸집이 조금 뚱뚱한 편이라 자신의 외모에 불만을 가지고 있다. 최근에 나온 청소년 소설을 감동적으로 읽었으며 캐릭터에 관심이 많다. 토론에서는 엉뚱한 이야기를 많이 하고 자신이 읽은 책을 견주어 작품을 평가하는 비평적 질문과 해석을 잘하지만 집중도가 짧아 다리를 흔들거나 누워서 듣고 말하는 등 엉뚱한 행동을 할 때도 있었다. 특히 토론 정리 과정에서 "꼭 써야 돼요?"라는 질문을 하며 쓰기를 싫어하였으나 후반으로 갈수록 그림과 글을 혼합하여 자신만의 독서 일지를 작성하였다.

곰탱(6학년, 여)이는 키가 크고 털털한 성격으로 듣기를 잘하며 친구와 후배들을 배려하는 행동으로 신뢰감을 주었고, 수업 준비와 뒷정리를 스스로 하는 아이이다. 탐정소설을 매우 좋아하고 작품의 구조에 대해 관심이 많다. 자신의 경험과 현실에 비추어 작품의 쟁점 찾기를 즐겨하고 조리 있는 말투로 사회자 역할을 많이 하였다.

동화 비평의 시작 - 제대로 듣고 내 생각 말하기

아이들에게 처음부터 '토론이 무엇인가? 무엇을 위해 토론을 하는가?'라는 질문을 한다면 애써 토론을 배우고 경험하고 싶었던 마음이 사라질 것이다. 아이들이 말하고 싶은 것을 제때 제대로 말할 수 있도록 분위기를 만드는 것이 우선이다.

가장 먼저 '자기소개'를 했다. 자기 이름과 한자의 뜻, 자신이 좋아하는 것, 재미있게 읽은 책이나 영화, 꼭 해 보고 싶은 일, 토론할 때 불리고 싶은 이름 등을 간단히 기록하고 그것을 바탕으로 말하기와 듣기를 하였다. 그 과정에서 '아, 재는 저렇게 생각하는구나', '나랑 다르구나' 하는 것을 이해할 수 있는 시간이 되었다.

'재미있게 읽은 책 소개'에서 아이들은 개인별 독서 내력과 말하기 능력의 차가 드러났다. 그냥 재미있어서 좋아한다는 아이가 있는 반면, 그 책을 왜 좋아하는지, 어떤 작가의 작품이 어떻게 좋은지 근거를 들어가며 말하는 아이들도 있었다. 두지가 자기가 좋아하는 책이 영화로 만들어졌는데 책을 읽을 때와 영화를 볼 때의 차이점을 말하자 영화만 본 난다가 "그 책, 읽어 보고 싶다."고 했다. 이렇게 책을 소개하는 말하기에서도 아이들끼리 정보를 주고받으며 책에 대한 경험을 더 넓힐 수 있었다.

동아리 이름을 정할 때는 찬반 토론이 벌어졌다. 두 가지 의견이 있었는데 '책 먹는 두더지'와 '책 도둑'으로 나누어져 토론 끝에 '책 먹는 두더지'로 결정되었다.

토론을 하면서 느낀 점 나누기를 했는데 말하는 사람이 적당한 목소리로 알아듣기 쉽고 분명하게 말하는 것과 집중해서 듣는 것이 어려웠다고 했다. 특히 남학생들의 발음이 불분명한 것과 불쾌한 표정이나 놀리는 몸짓 등은 서로 조심해야 할 것으로 드러났다.

우리 아동문학 역사에서 빛나는 지점을 가진 주인공들을 차례로 만나보자는 의도로 방정환의 『만년 샤쓰』부터 시작하여 최근에 나온 작품까지 읽을 순서를 정하고 독서 공책에 목록과 일정을 붙였다.

토론 과정은 자기소개 하기처럼 작품을 읽으며 이야기 나누기를 하고, 첫 느낌을 한 문장 정도 간단히 빨리 쓴 후 돌아가며 발표를 했다. 이때 토론하고 싶은 문제나 궁금한 점을 뽑아서 자유롭게 이야기를 나누었다. 토론 초반에는 집중도를 높이기 위해 교사가 매 시간 활동 목표나 쟁점이 되는 문제를 먼저 설명하기도 했다. 정리 활동은 자기 생각이나 느낌 말하기와 정리하는 글쓰기를 하되 자유롭게 하자는 약속을 정했다.

인물을 알아가는 유쾌한 토론

『만년 샤쓰』

『만년 샤쓰』 © 방정환 글, 김세현 그림, 길벗어린이

아이들이 『만년 샤쓰』에 흥미를 가진 계기는 방정환 선생님이 이 책 작가라는 것을 알고서다. '어린이 날'을 만든 분이란 것만 알았는데 동화를 썼다는 것이 새롭다고 했다.

이 작품이 1927년 3월 「어린이」란 잡지에 소년소설로 실렸다는 사실에서 일제강점기 시대 상황을 떠올려 보고 '할아버지 어릴 때 읽었던 이야기구나! 아빠보다 나이가 더 많으니까 작품이 더 오래 살았구나.' 하는 반응을 보였다.

익살맞지만 속 깊은 주인공 창남이란 캐릭터를 담담한 수채화 기법으로 살려 낸 김세현 작가의 그림도 아이들의 마음에 따뜻한 정감을 일깨웠다.

읽기 전에 책 제목과 그림책 표지를 보고 어떤 내용이 들어있을지 이야기를 나누었다. 문 앞에 서서 머리에 손을 얹고 겸연쩍게 웃고 있는 남자 아이의 모습은 유쾌한 상상을 하게 했다.

아이들은 주인공 창남이의 별명이 '만년 샤쓰'라는 것을 알게 되면서 별명 이야기를 통해 인물에 대한 이해를 넓혀갔다.

은경샘 읽고 느낌이 어땠는지 말해 볼까요?

초코 별명이 만년 샤쓰인 창남이를 알게 되었어요.

난다 나는 별명이 난다야. 형은?

두지 (잠시 주저하다) 밝히면 웃지 않기.

모두 그래, 알았어.

두지 나는 책 먹는 두더지다. 두더지가 나의 캐릭터야.

난다 왜 그렇게 정했어.

두지 언젠가는 나의 고향 알파 P91로 돌아가야 하니까.

모두 뭔 말이야? 완전 이상해.

두지 다 알려고 하지 마. 다쳐.

은경샘 책 먹는 두더지라? 좋다, 그 별명. 너랑 어울려.

초코 나는 초코우유. 달콤하고 쌉쌀한 맛이 좋아. 줄여서 초코라고 불러.

곰탱 나는 곰탱이. 친구들이 곰탱이처럼 생겼다고 그래.

초코 무슨 별명이 그래? 곰탱이로 부르면 기분 나쁘겠다.

곰탱 괜찮은데. 곰탱이, 탱이, 탱이. 좋잖아.

미씨 나는 미주박. 미씨라고 해.

난다 미 씨도 있나?

곰탱 미주박 좋아. 그냥 좋아.

그리고 나서 인터뷰를 통해 창남이의 성격과 생각을 추론하였다.

창남이에게

질문 처음 별명이 무엇인가요?

대답 비행사였죠. 이름이 안창남 씨랑 같다고 해서.

질문 왜 혼자 남아서 철봉 연습을 하였나요?

대답 철봉을 못하니까 연습을 하는 거죠. 될 때까지 해 보는 거죠.

질문 왜 만년 샤쓰라고 불리게 되었나요?

대답 아! 왜냐하면 속옷이 없으니까 못 입었고, 맨몸으로 갔는데 체육 시간에 들통이 난 거지. 남자가 속살을 보이다니.

질문 어머니께서 다른 사람에게 옷을 나눠 주라고 했는데 자신의 생각도 그랬나요?

대답 같은 동네에서 한 가족처럼 지내는 사람들이 불나서 입을 것이 없다는데 당연히 나눠 줘야 한다고 생각했습니다. 그래서 어머니 말씀을 따른 거죠.

질문 그런데 어머니께는 왜 거짓말을 하였나요?

대답 사실 어머니의 말씀을 듣고 마음에 갈등이 있었습니다. 하지만 어머니께 "저 추워서 못 벗어 드려요." 이렇게 말해요? 도저히 그럴 수 없죠. 게다가 어머니는 앞을 보지 못하시고 제가 하는 무슨 말이든 다 믿으시잖아요.

주인공의 말을 통해 창남이의 성격과 특성을 파악한 후 사건과 인물의 관계에 대해 토론을 하였다.

은경샘 주인공 창남이는 전체 이야기에서 어떤 사건을 겪고 있나요? 처음 사건과 창남이의 성격이 어떤 관련이 있나 생각해 볼까요? 자기가 쓴 글을 참고해서 이야기 해 봅시다.

난다 어떤 사건이지?

초코 불난 거?

곰탱 처음에는 체육 시간 그리고 만년 샤쓰 사건.

초코 느긋하니까 속옷 없이 학교에 올 수 있지.

미씨 어떤 일이 있어도 친구들이 놀려도 그냥 휙 넘어갈 수 있는 성격이니까 체육 시간에도 맨몸으로 올 수 있었지.

두지 그래서 별명이 바뀌었어. 비행사에서 만년 샤쓰로.

은경샘 다음 사건은 무엇이고 어떤 관계가 있을까요?

두지 동네에 불이 났어요. 겉으로 내색 안 하지만 속이 깊고 효성이 지극하니까 어머니 말씀대로 옷을 다 나눠 주었고 나중에 버선하고 샤쓰를 어머니께 벗어 드렸지요.

난다 창남이네 집은 반이라도 남았으니까.

초코 어떻게 그럴 수 있나? 아파트에 불나서 반이 타 버리면 반이나 남았다고 생각하나?

곰탱 지금하고 다르지. 같은 마을에 누가 사나 다 알잖아. 옆집 병든 노인은 그냥 옆집이 아니니까.

미씨 나도 여기 이사 오기 전에 주택에 살 때 동네 사람들끼리 다 알았어요. 음식도 나눠 먹고.

두지 그러니까 이 작품이 어린이날 그 방정환 선생님이 쓴 거란 말이지. 당시를 떠올려 보면 알 수 있겠지.

곰탱 (책을 다시 살펴보고 나서) 일제 강점기, 동네에 불이 나고 어머니는 앞을 보지 못한다. 만년 샤쓰 사건보다 점점 더 어려운 처지가 되지만 계속 학교에 나오고 태평하지만 담담하게 이야기를 하다니…….

미씨 유쾌하고 우스운 말만 잘하던 인물이 마지막에 조금 다르게 느껴져요. 철이 든 느낌.

아이들은 사건의 전개에 따라 인물의 성격이나 특성이 어떻게 변하였는지를 분석하였다.

창남이를 '16년간 철봉만 한 철봉의 달인 한창남', '얼짱은 아니지만 말짱에 유쾌한 성격', '느긋한 성격의 효자'라고 보았다. 사건을 연관 지어 토론한 후 창남이라는 인물은 '겉으로 내색은 하지 않지만 속이 깊고, 남을 배려할 줄 안다.'는 특성을 찾았다. 또한 옷을 벗어 줄 수 있었던 것은 '같은 마을에 사는 사람은 그냥 옆집에 사는 사람이 아니라는 점'을 알게 되었을 때, 아이들은 아파트가 아닌 주택에 살던 자신의 경험을 떠올리며

'창남이는 가족 같은 이웃이었기 때문에 자기 옷을 벗어 줄 수 있었다.'는 결론을 내렸다.

내용 중에서 "가난! 고생! 아아, 창남이 집은 그렇게 몹시 구차하였던가……." 하는 대목은 옛날이야기처럼 누군가가 들려주는 느낌이 들어 읽기 어색했다는 평가를 했다. 또 불이 난 후 옷 벗어 준 대목은 "창남이 혼자 너무 설명을 하고 있어 지루해지고, 집중이 되지 않았다. 설명을 하지 말라."며 작품에서 어색하게 읽힌 점을 찾았다.

미씨 체육 선생이 창남이 말을 듣고 눈물 흘리고 말이 좀 어색해.

난다 어디?

두지 (손을 내밀고) "가난! 고생! 아아, 창남이 집은 그렇게 몹시 구차하였던가……."

초코 왜 이렇게 썼나?

곰탱 뭔가 어색하고 옛날이야기 같은 느낌.

은경샘 어째서 그런 느낌이 들었을까?

미씨 음, (한동안 침묵) 그러니까 들려주는 느낌.

은경샘 들려주는 느낌이라.

두지 아, 재미있게 들려주려고. 실감나게. 그런데 이상한 것. 뒤에 불이 나서 옷을 벗어 주는 대목 재미가 없어. 읽으면서 잤다. 급지루함.

난다 나도 그래.

은경샘 왜 지루했을까?

초코 이야기가 길게 늘어졌어. 창남이 혼자 다 말하니까.

곰탱 사건을 보여 주지 않지. 집중이 안 돼.

두지 설명 하지 말라. 보여 주기만 해.

토론의 핵심은 방정환이 쓴 『만년 샤쓰』는 사건 전개 과정에서 주인공 창남이의 성격이 잘 드러났다는 것과 창남이의 별명 때문에 자신들의 '별명'을 이야기할 수 있어서 좋았다는 점, 그리고 뒷부분 이야기가 사건을 보여 주는 것이 아니라 창남이 혼자서 길게 설명하는 것은 지루하고 재미가 떨어진다는 것이다.

은경샘 오늘 처음으로 토론을 했는데 느낀 점이나 알게 된 점을 말해 볼까요?

초코 재미있었어요. 서로 별명도 알았고.

난다 어려워도 불이 나도 창남이처럼 유쾌하게 지내자고 생각했어요. 그런데 토론하니까 좀 어려워요. 정신을 차려야 하니까.

두지 혼자 읽을 때하고 많이 달랐어요. 여러 가지 생각도 하게 되고. 『만년 샤쓰』라는 책과 방정환 선생님을 알게 되었고요.

곰탱 알게 된 점은 인물의 성격이 사건과 관계가 있다는 것이에요. 특히 창남이의 유쾌한 성격, 당당하고 느긋하고 또 효성이 깊은 것까지.

난다 좋은 성격이야.

초코 맞아. 그래도 나는 옷을 못 벗어 줘. 난 소중하니까. 지킬 건 지켜야지.

미씨 할아버지 어렸을 때 이런 이야기가 있었다는 게 신기해. 방정환 선생님이 쓴 동화가 있다는 걸 알았어.

두지 조금 바꾸면 지금 읽어도 될 것 같은 이야기.

은경샘 토론하면서 느낀 것을 잘 말했어요. 덤으로 방정환 선생님에 대해 더 알고 싶은 것이 있으면 『뚱보 방정환 선생님 이야기』를 읽어 보면 재미있을 거예요.

난다 방정환 선생님 별명이 뚱보예요?

두지 앗! 난 공포의 뱃살인데. 뭔가 통한 듯.

사건 전개와 인물의 변화에 대한 평가

『나비를 잡는 아버지』「고구마」

『나비를 잡는 아버지』
© 현덕 글, 김환영 그림, 길벗어린이

『물딱총』
© 현덕 외 글, 겨레아동문학연구회 엮음, 보리

해방 이후 우리 아동문학에서 잊혀진 작가 중 한 명이었던 현덕의 작품을 함께 읽었다. 『나비를 잡는 아버지』(현덕 글, 김환영 그림, 길벗어린이)와 「고구마」(현덕 외 글, 겨레아동문학연구회 엮음, 『물딱총』, 보리) 두 작품은 해방이 되고 난 이듬해인 1946년에 『집을 나간 소년』에 발표됐던 소년소설이다. 우리 아동문학이 품고 있는 멋진 두 주인공인 바우와 수만이를 통해 1940년대 중반 소년들의 모습을 만날 수 있다.

두 작품 모두 인물의 갈등을 기초로 한 사건을 통해 이야기가 전개되는데, 아이들은 그 갈등의 구체적인 근거가 되는 인물의 성격과 인물이 처한 입장을 알아보면서 작품을 이해하고 새로운 의미를 찾아보았다.

『나비를 잡는 아버지』는 아버지와 아들의 갈등이 전면에 드러나고 「고구마」는 가난한 아이가 학교 현실에서 겪는 갈등을 선명하게 그리고 있다. 두 작품 모두 일제 강점기라는 사회의 모순을 작품의 배경으로 하고 있고 주인공이 처한 갈등은 근본적으로 해결되지 않는다. 그러나 작품에서 현실성[8]을 일그러뜨리지 않으면서도 미적 완결성을 취하는, 즉 문제의 핵심을 비켜가지 않으면서도 이야기의 결말을 긍정적인 계기로 이끌어갈 수 있는 여지를 안겨 주게 되는 것으로 평가받고 있다. 과연 작품을 읽은 학습자들도 어른 독자가 읽은 것처럼 이런 의미를 읽어 낼 수 있을까?

토론의 시작은 '바우'라는 이름이 '바우는 바위처럼 오래 든든하게 살라고 지은 거 아닐까?'라는 질문이었다. 이름 하나에도 그 인물의 성격과 처지가 내포되어 있다는 것을 추론하며 작품을 읽었다.

중요하다고 생각되는 인물의 말과 행동에 줄을 그으며 인물의 처지를 살펴보고, 사건이 변화하는 과정도 함께 알아보았다. 또 잘 모르는 말이나 의문 나는 점을 간단히 메모하며 들었다. 읽는 과정에서 두지가 "왜 학교에 못 갔나?", "왜 가만히 당하고만 있나?", "아버지에게 말하지 못하는 게 답답하다."는 말을 하며 주인공인 바우에게 느끼는 답답한 마음을 드러냈다. '등장인물 인터뷰하기'를 통해 인물들의 개인적 성격을 먼저 파악하고 첫 느낌 쓰기를 했다.

바우에게

질문 경환이가 나비 잡는 것을 왜 방해했나요?
대답 경환이가 서울 간 걸 우쭐해 하는 게 싫어서 그랬습니다.
질문 경환이가 참외밭을 짓밟았을 때 느낌은 어땠나요?
대답 저것이 우리 식량인데 짓밟히니 내가 밟히는 것 같았지요.
질문 아버지가 화를 내며 집을 나가라고 할 때 기분은 어땠나요?
대답 내가 잘못한 것도 아닌데 막 나가라고 해서 무지 억울하고 진짜 가출하려고 했어요.

8) 현덕은 근본적인 계급적 갈등을 이야기의 발전 과정 속에서는 해소할 수 없기 때문에 갈등의 중심축을 이동해 냄으로써 현실성을 달성하고 있다. 아버지와 아들의 갈등은 동일한 현실 속에서 상이한 변주곡이 될지언정, 결코 적대적인 모순의 관계는 아니다. 그것은 문제의 핵심을 비켜가지 않으면서도 이야기의 결말을 긍정적인 계기로 이끌어갈 수 있는 여지를 안겨 주게 된다. (김상욱, 『숲에서 어린이에게 길을 묻다』, 창작과 비평사, 2002)

질문 아버지가 나비를 잡고 있는 것을 보았을 때 어떤 기분이 들었나요?
대답 아버지가 절뚝거리며 나비를 잡고 있는 것을 보았을 때 지금까지 아버지를 미워하는 마음이 사라졌어요. '아빠, 죄송해요.' 하는 마음이 들었어요.

바우 아버지에게

질문 참외밭이 망가진 것을 본 느낌은 어땠나요?
대답 앞이 캄캄했고 '앞으로 우리 가족을 어떻게 먹여 살릴까?' 고민을 했죠.
질문 왜 바우의 그림책을 찢었나요?
대답 나도 모르게 화가 나서 그림책한테 화풀이를 했어요.
질문 왜 나비를 잡고 있었나요?
대답 가족을 위해서 체면이나 자존심은 잠시 버리자고 생각해서죠.

경환이에게

질문 왜 바우네 참외밭을 망쳤나요? 그때 느낌은?
대답 내가 애써 잡으려는 나비를 일부러 날려 보낸 바우가 미워서 그랬고 그때 느낌은 뭐 시원하기도 하고 약간 찔리기도 했어요.
질문 왜 바우를 미워하나요?
대답 나보다 공부도 잘하고 싸움도 잘하니까 그리고 날 얕잡아 보니까.

인터뷰를 하고 나서 첫 느낌 쓰기에는 아이들마다 갈등을 파악하는 지점이 다르게 나타났다. 바우와 경환이의 갈등을 단순히 '바우가 경환이의 행동을 싫어해서'라고 파악한 아이도 있고 '경환이가 그렇게 할 수 있었던 것은 바우네가 소작인이라는 형편이고 그것 때문에 둘 사이가 결국 부모들끼리의 싸움으로 커질 수 있다'는 걸 파악한 아이도 있었다.

갈등이 마무리되는 지점에서 아이들 의견은 둘로 갈렸다.

곰탱 땅이 걸린 문제니까, 아들이 중요한지 땅이 중요한지 고민했을 거야. 자기 땅이 없는 소작농이잖아.

초코 아버지는 말하고 행동하고 달라. "저런 놈 저녁은 먹여서 뭐해. 아주 내쫓으라니깐. 나가거라, 나가." 그래 놓고 바우 대신 나비를 잡아.

곰탱 바우를 야단쳐도 경환이가 잘못했다는 걸 아는 거지.

미씨 여기서 바우의 마음이 확 열리는 거지. 아버지를 이해하는 거지. (잠시 침묵)

이처럼 아버지의 처지를 이해하며 바우의 마음이 확 열리는 것이 감동이라는 의견과 아무런 해결 없이 마무리된 것에 대해 불만이라는 의견도 있었다.

두지 이야기가 왜 여기서 끝나냐고? 이렇게 끝나면 안 되지.

곰탱 왜?

두지 왜냐고? 아버지하고 바우는 됐지만 땅은? 경환이네 부모가 가만있겠냐고?

미씨 왜 이렇게 썼지? (잠시 침묵)

난다 답답하네.

결론은 나지 않았다. 다만 작품의 결말에 대한 느낌이나 생각이 서로 다를 수 있다는 것을 알게 되었다.

다음으로 「고구마」에 등장하는 인물을 인터뷰하면서, 고구마 사건의 범인으로 몰린 수만이는 가난하기 때문에 그럴 수밖에 없는 상황인 것을 파악하였다. 아이들은 갈등의 원인이 개인의 성격뿐만 아니라 인물의 가난한 처지에서 일어나는 것으로 이해하게 된 것이다.

기수에게

질문 처음에 수만이가 고구마를 훔치지 않았다고 했는데 왜 생각이 변했나?

대답 처음엔 수만이 인격을 믿고 하지 않았다고 생각했는데 수만이가 행동하는 걸 보니 자꾸 의심이 들었다.

질문 수만이 주머니에 든 것이 누른밥이란 걸 알고 어떤 기분이 들었나?

대답 정말 미안했다. 가난하다는 것 때문에 오해를 했는데.

질문 당신은 수만이 친구면서 왜 끝까지 수만이를 믿지 못했나?

대답 아이들이 수만이 동생 이야기도 하고 수만이랑 가까이 지내려고 했는데 수만이는 점점 말이 없어지고 그래서 수만이가 가져가지 않았나 의심을 했다.

인환이에게

질문 수만이가 범인이라고 생각한 이유는 무엇인가?

대답 수만이는 누구보다 일찍 학교에 온다. 어제까지 있었던 고구마가 없어졌으니까 당연히 수만이를 범인이라고 생각했다.

질문 뚜렷한 증거도 없는데 왜 수만이를 놀렸나?

대답 수만이 누이동생이 남의 집 감자를 몰래 캐는 걸 봤고 동네 사람들도 동생이 남의 걸 몰래 훔쳐간다는 말을 했기 때문이다.

질문 그게 증거는 아니다.

대답 증거는 아니지만 상황이 수만이를 의심하게 했다. 그럼 수만이는 왜 당당하게 말 못 했나? 범인이 아니라고 말하면 되지 않나?

질문 수만이 주머니에 든 것이 누른밥이란 걸 알고 어떤 기분이 들었나?

대답 놀랐고 미안했다. 수만이를 의심했는데 이제는 그러지 말아야겠다고 생각했다.

수만이에게

질문 친구들이 고구마를 훔쳤다고 했을 때 어떤 생각이 들었나?
대답 기분이 나빴다. 내가 가져간 것도 아닌데 자꾸 의심을 하니까.
질문 기수에게 훔친 게 아니라고 왜 말하지 않았나?
대답 말하기 싫었다. 내가 한 게 아니니까. 설명하면 치사해질 수 있다.
질문 기수가 주머니에 든 누른밥을 끄집어 낼 때 어떤 생각이 들었나?
대답 비밀을 들키고 말았을 때 씁쓸함. 밥 대신 누른밥을 싸 올 수밖에 없는 형편이 싫었고 친구라면서 주머니를 뒤집는 기수와 아이들에게 화가 났다.
질문 마지막에 "용서해라."라는 말을 듣고 어떤 기분이었나?
대답 눈물이 날려고 했다. 오해가 밝혀져 속이 후련했다.

인물이 되어 말하기를 마쳐도 두지는 수만이에게 불만이 많았다. "왜 당당하게 말을 못 하나? 말하면 해결되지 않는가?"라고 따져 물었다. 두지의 문제제기에 대해 다른 아이들은 이렇게 말했다.

미씨 저요. 음, 수만이는 말하기 싫었어요. 자기가 한 게 아니니까. 설명하면 치사해질 수 있다고 생각한 거죠.
초코 그럴 수 있겠다. 집이 가난해지니까 말이 없어지고 혼자 생각하는 아이로 되었으니까.
난다 그럼 자존심이 아주 센 아이구나.
두지 그래도 친구인 기수한테 말하거나 기수가 말해 줄 수도 있지? 수만이는 왕따.

곰탱 인환이와 아이들이 하는 걸 보면 왕따 당하는 아이가 생각나긴 했어.
초코 왕따 아니라도 오해 받는 일 많아. (남자 아이들을 보며) 특히 모모 씨들.
난다 (손으로 X자를 그리며) 반사.

두지는 계속해서 이야기의 결말에 대해 자신의 생각을 말했다. 두지가 말한 것은 '작가가 갈등을 어떻게 풀어 가는가?' 즉 이야기의 구성 방식에 대한 것이다. 갈등을 쉽게 풀지 않고 끝까지 긴장해서 읽을 수 있도록 사건을 계속 보여 준다는 것이다. 그래서 결말에서 인물들의 느낌이 각각 다르게 살아있는 느낌을 준다는 것을 발견하였다.

두지 그런데 작가가 이 사건을 쉽게 풀지 않아요.
곰탱 그런 것 같아요.
난다 수만이가 주머니에 든 게 모자라고 거짓말하니까 아이들이 더 의심을 하지.
초코 그럼 "누른밥이다." 이렇게 말하겠냐?
난다 아, 모르겠다. 남들은 도시락 싸 오는데 혼자 누른밥 먹고.
미씨 게다가 책상 속에 고구마 같은 걸 넣어 두었다고 그걸 애들이 봤다고 하니까.
두지 그렇게 상황을 몰고 가고 있어.
곰탱 마치 풀리지 않는 탐정소설처럼.
난다 우와, 그렇구나.
두지 그러다가 마지막에 확 터트리는 거지. "이리 내." 하면서 그러나 나타난 건…….
난다 먹다 남은 누른밥 한 덩이.
초코 수만이는 부끄럽고, 인환이와 아이들은 수만이보다 더 부끄럽고, 기수는 진짜 부끄럽고.
난다 역시 마지막이 좋았어.

미씨 맞아. 나도 이렇게 문제가 풀리니까 가슴이 찡해.

두지 그게 좋긴 하지만 마지막에 범인이 따로 있다는 걸 제시하면 또 하나의 이야기가 나오지 않을까?

곰탱 만약 또 하나의 이야기가 나온다면 고구마가 계속 없어지거나 다른 사건이 있어야 하지 않을까?

미씨 그렇지만 또 다른 누군가가 등장하거나 반대로 인환이가 교묘하게 수만이를 괴롭히기 위해 한 짓이라고 쓸 수도 있겠지?

두지 아, 어떻게 해도 재미있겠다. 교훈도 하나 더 생기고.

난다 어떤 교훈? 다른 사람을 증거 없이 의심하지 말라. 이런 거?

미씨 그렇지만 지금 이렇게 끝나도 그 교훈은 충분히 느낄 수 있어. 봐, "용서해라." 하는 뒷부분은 없지만 상상할 수 있어. 화해를 하고 수만이를 괴롭히던 아이들은 그 이후로 수만이를 의심하지 않게 되지. 그럼 충분하지.

난다 기수랑 수만이는 더 친하게 지낼까?

초코 서먹하겠지만 사과를 했으니 화해했다고 생각해.

미씨 왕따에 고구마 도둑으로 몰린 수만이는 누명을 벗고 친구들은 수만이를 이해합니다.

두지 그러면서 우정이 깊어집니다. 아, 좀 시시한 걸.

「고구마」에서 비록 범인이 누구인지 밝혀지지 않았지만 이야기가 단편으로 끝나지 않고 또 다른 사건과 인물의 등장으로 장편으로 다시 쓰기를 한다면 더 재미있는 작품이 되었을 것이라는 평가도 있었다. 이러한 반응은 아이들이 독자 입장에서 긴장감을 늦추지 않고 계속해서 새로운 이야기와 사건이 펼쳐지는 작품의 구성 방식을 선호한다는 것을 알 수 있는 지점이다.

수만이를 통해 아이들은 지금의 현실에 대해 이렇게 느꼈다.

'왕따가 생각난다. 예전엔 가난하다는 이유로 범인이 되었지만, 요즘은 가난한 것과 또 공부를 못한다는 이유로 왕따를 당한다. 몸이 뚱뚱해도 얼굴이 못생겨도 따를 당한다. 자기가 공부를 못하고 싶어서 못하는 것도 아닌데 따를 당하고 뚱뚱한 것이나 얼굴 못생긴 것처럼 잘못된 걸로 놀린다.'

『나비를 잡는 아버지』의 결말에 대해 '바우와 아버지의 화해가 아니라 경환이와 바우가 벌이는 또 다른 사건이 일어났으면 더 재미있지 않을까?'라는 새로운 해결책도 제시하였다.

아이들은 작품 속에서 자신이 동일시하고 몰입할 수 있는 인물의 말과 행동에 관심을 가지고 반응하며 적극적으로 자신의 의견을 제시하였다. 결말 또한 동일시하는 인물이 직접 갈등을 해결하거나, 자신들이 이해할 수 있는 해결 방식, 예를 들면 '우정을 통한 화해'나 '교훈을 주는 것'을 기대한다는 걸 알 수 있었다.

● 나비를 잡는 아버지

난다

나는 '나비를 잡는 아버지'에 나오는 바우의 경험만큼 억울하고 슬픈 일은 아직까지 없다. 하지만 바우처럼 답답한 일이 있다. 엄마는 인터넷이나 신문에 좋은 대학에 간 사람이나 성공한 이야기만 나오면 인쇄해서 내 책상 위에 붙여 놓고 읽어 보라고 한다. 이해할 수가 없다. 엄마에게 이렇게 말하고 싶다. '엄마, 그 애랑 저랑 똑같아요? 그럼 그 애 엄마하지 왜 내 엄마를 하냐구요?' 그리고 내가 만화나 판타지 소설 읽는 건 노는 거라고 생각한다. 판타지 소설은 영문판을 사 주면서 읽으라고 한다. 다 나를 위한 일이라고. 내가 좋아하는 만화책을 엄마 마음대로 분리수거 할 때도 있다. 왜 그러는지 모르겠다. 바우의 마음만큼 울고 싶을 정도는 아니지만 답답하다.

고구마

두지

여기 귤이 있다. 그러나 아무리 맛있게 생겨도 귤 맛은 껍질만 보고 알 수 없다. 즉 속을 알아야 한다. 사람도 마찬가지다.

「고구마」에서는 '의심'에 대해 이야기하고 있다. 어느 한 사람이 아무리 결백해도 서너 명이 그렇다고 한다면 결국 믿게 된다는 말을 들은 적이 있다. 수만이를 믿었던 기수가 수만이를 의심하면서 사건이 펼쳐지는데 그 과정에서 기수와 수만이가 친한 친구로 지내다 수만이네 가정 형편이 어려워지면서 멀어졌다는 것이 나온다. 결국 친구인 수만이의 생각이나 사정을 잘 모르고 대강 겉만 보고 판단하니까 끝까지 인격을 믿지 못하고 결국 오해를 하게 되었다고 생각한다. 남을 의심하는 것이 얼마나 부끄러운 것인가를 잘 알려 주고 있다.

이 작품의 좋은 점은 등장인물들이 갈등하고 오해하는 과정이 흥미진진하여 눈길을 끌게 한다는 것이다. 마지막까지 가서야 수만이가 범인이 아니란 걸 밝히는 것이 재미있다. 아쉬운 점은 '마지막에 또 다른 범인을 만들면서 다른 이야기가 나오면 어떨까?' 하는 생각을 했다. 너무 확 끝나 버린 느낌이다. 여러 가지 교훈이 있을 수 있는 이야기가 될 수도 있었을 것이다.

내가 생각한 건 바우와 수만이는 닮은 점이 있다는 거다. 둘 다 가난하다. 둘 다 자존심이 세다. 가난에 지지 않는다. 그러나 바우는 아버지와 갈등을 겪지만 아버지가 바우를 위해 나비를 잡는 걸 보면서 바우의 갈등은 해결된다. 수만이는 가난을 부끄러워하고 받아들이지 못한다는 것이 아쉽다.

동화의 결말에 대한 찬반 토론

「해룡이」

『사과나무 밭 달님』 © 권정생 글, 정승희 그림, 창비

문학 작품에 나타난 인물의 삶의 모습을 이해하는 것은 가능한 일일까? 이것은 사건에 대한 분석의 단계를 거쳐 인물의 행동이 사건을 어떻게 변화시키고 작품에 어떤 의미와 영향을 미치는지 이해할 때 가능하다.

권정생 작품 중 가장 처절하고 가슴 아픈, 그래서 더욱 아름다운 결말을 보여주는 「해룡이」(권정생 글, 정승희 그림, 『사과나무 밭 달님』, 창비)를 읽었다.

아이들의 첫 반응은 "돌아온 해룡이는 왜 다시 가족들을 떠났을까?"라는 질문이었다. 질문에 대한 아이들의 의견은 각각 달랐다. 그래서 우선 해룡이와 소근네의 입장을 이해하기 위해 작품 속 인물을 인터뷰하기로 했다.

해룡이에게

질문 당신은 왜 가족들 곁을 떠났나요?

대답 무서운 병이 전염될까 봐서.

질문 오랜 시간이 흐른 뒤에 집을 찾아와서 왜 가족들의 신발을 만졌나요?

대답 가족들이 너무 그리웠고 신발을 보니 아이들이 얼마나 컸는지 보고 싶은 마음이 들어서.

질문 당신은 왜 가족들을 만나지 않고 그냥 사라졌나요?

대답 사실 나도 가족들과 같이 살고 싶어요. 그런데 병이 없어지지 않았어요. 그래서 더러워진 내 모습을 보여 주기 싫었습니다. 가족들이 슬퍼하는 것을 보지 못하겠어요.

소근네에게

질문 해룡이를 왜 좋아했나요?

대답 잘생기고 열심히 일을 해서요. 해룡이가 먼저 한눈에 뿅 갔어요.

질문 언제 제일 기뻤나요?

대답 옥이를 낳고 내 집 장만했을 때.

질문 남편이 떠날 걸 알고 있었나요?

대답 예. 준비하는 남편을 보며 그런 생각을 했죠. 하지만 그냥 가 버린 남편이 원망스럽고 섭섭했어요.

질문 왜 찾지 않았나요?

대답 어디로 갔는지 몰라서 그랬어요. 남편이 자신의 모습을 보이기 싫어하니까 숨어서 지내겠지 생각했거든요.

질문 해룡이가 다녀간 걸 알고 어떤 기분이 들었나요?

대답 남편이 다녀간 걸 몰라서 미안했고 너무 보고 싶고 걱정이 되었어요.

인터뷰와 첫 느낌 쓰기에서 거듭 확인되는 내용은 '해룡이는 왜 식구들을 만나지 않고 다시 떠났을까?'라는 질문과 '다시 떠나는 마지막 장면이 가장 인상적인 사건이었다.'는 반응이었다. 작품의 짜임도 해룡이 삶의 변화를 중심으로 일곱 단락으로 구성되어 있고 단락마다 중심 사건과 주인공의 삶은 긴밀하게 연관되어 아이들이 주인공의 처지와 변화된 모습을 쉽게 이해할 수 있었다.

아이들은 '가장 인상 깊은 장면을 주도하는 것이 인물의 선택과 행동'이라는 점을 발견하면서 토론 주제를 '해룡이는 다시 떠나야 했나?'로 정하고 찬반 토론을 하였다. '해룡이는 다시 떠날 수밖에 없다.'와 '가족과 자신을 생각해서라도 함께 살아야 한다.'는 입장 각각 둘로 나누어 토론이 진행되었다.

주제 : 해룡이는 다시 떠나야 했나?	
찬성	반대
의견 1 : 해룡이는 집을 떠날 수밖에 없습니다. 보세요. 작가가 가장 감동적으로 찡하게 쓰고 싶은 마음이 있습니다. '식구들과 행복하게 살았다.'보다 다시 떠났을 때 느낌이 더 강합니다. 따라서 작품 전체로 보면 해룡이는 다시 떠나야 합니다.	의견 1 : 해룡이가 가족을 떠나가는 것에 반대합니다. 식구들을 생각해 보세요. 처음 떠날 때는 가난했지만 지금은 아들 딸도 컸으니까 병원에도 갈 수 있을 겁니다. 자기가 가져온 돈으로 가족들과 함께 행복하게 지내는 것이 좋겠습니다.
의견 2 : 마지막에 해룡이는 가족을 위해 자신이 떠나는 결정을 했습니다. 다시 돌아왔지만 그의 마음은 가족들이 자기 때문에 힘들어하는 것을 원하지 않습니다. 따라서 해룡이는 다시 떠날 수밖에 없는 선택을 했고 그 선택이 아름답다고 생각합니다.	의견 2 : 해룡이는 더 이상 혼자 있으면 어떻게 될지 몰라요. 만약에 죽으면 가족들이 얼마나 슬퍼할까요. 그래서 집을 떠나면 안 된다고 생각합니다.

사회자(곰탱) 의원이 해룡이에게 운이 좋으면 고친다고 했지만 위로하느라 그랬지.

미씨 (흥분된 목소리로) 그런데 그 병은 해룡이가 잘못해서 걸린 게 아니잖아. 부인과 가족 모두 해룡이를 사랑하는데 왜 또 떠나는 거지?

두지 사랑하니까.

난다 사랑? 어……, 뭔 뜻?

두지 (손을 흔들며) 그러니까 해룡이 입장에서 생각해 보자고.

미씨 (조금 큰 소리로) 그래도 가족들은 쫓아가서 아빠를 다시 데려오고 싶어 하잖아.

초코 맞아. 동구 밖까지 뛰어가. "아버지! 아버지! 아버지! 여보!"

난다 이거 나비를 잡는 아버지하고 비슷한 느낌이다. 막 울려.

미씨 뭔가 가슴에 찡해. 울려.

두지 (손을 들고서) 앗, 잠깐. 잠깐. 그러니까 맞아. 이거야. 이것 때문이야.

사회자(곰탱) 뭔 말? 자세하게 말해 봐.

미씨 그러니까 뭔가 찡하게 울리니까 이렇게 결말을 쓴 거라고. 작가가, 권정생 할아버지가 이렇게 쓴 거지.

사회자(곰탱) 쉽게 말해서 감동을 준다는 거지.

작품을 처음 읽은 후 미씨는 첫 느낌에서 이런 입장이었다.

"해룡이가 처음 떠날 때는 가난했지만 지금은 아들과 딸들이 컸으니까 병원에도 갈 수 있을 겁니다. 자기가 가져온 돈으로 가족들과 함께 행복하게 지내는 것이 아버지가 할 일이라고 생각하기 때문에 함께 살아야 합니다."

하지만 토론을 하면서 '다시 생각해 보니까 떠날 수밖에 없는 해룡이의 마음을 알 수 있을 것 같아.'라며 생각이 바뀌었다. 그리고 그런 선택을 할 수밖에 없는 주인공의 처지와 해룡이의 행동 때문에 작품에서 감동을 느낄 수 있었다고 말했다. 토론 전까지 '미씨'는 작품 속 옥이에게 감정이입을 한 상태에서 해룡이의 선택이나 행동에서 이해할 수 없는 불안감을 느꼈다. 그러나 자신과 다른 의견을 듣고 주인공의 행동을 수용하게 되었다.

토론 후 미씨가 쓴 글을 보면 자신들을 두고 일찍 떠난 아빠에 대한 그리움과 식구를 만나지 않고 떠나는 주인공의 마음을 이해하며 부쩍 자란 아이의 생각이 담겨있다.

'나도 아빠랑 찍은 사진이랑 아빠가 입던 경찰 옷을 보면서 열심히 살

겠다고 늘 다짐을 한다. 우리 엄마도 그렇다.'

어린이가 우리에게 줄 수 있는 가장 큰 희망의 메시지일 것이다.

● 「해룡이」를 읽고

5학년 3반 미씨

해룡이는 7살 때 이름 모를 병으로 부모님과 여동생을 잃어버리고 머슴살이를 하면서 외롭게 살아간다. 그러나 소근네 아가씨를 만나서 결혼하여 참으로 정다운 부부가 되어 살아간다. 해룡이는 부지런하고 착한 남편이 되어 옥이를 낳았고 만석이, 천석이 두 아들을 낳아 행복하게 살게 된다. 가난한 농사꾼이지만 오순도순 식구들과 재미있게 옛이야기도 하고 윷놀이도 하며 살았다. 그러나 맏딸 옥이가 여섯 살 때 꿈에도 생각하지 못한 불행이 닥쳐왔다. 마목(문둥병의 일종)에 걸린 것이다. 나는 아무 잘못도 없는 해룡이가 문둥병에 걸린다는 것이 너무 가슴 아팠다. 문둥병에 걸린 걸 알게 된 해룡이는 식구들을 위해 더 열심히 일을 하고 어느 날 편지를 써 놓고 집을 나와 어두운 길을 걸어갔다. 해룡이가 집을 떠나간 걸 안 식구들은 모두 울고 또 울었다. 옥이는 아버지가 마지막으로 사다 준 옷감으로 지은 옷을 아껴 아껴 입었다.

나는 옥이의 마음을 알 것 같았다. 말은 안 했지만 우리 아버지도 내가 2학년 때 돌아가셨다. 경찰이셨는데 너무 일을 많이 해서 돌아가셨다고 했다. 열심히 일만 한 아버지가 왜 돌아가셨는지 지금도 알 수가 없다.

엄마와 우리 가족들은 해마다 아버지 제사를 지낸다. 그런데 내 동생은 아버지를 잘 기억하지 못한다. 아버지하고 같이 갔던 놀이공원에도 다시 가고 싶다. 아버지가 사 주신 자전거를 보면 눈물이 날 때도 있다. 그러나 지금은 슬퍼하지 않고 열심히 살고 있다.

어느 눈 내리는 깊은 밤 다리를 절뚝거리며 거지 한 사람이 마을을 향해 걸어왔다. 그가 바로 해룡이다. 집을 떠난 지 꼭 열 돌이 되어 돌아온 것이다. 다 그대로인데 변한 것은 방문 앞의 신발들의 크기였다. 얼마나 보고 싶었을까?

해룡이는 신발들을 만지다가 사랑방 문고리를 힘껏 그러쥐었다가는 힘없이 놓고 그동안 모은 돈을 꺼내 방문 앞에 놓고 다시 사라져갔다. 나는 이 장면을 읽다가 뭔가 가슴이 찡하는 느낌을 받았다. 나는 해룡이가 방문 고리를 만져 보지만 말고 잡아 당겼으면 좋겠다고, 그래서 가족들과 만나 행복하게 살았으면 더 좋겠다고 생각했다. '기다리던 식구들, 특히 옥이가 얼마나 기뻐했을까?' 하고 생각을 했다. 그런데 토론을 하고 나니 생각이 바뀌었다. 해룡이의 마음을 느낄 수 있기 때문이다. 처음 병에 걸릴 때도 식구들을 위해 열심히 일을 해 놓고 떠나갔고 다시 돌아온 것은 보고 싶은 식구들에게 그동안 모은 돈을 주고 싶었기 때문이다. 같이 살지 않아도 그동안 늘 생각하고 있었다고. 아버지의 마음을 아이들에게 전해 주고 싶었던 것이다. 그런 해룡이라서 다시 떠난 것이다. 아버지의 마음을 알게 된 아이들은 더욱 열심히 살 것이다. 나도 아빠랑 찍은 사진이랑 아빠가 입던 경찰 옷을 보면서 열심히 살겠다고 늘 다짐을 한다. 우리 엄마도 그렇다. 아빠가 우리 곁에 없어도 하늘나라에서 우리를 늘 지켜보고 있다고 생각한다.

작품의 쟁점 찾아 토론하기

「닭」

『다슬기 한 봉지』 © 강무지 글, 이승민 그림, 낮은산

「닭」(강무지 글, 이승민 그림, 『다슬기 한 봉지』, 낮은산)의 주인공은 농촌 아이들이다. 그렇다고 일하는 아이들의 이야기는 아니다. 하지만 책 보는 건 까먹어도 매일 닭 모이 주는 일과 일주일에 한 번 닭장 청소하는 건 빼먹지 않는 은정이와 별명이 책벌레인 사촌 기윤이가 등장한다. 두 아이들이 사는 동네는 평화로운 전원 마을과 거리가 먼 곳이다. 개발 바람이 불면서 마을 사람들끼리 갈등이 생기고 그 사이에 낀 두 아이의 복잡한 심정이 그려진다. 도시에 사는 우리 아이들은 이 작품을 읽고 어떤 것을 발견하고 알아갈지 함께 수업 속으로 들어가 보자.

은경샘 (동화책 표지를 보여 주며) 작품 제목이 '닭'인데 제목을 듣고 생각나는 것이나 느낌을 말해 볼까요?

초코 닭에 대한 어떤 이야기가 아닐까요?

미씨 닭을 키우는 이야기.

난다 치킨집에 관련된 이야기.

은경샘 미씨는 왜 닭을 키우는 이야기라고 했나요?

미씨 제가 어릴 때 학교 앞에서 팔던 병아리를 사서 1년 정도 키웠어요. 제 친구는 금방 죽었는데 우리 병아리는 중닭이 될 때까지 커서 결국 할아버지 댁에 보냈어요. 너무 크고 시끄러워서. 그래서 닭을 키우는 이야기라고 생각했어요.

두지 할아버지 집이 어딘데?

미씨 완도야, 전라남도.

난다 섬이네.

미씨 섬인데 할아버지 집 주변은 다 밭이고 할아버지 할머니도 농사를 지으셔. 그리고 진돗개도 기르시고. 닭이 살기 딱 좋은 곳이지.

은경샘 여러분 중에 닭이나 다른 짐승을 키워 본 경험이 있나요?

초코 제가 키우면 한 달이 못 돼서 다 죽어요. 모두, 식물이나 동물 다.

곰탱 왜 그럴까?

두지 도시니까. 아파트는 동물이 자랄 수 있는 곳이 아니니까.

난다 저는 3년 동안 타란툴라 거미를 키웠어요. 먹이는 메뚜기를 잡아 주었고요.

아이들 우와! 대단하다.

난다 결국은 죽었어요. 그리고 나선 안 키워요.

초코 왜?

난다 너무 슬퍼서.

아이들 맞아.

은경샘 이 작품엔 '닭'을 키우는 어떤 인물이 나오는데 읽어 보기로 하겠습니다. 읽으면서 자유롭게 독서 공책에 사건이나 줄거리를 요약해도 되고 낙서로 정리해도 되겠습니다.

작품에서 인상 깊게 느낀 점은 은정이라는 인물과 고속철도 반대 사건이었다. 특히 은정이의 꿈인 '마을을 지키고 살아가는 것'에 대해 아이들은 자신의 꿈과 비교하며 "뜻밖이었다. 아이가 마을을 지키는 걸 생각하다니! 지키는 게 뭘까?", "보통 아이들의 꿈인 선생님이나 의사가 아니고,

마을을 지키겠다는 게 이상하다.", "5학년 맞아? 너무 어른스럽다."라고 했다. 기윤이가 되고 은정이가 되어 내용을 정리해 보았다.

기윤이에게

질문 별명이 왜 '책벌레'인가요?
대답 책만 읽으면 온 세상의 시끄러운 소리가 들리지 않아서 책을 읽는다.
질문 시끄러운 소리는 무엇인가요?
대답 고속전철과 보상금 때문에 시위를 하는 것.
질문 은정에게 알리고 싶지 않는 것은 무엇인가요?
대답 아버지가 보상금으로 아파트를 사 놓았다는 것.
질문 은정이가 저녁에 밥 먹으러 온다는 말을 듣고 어떤 생각이 들었나요?
대답 아버지와 삼촌이 싸워서 서먹서먹한데 은정이는 그런 것 상관없이 자기가 하고 싶고 할 일을 하는 걸 느끼고 놀라웠다.
질문 왜 학원을 빼먹고 은정이가 탄 버스에 올라탔나요?
대답 은정이가 아빠를 위해 닭을 잡으러 가는데 같이 가야 할 것 같고, 그것이 더 중요한 일이라는 걸 깨달아서

은정이에게

질문 잘하는 것은 무엇입니까?
대답 학교공부 하는 것 빼고 거의 다 잘한다. 달리기까지.
질문 당신의 꿈은 무엇이고 왜 그런 꿈을 가지게 되었나요?
대답 내 꿈은 마을을 지키고 살아가는 것.
질문 왜 그런 꿈을 꾸었나요?
대답 내 마음이다. 내가 잘할 수 있는 일을 우리 마을에서 할 수 있으니까.
질문 어른들이 하는 일에 대한 자신의 생각을 말해 주세요.

대답 치사하다고 생각했다. 고속철도가 생기는 걸 잘 알아보지도 않고 보상금만 미리 받고 시위를 하는 것이 어리석다.

토론 과정에서 곰탱이가 '지킨다'는 것과 관련하여 '4대강 사건'과 '전태일 사건'에 대해 이야기를 했다. 성당에서 한 4대강 반대 미사 체험과 책을 통해 알게 된 전태일의 생애 두 가지 모두 '소중한 것을 위해 반대하고 싸운다.'는 뜻을 담고 있다고 했다. 이 말을 통해 다른 아이들도 '꿈'과 '지킨다'는 의미를 좀 더 다양하게 생각할 수 있었다.

인물의 꿈과 관련하여 '지킨다'가 포함하고 있는 다양한 의미를 생각할 수 있게 된 까닭은 작품의 배경이 농촌이라는 사실이다. 농촌이라고 하면 평화롭다거나 농사를 짓고 닭을 키우는 곳이라고만 생각했는데 고속철도 때문에 시위를 하고 있는 아주 복잡한 곳이란 걸 알게 되었다. 또 신문이나 텔레비전에 나오지 않는 농촌 이야기지만, 농촌에서 살아가는 이야기이자 '뭔가를 생각하게 하는 것'이기 때문이라고 했다.

미씨 그렇지만 이 책은 좀 달라. 뭔가 생각을 하게 하는 것.

사회자(두지) 그 뭔가가 뭐지?

미씨 실제로 농촌에서 살아가는 이야기.

곰탱 지금 일어난 일, 4대강 사건처럼 지금도 계속되는 일을 쓴 것 같다.

난다 4대강이 뭔데?

사회자(두지) 4대강 몰라? 우리나라 큰 강 4개를 다 파헤치고 보를 설치한다는 거잖아.

곰탱 성당에서 4대강 반대 미사를 했는데 '왜 강을 파헤칠까? 누구 때문에?'라는 생각을 하게 했어.

초코 뭘 만들면 좋은 거 아닌가?

난다 4대강? 나는 몰랐어. 인터넷에서 찾아봐야겠다.

사회자(두지) 동화라고 생각하면 '아기 돼지 삼형제'처럼 읽고 나서 재미있다가 그만인데 주제를 생각하게 해. 그리고 어른들이 시위를 하고 이런 거 읽은 적 없어.

곰탱 농촌이 농사짓거나 닭 키우는 곳만이 아니고 고속철도 때문에 시위를 하고 있고 복잡한 곳이란 걸 알려 주고 있어. 갑자기 든 생각인데 전태일 사건처럼 몇 년 후에야 시위를 한 진실이 밝혀질 수 있겠다는 생각도 했어.

모두들 오, 그래? 전태일은 누구?

곰탱 소중한 것을 지키기 위해 싸우고 또……, 죽게 되었지.

사건의 전개에서 갈등 상황은 은정이에게 마을을 지키겠다는 꿈을 꾸게 한다. 또 다른 인물인 기윤이가 은정이의 진심을 느끼면서 은정이가 탄 버스에 올라타게 된 결정적인 계기를 제공하였다.

난다 기윤이가 왜 버스에 탔을까? 학원 땡땡이 치려고?

미씨 그건 아닌 것 같아. (조금 후에) 생각이 바뀌니까 그런 거 아닐까?

사회자(두지) 어떻게 바뀌나?

미씨 계기가 돼. 닭을 직접 붙잡는 걸 보고 또 은정이가 닭을 잡아서 큰아빠 드리겠다는 말을 하니까 자기가 할 일을 뭔가 직접 하는 것으로 바뀌는 거 같아.

초코 기윤이가 버스를 탄 이유는, 은정이는 자기 마음대로 생각한 대로 하니까. 자기도 생각을 한 거지. 그리고 아버지 생일인데 자기는 아무것도 신경 쓰지 않고 있었는데 은정이는 "큰아빠 닭 좋아하시잖아." 이런 말을 하니까.

미씨 기윤이는 아버지께 드릴 선물을 생각하지 못하고 원망만 했지. 그런데 은정이는 닭으로 선물을 하려고 하니까 닭 잡으러 가는 것을 같이 할 수 있다는 게 생각나서 버스를 탔어.

난다 오랜만에 아버지가 즐거워하실 수 있는 선물을 준비하는 것이 할 일이라고 생각한 거네. 기분도 좋아지고.

곰탱 그래서 가슴이 뻥 뚫리는 것 같다고 했구나.

사회자(두지) 책벌레가 좀 활발해졌다고 해야 되나?

토론 과정에서 난다가 한 '기윤이는 왜 버스를 탔을까?'라는 질문은 매우 소중했다. 작품에서 가장 핵심이 되고 쟁점이 될 수 있는 지점을 붙잡았기 때문이다.

고속철도 반대 사건 때문에 사이가 불편했던 두 아이는 이제 한 버스를 탔다. 그렇게 할 수 있었던 기윤이의 선택을 아이들은 '탁월했다.'고 평가하였다. 하지만 "내가 기윤이었다면 은정이와 버스를 탔을까? 그냥 학원으로 갔을 거다. 우리 엄마는 학원에서 보내 주는 실시간 문자를 받기 때문에 어디로 튈 수 없는 형편이다."고 말하기도 했다.

결말에 대한 아이들의 평가는 다음과 같다.

"좋다. 아이들 문제가 해결되는 동화 같고 마음이 푸근해지니까."

아이들은 결말에서 아동 독자가 느끼고 싶은 것으로 '푸근함' 혹은 '아이들의 힘으로 할 수 있는 문제 해결'이란 걸 제시하였다. 작품의 외적 상황인 아버지와 작은아버지의 갈등이나 이후 고속철도로 새들이 떠나게 되는 커다란 문제들은 변함이 없지만 은정이의 꿈과 기윤이가 버스를 탄 행동은 아이들에게 생생한 농촌 아이를 만나고 현재 농촌의 모습을 새롭게 보는 계기가 되었다. 이 작품에서 은정이의 꿈인 '지킨다'는 말에 함축된 뜻이 작품이 전달하고자 하는 최종적인 의미로 내포되어 있다. 그러나 토론에서 아이들은 기윤이가 보여 주는 행동, 즉 지금 가장 소중한 것을 선택하는 것에 더 의미를 두었다.

두 번째로 이 작품이 끝까지 긴장감을 놓치지 않은 상태에서 갈등이 마무리되어 '푸근함'을 느꼈다고 한다. 그 이유는 그동안 TV나 방송에서 보던 농촌이 아닌 실제로 농촌에서 살아가는 이야기이자 지금도 계속되는 일이라고 느낄 수 있게 한 작품의 밀도와 완결성에서 찾을 수 있을 것이다.

아이들 글

● 기윤이에게

기윤아 안녕? 너희 동네에서 일어난 이야기와 네 이야기를 잘 읽었어.

책을 읽고 토론을 하니까 KTX를 타야 하나 말아야 하나 고민을 하게 됐어. 나는 편리한 게 좋고 빨리 가는 것이 당연하다고 생각했거든. 그런데 기윤아, 서울에 한번도 안 와 봤다고 그랬지? 나도 니가 사는 동네에 한 번도 안 살아 봤어. 시골 같은데 말이야.

지금 배우는 사회책에 농촌 문제가 나와. 고령 인구가 많고 젊은 사람이 없다. 발전이 되지 않는다. 그런데 이렇게 시위도 하는 걸 보면 농촌이 달라 보여. 진짜 많은 일이 일어나는 구나, 생각이 들어. 책에 나오는 농촌 마을과 많이 달라서 놀랐어.

기윤아, 마지막에 한 너의 선택은 정말 탁월했다는 느낌을 받았어. 은정이가 너희 아빠의 생신을 직접 챙기기 위해 닭 잡으러 가는 것을 보고 너의 기분이 어땠을지 짐작이 가. 너희 집은 은정이네를 챙겨 주지 못했는데……. 너희 아버지와 은정이네 아버지가 사이가 좋지 않잖아? 그런데도 은정이는 닭을 잡으러 시장에 간다고 하니. 은정이는 정말 착하고 씩씩한 아이야.

기윤아, 너도 너희 아빠 생신을 함께 챙겨 드릴 수 있어서 좋지? 은정이와 읍내 잘 다녀오고 담엔 너도 은정이 아빠 생신을 챙겨 드리렴. 그럼 안녕.

초코 씀.

인물의 변화를 통한 주제의 발견

『너만의 냄새』

『너만의 냄새』 © 안미란 글, 윤정주 그림, 사계절출판사

아동문학교육에서는 작가가 표현하고 싶은 의도 혹은 중심 생각을 주제라고 하고, 문학교육을 통해 표현 의도를 찾아내는 방법을 알려 주고자 한다. 그래서 읽기 후 과정에서 작가의 표현 의도를 얼마나 잘 이해하고 있는지를 알아보고자 다양한 질문과 활동을 통해 이미 정해진 답과 근접한 주제 찾기를 한다. 하지만 대부분의 아이들은 주제 찾기를 매우 어려워한다. 심지어 자유롭게 주제를 정하자는 주문은 더 어려워했다. 왜냐하면 문학작품은 뭐라 꼬집어 한마디로 이야기하기 쉽지 않기 때문이다. 책을 읽은 대부분의 아이들은 "재미있어요."라고 말한 뒤 입을 닫는다. 딱히 할 말이 있냐는 표정으로.

하지만 작품을 읽고 난 아이들의 반응을 살펴보면 매우 다양하다. 말뿐 아니라 다양한 표정이나 몸짓 그리고 침묵으로도 반응했다. 특히 침묵은 아이들과 문학작품이 서로 소통하는 또 다른 언어였다. 고요함 속에 온몸으로 작품의 냄새와 온기를 음미하는 것이다.

『너만의 냄새』(안미란 글, 윤정주 그림, 사계절출판사)를 읽는 경험은 매우 특별했다. 작품이 갖는 독특한 서술의 질감이 인물의 내면을 섬세하고 밀도 있게 그려 내고 있고, 이런 서술은 동화를 소리 내어 읽어 줄 때 읽는 사람이나 독자 모두에게 긴장감을 주고 몰입하게 했다. 끝까지 읽어 주고 나니 아이들은 한동안 아무 말도 하지 않았다. 그저 고요함과 침묵 사이로 쥐돌이가 떠나가는 마지막 장면이 오버랩 될 뿐. 짧은 시간이었지만 우리 안의 침묵은 말이나 글보다 의미 있게 느껴졌다. 잠시 쉬는 시간을 가졌다. 그 때 미씨가 첫 느낌을 단번에 써서 돌려 보았다.

● 이 책에서 '쥐돌이' 그 자체가 중심 혹은 주제이다. 내가 그렇게 생각한 이유는 쥐돌이가 있기에 이 작품이 태어났고, 쥐가 아니라 다른 동물과 고양이가 이렇게 되었다면 어색할 것이기 때문이다. 아무래도 천적 관계라서 이야기가 잘 흘러간 것 같다. 쥐돌이와의 만남은 고양이한테도 특별하였다. 한 가지 의문이 있다면, 고양이가 많고 많은 곳 중에서 왜 하필 '쥐' 쥐돌이의 보금자리를 선택했을까? 이 책의 한 가지 의문이다. 미씨

궁금한 점이 생긴다는 것은 토론거리가 있다는 것이다. 자연스럽게 토론은 시작되었고 토론 속에서 작가가 의도적으로 설치해 둔 다양한 것들을 발견할 수 있었다. 엄마를 기다리는 쥐돌이와 아기를 가진 채 다친 고양이, 그 고양이가 숨어든 곳이 바로 쥐돌이가 사는 곳, 천적인 두 인물이 각자의 사정과 속마음을 느끼게 되는 나흘간의 변화를 끝까지 긴장감을 잃지 않으며 섬세하고 절묘하게 엮어 놓았다는 것을 발견하였다.

미씨 궁금한 게 있어요. (자신이 쓴 글을 읽는다.) 고양이는 왜 하필 쥐돌이의 보금자리를 선택했을까?

두지 그건 작가가 이야기를 쓸 수 있게 유인한 거지. 그렇다면 "지구는 왜 여기 있을까?"라고 물을 수도 있겠다.

미씨 그게 아니라 사람들이 사는 곳이나 길바닥이나 쓰레기 옆도 있는데 왜 하필 그 하수구에 살고 있는 그 쥐돌이에게 왔냐는 거지.

초코 고양이는 새끼를 배고 있으니까 곧 있으면 태어날 상황이 걱정될 수 있어.

곰탱 뒷다리를 다쳤으니까 몸을 피할 수 있는 곳, 아마도 자신과 새끼의 안전이 제일 중요하다고 생각했겠지.

난다 그냥 가장 가까운 곳을 찾아다니다 들어간 곳이 쥐돌이네 집?

두지 음……, 그럴 수도 있다. 남 눈에 안 띄게 지하가 더 좋겠지. 게다가 자기가 잡아먹을 수 있는 처지면 남의 보금자리라도 있을 수 있고.

난다 게다가 엄마를 떠올릴 수 있게 새끼 밴 고양이라. 절묘하다.

미씨 쥐돌이와 고양이의 나흘간이라……. 우와!

이러한 발견은 쥐돌이가 고양이를 통해 '너만의 냄새'를 기억하게 될 만큼 우리에게도 중요한 지점이 되었다. 왜냐하면 미씨가 '인물이 중심이고 주제가 될 수 있다'고 생각한 것은 이야기의 주제가 인물이 아니라 가장 중심된 사건이라고 본 다른 아이들 생각과 부딪히며 제재와 주제가 다르다는 것을 알게 된 계기가 되었기 때문이다. 그리고 작품에서 겉으로 드러난 의미가 아니라 작품 안에 숨겨진 의미를 찾아 그 내용과 자신의 삶을 어떻게 연결지을 것인가를 고민하는 비평적 관점이 활성화된 소중한 시간이 되었다.

은경샘 쥐돌이의 상황뿐 아니라 고양이의 상황도 이야기에서 아주 중요하네요. 다른 친구들이 쓴 글을 읽어 보니 작품의 중심 생각 혹은 주제에 대한 생각이 다른데 어떻게 생각하나요?

초코 아무리 이루어질 수 없는 관계라도 친구가 될 수 있다고 생각을 했다. 왜냐하면 쥐가 고양이의 품에 안겨서 자고, 쥐가 새끼를 밴 고양이에게 먹을 것을 갖다 주었다. 이건 전혀 상상이 가지 않는 관계가 맺어진 것이다.

두지 중심되는 이야기는 고양이가 쥐돌이를 안아 준 것에 있다. 왜냐하면 고양이가 쥐를 안아 주지 않았다면 쥐는 '제 보금자리도 아닌데 가만히 있으면서 먹을 거나 얻어먹으면서 뭐하는 거야!'라고 생각할 수 있지만 고양이가 안아 줌으로써 그 마음이 없어진 것이다. 고양이가 쥐를 이해한다는 것이 주제이다.

난다 자신에게 특별한 사람한테는 그 사람 특유의 냄새가 난다. 부모님 특유의 냄새랄까? 그것을 느낄 수 있는 것이 주제다.

곰탱 미씨가 "쥐돌이 자체가 중심이다, 주제다." 한 건 좀, 작가가 그런 '인물'을 통해 뭘 말하고 싶은 걸까? 왜 그런 이야기를 썼을까?(뒷말을 흐림)

두지 한 책의 주제가 여러 개 있을 수도 있다고 생각해. 본 주제는 글 쓴 사람만 알 수 있지만 읽는 사람은 각자 다르게 생각하니까 여러 개일 수 있지.

난다 찬성. 주제는 정답이 아니니까.

(잠시 침묵)

곰탱 (계속 생각하고 머뭇거리고 있다가) 그런 쥐가 있고 그런 상황의 고양이가 있고 서로 만나서 변하는 것인데. 어떻게 변한다는 거지?

난다 쥐돌이의 느낌이 변하잖아. '섬뜩하다'에서 '포근한 너만의 냄새'로.

두지 음, 음. 바로 그거.

초코 별 다른 점은 없어 다른 동화도 과장해서 말해. '은혜 갚은 까치나 꿩' 같은 것도 말이 안 되는 그런 이야기를 하잖아.

난다 과장은 아니다. 이건 사람이 없잖아.

미씨 (책을 가리키며) 이건 동물들만의 이야기고 동물들은 어려운 상황에 있어. 쥐돌이는 엄마를 떠올리고 고양이는 새끼를 뱄고, 그런 상황에서 쥐돌이는 고양이를 도와줘서 여러 생명을 구해.

곰탱 그러니까 동물들도 그렇게 생명에 대한 마음이 있다. 동화가 아닌 이야기.

두지 동물 이야긴인데 동화는 아님.

미씨 사람들의 고정관념을 깨고 있다. 고양이는 무조건 쥐를 잡아먹고 쥐는 고양이에게 잡아먹힌다는 생각을 깨고 있어. 사람만이 느끼는 것이 아니라는 거지. 모든 생명은 다 느낀다.

초코 『생명이 들려준 이야기』를 읽었어. 생각나, 생명.

두지 『너만의 냄새』는 독특해. 관계를 맺기 때문에 느낄 수 있는 것인데 어떤 상황이냐?

곰탱 아주 어려운 상황이지. 동물들도 어려운 상황에서 서로 천적인데도 친구가 될 수 있다는 걸 고양이도 쥐돌이도 알게 된 거지. 그래서 느낌으로, 너만의 냄새로 변하는 거지.

(침묵)

은경샘 여러분 이야기를 들으니 아주 중요한 걸 발견했다는 생각이 들어요. 나는 작품에서 쥐돌이가 "잡아먹히는 줄 알았다." 했을 때 "그래, 그랬구나." 했던 고양이의 말이 참 소중하게 느껴져요.

(잠시 침묵)

미씨 다시 생각을 해 보면 친구가 되었다고 같이 있지 않아. 쥐돌이가 고양이에게 보금자리를 비워 주고 떠나.

두지 현실적이야. 작가는 쥐돌이를 가장 중요하게 생각하지. 그러니까 쥐가 고양이의 냄새, 너만의 냄새를 기억하게 해.

곰탱 주인공이 맡은 냄새, 그러니까 체험을 이야기하고 있는 거다. 이건 특별한 경험이야.

난다 자신에게 특별한 사람은 그 사람 특유의 냄새가 나. 엄마 냄새처럼. 그것을 느낄 수 있는 것이 주제다.

아이들은 『너만의 냄새』가 나와 '다름'을 받아들이는 관계 맺음을 보여주지만 결론은 주제가 주인공의 경험에만 머무르지 않고 현실적이라는 것 즉 나 자신이 느끼는 그것이 주제라는 것을 발견했다. 그러나 주제에 대한 토론은 줄거리를 나누는 과정보다 쉽지 않았다.

아이들이 인물의 변화와 사건을 통해 주제를 파악하는 과정에서 제재와 주제가 다르다는 것을 확인하는 과정을 거쳐 주제에 대한 각자의 의견을 나눌 수 있게 된 것이다. 즉 미씨가 작품의 특징을 제재로 보았고 제재를 쟁점으로 삼아 집중 토론을 하면서 주제로 확장된 사고를 할 수 있었다. 이것은 아이들의 작품 읽기가 사건보다 인물 혹은 제재 중심으로 이루어진다는 것을 알 수 있다.

● 너만의 냄새

5학년 3반 미씨

지난 번 할머니 댁에 가서 고기를 구워 먹는데 오소리가 나타났다. 그때 할머니가 고기를 던져 주었다. 오소리는 슬그머니 받아먹고 사라졌다. 나는 무섭기도 하고 많이 놀랐는데 할머니는 놀라지 않았고 오소리도 마찬가지였다. "배고프면 다 똑같다. 나눠 먹어야지." 하셨다. 할머니와 오소리는 친구일까?

'어려운 상황에서 동물들도 천적들도 친구가 될 수 있다'는 걸 생각했다. 엄마 없는 쥐돌이와 새끼를 뱄으나 몸을 다친 고양이. 그 둘도 처음엔 친하지 않았다. 오히려 피 냄새와 짐승 냄새로 쥐돌이는 숨이 턱 막혔다. 그러나 고양이의 처지를 알게 된 쥐돌이는 말없이 먹이를 구해다 준다. 나는 고양이가 '왜 날 도와주니? 널 잡아먹을지도 몰라.' 이런 마음이 드는 것이 중요하게 느껴졌다. 진짜 자기가 하고 싶은 말을 알게 되니까. 그리고 고양이가 쥐돌이 말을 들어 주는 것도 좋았다. 친구라면 우선 말을 잘 들어 주어야 한다. 왜냐하면 그냥 듣다 보면 통하니까. 이유가 없다. 친구가 되는 길은 어렵지 않다.

그런데 이 책은 좀 다르다. 은혜를 갚거나 고마워하거나 그런 건 없다. 쥐돌이가 떠나면서 자신의 엄마를 부탁할 뿐이다. 고양이가 몸이 다 나았고 또 새끼를 낳아야 하는 걸 아니까. "자기 스스로 갈 길을 간다." 나는 이 장면이 멋있다.

'유은실 동화' 비평기

「멀쩡한 이유정」「할아버지 숙제」

『멀쩡한 이유정』 © 유은실 글, 변영미 그림, 푸른숲주니어

아이들에게 자신이 좋아하는 작가와 작품을 추천 받았다. 여러 사람이 나왔지만 유은실의 작품을 좋아하는 아이들이 다수였다. 유은실의 동화집 『멀쩡한 이유정』(유은실 글, 변영미 그림, 푸른숲주니어) 중 「멀쩡한 이유정」과 「할아버지 숙제」를 읽었다.

'초코'는 자신과 꼭 닮은 이유정을 좋아한다고 했다. 초등학교 교실에서는 한 아이가 뭔가에 빠져있으면 순간적으로 전염되는 현상을 볼 수 있다. 초코가 '이유정'을 열심히 읽고 재미있다고 하니까 다른 아이들도 덩달아 읽고 유은실의 다른 작품들도 찾아서 읽는 모습을 보았다. 단행본으로 나온 『만국기 소년』은 표지에 실린 그림으로 주제를 찾거나 작품에 등장하는 나라 수도 이름 맞추기 게임도 했다. 작품 제목에 대한 아이들의 생각을 들어 보자.

난다 멀쩡하지 않는데 왜 멀쩡하다고 하나?
초코 멀쩡하지 않으니까.
사회자(미씨) 길치가 이상한 게 아니라 평범한 거라고 생각이 들어.
두지 작가가 길치지 않을까?

곰탱 그럼 끝부분을 행복하게 해야지. 학습지 선생님을 만나서 난처하게 했을까?

초코 그러니까 길치라고 부끄러워하잖아. 선생님까지 길치고.

사회자(미씨) 다른 방법이 없을까? 찾아보자.

아이들이 생각한 길치 이유정 돕기는 다음과 같다.

① 친구들하고 집으로 가는데 길을 잃어버려서 다른 길로 가는데 먼저 간 친구들은 불량배를 만나서 돈을 뺏기는데 유정이는 안 만나게 한다.

② 과외 선생님하고 헤매는데 동생이 와서 아이스크림을 사 주고 같이 간다.

③ 네비게이션을 준다. 일단 태양열 전지에 무선 GPS기능으로 심심할 때 하는 게임이 내장되어 있고 엄마와 통화할 수 있는 전화 기능, 모르는 사람 만나서 물을 때 쓰는 번역기도 되고 우리 집 찾기 설정이 되어 있다.

④ 길치인 이유정이 위대한 일을 하게 해서 유명한 사람으로 만든다. 그러면 자기가 길을 찾지 않아도 다른 사람들이 알려 줄 것이다.

네 가지 모두 두지와 난다가 의견을 냈는데 다른 아이들이 "현실감이 없다. 문제 해결이 안 된다. 네비게이션 기능으로 보아 엄청 비쌀 것이다." 같은 이유로 멀쩡한 방법이 아니라는 결론을 내렸다.

두 번째 질문은 "왜 학습지 선생님까지 길치로 만들었나?"이다.

사회자(미씨) 왜 학습지 선생님까지 길치로 만들었을까?

초코 일단 당황하게 만들려고. 그리고 너만 길치인 건 아니라는 걸 말해 주려고.

(침묵)

난다 (손을 들고) 알겠어요. 작가는 뒤집어서 말하고 싶은 거예요.

두지 (책상을 치며) 그래 맞아. 알았어요. '멀쩡한'의 이유를. 멀쩡하다고 한 건 이런 거지. 세상에는 많은 '치'들이 있어. 길치, 박치, 몸치. 그런 많은 사람들이 이 세상에 있고 같이 살아. 그걸 말하고 있어.

초코 그런 것들을 숨기고 싶은 아이들에게 괜찮다고 말하고 싶은 거지.

곰탱 작가도 어릴 때 콧물을 많이 흘렸대. 아주 심각한 때에. 일종의 몸치지.

난다 누구나 약한 부분이 있어. 음, 좋아라.

초코 하지만 이유정은 공부를 좀 하잖아.

두지 아, 공부. 학원에 다녀도 과학 69점을 못 넘겨 재시험을 칠 수밖에 없어. 인간은 누구나 힘든 순간이 있는 거야. 아무도 대신해 줄 순 없지.

난다 이유정이 잔머리는 있어. 한상규 만나서 다리를 절잖아. 완벽하게 속이는 거지.

곰탱 그래도 어색한 게 보이잖아. 아주 소심해.

초코 맞아. 소심하게 동생 미술 숙제 안 해 주는 걸 복수라고 하잖아.

「멀쩡한 이유정」에서 주인공 이유정을 돕는 방법과 이유정이 진짜 '멀쩡하다'는 결론을 내렸다. 그러나 이런 결론에도 불구하고 역시 문제는 작품의 결말이었다. 왜 이런 식의 결말을 제시한 거지? 아이들은 각자의 결말을 상상했고, 드디어 난다가 작가의 '뒤집어 말하기'라는 방식을 알아챘다. 길치 이유정에서 시작한 토론은 자신이 가진 '멀쩡하지만 멀쩡하지 않은 나'를 드러내는 말하기로 바뀌었다.

사회자(미씨) 유정이의 성격을 알아보았습니다. 나도 유정이를 닮았다는 생각을 했는데…… 나는 달리기가 절대 안 돼.

난다 나는 수비수를 못해. 공격 밖에 안 돼.

두지 공격이면 골을 넣으면 되잖아.

난다 문제는 자살골이라는 거지. 상대편이 넣었는데 키퍼가 막았어. 그런데 내가 헛발질을 해서 골을 넣었어. 그런데 그게 자살골이라는 거지. 그 심정을 알아?

초코 나는 물건을 어디 두었는지 생각이 안 나. 수영 다니다 수영복을 놓고 온다거나 신주머니, 우산은 늘 잃어버려. 집에 오면 생각나. 두고 온 곳에 다시 가 보면 찾을 때도 있고 잃어버릴 때도 있어. 어휴, 잔소리를 들어도 안 돼.

난다 맞아. 우리 아빠도 툭 하면 잃어버려. 어른들도 다 똑같아. 학습지 선생님처럼 말이야. 그래 놓고 큰소리 뻥뻥 치잖아.

두지 내가 두 살 때부터 학교 갈 때까지 할머니 집에서 자랐거든. 주말에 엄마가 와. 그런데 나는 할머니도 엄마라 하고 엄마한테도 엄마라고 했어. 일요일에 엄마가 가는데도 엄마 잘 가. 이래 놓고 할머니한테 엄마, 이랬다는 거야. 그래서 우리 엄마가 "엄마 여기 있다 엄마, 엄마 해 봐." 그래서 100번은 더 했지.

곰탱 그러니까 우리가 두지 말을 못 알아듣잖아. 뭐 행성 B-298호 어쩌고 하니까 두지는 '말치'야.

사회자(미씨) 동물도 그렇대. 병아리가 알에서 깰 때 칠면조를 보면 어미 닭인 줄 알고 졸졸 따라다닌대.

두지 그러면 내가 동물? 아, 이 잔인함.

곰탱 나는 사람이 많은 곳에 가면 혹시 미아가 되지 않을까 걱정해. 뭔가 복받치고 울 것 같은 느낌. 그런데 우리 엄마가 그렇거든. 차 많은 곳에서 좌회전, 우회전, 11시 방향 뭐 이런 거 때문에 운전면허를 못 딴대. 그런 말만 들어도 머리가 시끄럽대. 아빠는 엄마한테 운전 배워라 하지만. 유정이의 마음을 알 것 같아. 그냥 왼쪽으로 가세요. 오른쪽으로 가세요. 이렇게 하면 안 돼?

사회자(미씨) 아, 나도 그런 적 있어. 1학년 들어오자마자 열중 쉬어, 앞으로 나란히, 좌향좌, 그런 말을 듣고서 진짜 무서웠어.

아이들은 「멀쩡한 이유정」에서 유정이의 문제를 자신의 문제로 생각하고 어떻게 하면 좋을지 토론해 갔다. 그러면서 드러난 점은 이유정이란 아이가 길치인 것이 개인의 문제뿐만 아니라 아파트로 이사를 와서 똑같은 건물과 비슷한 길을 따라 걷게 되면서 시작되었다고 보았다. 그리고 함께 다닐 친구 한 명만 있어도 유정이는 멀쩡하게 학교에서 집으로 올 수 있다는 것과 지금 유정이에게 필요한 것은 '기다려 주는 마음과 넉넉한 시간'이라는 결론을 내렸다.

미시 그럼 유정이처럼 길을 잃었을 때 어떻게 하면 좋을까?

초코 길을 잃었을 때는 근처의 파출소나 어른들에게 엄마 휴대폰을 가르쳐 주고 집을 찾아 달라고 하면 되지.

두지 어릴 땐 그게 통했지. 6학년이 그런다고 해 봐. 욕먹지.

난다 그럴 때 하는 방법이 있어. 일단 자전거를 탈 줄 알아야 해. 그리고 친구들과 무조건 다른 곳을 가 보는 거야. 모르는 곳에 가. 아무도 모르는 곳에 가면서 이마트 같은 큰 건물을 기억해. 돌아오면서 그곳을 찾아서 오면 돼. 절대 혼자가지 말고 친구가 있어야 해.

사회자(미씨) 이유정은 친구가 없다. 같은 아파트에 사는 한상규가 있을 뿐이다.

초코 그러니까 이유정이 길치가 된 거지. 유정이가 '옛날에는 좋았는데.' 하면서 재개발 구역이 된 옛날 동네를 그리워하잖아. 답답한 거지.

난다 조금씩 달랐으니까 다 아는 거지. 우리 할머니 동네도 집이 똑같은데 다 달라. 담쟁이가 있는 집, 상자로 의자를 하는 집, 누가 뭐 하는지 다 알지. 누구 집 애라는 것도 다 알고. 길 잃을 걱정이 없어.

곰탱 아파트 말고 시골에 가고 싶다. 똑같은 아파트는 너무 복잡해. 똑같은데 더 복잡한 아파트.

초코 그러니까 이유정은 멀쩡했다는 거지. 아파트로 오면서 더 길치가 된 거야. 적응하는 시간이 필요해.

두지 유치원 다닐 때 생일잔치를 했거든. 그런데 생일이 되면 개다리 춤을 춰야 돼. 나는 정말 어떻게 해야 하는지 몰랐어. 6학년이 되니까 개다리 춤의 개념을 알게 됐다니까.

초코 그러니까 유정이에게 필요한 건 시간이야.

난다 그때까지 계속 기다려 주면 집에 갈 개념이 생길 수 있을 거야.

두지 그게 안 되면 주택으로 옮기거나 나중에 시골에 가서 살면 되지. 걱정 마 이유정!

토론을 하면서 무엇보다 인상적인 경험은 유정이의 문제에 대한 원인을 찾듯이 아이들은 자신이나 동생들의 문제에 대한 해결 방법을 스스로 찾거나 조언을 해 주는 것이었다.

사회자(미씨) 내 동생도 3학년 때까지 이불에 오줌을 싸는 거야. 축축한 이불을 놓고 이걸 빨아야 하나 말려야 하나 고민을 해. 나는 다행히 아토피가 있어서 냄새를 못 맡아. 동생이 오줌을 싸도 괜찮았어. 동생이 냄새 맡고 빨거나 말렸지. 4학년 되니까 괜찮아졌어.

곰탱 음……, 나는 우선 자전거를 잘 타야겠군. 그럼 멀쩡해지겠네.

두지 공부는 어떻게 하지? 수학 숙제 해야 되는데 언제 다 해. 문제는 풀어도 잘 모르겠고. 헬프 미!

초코 공부는 자기가 해야지. 이 몸은 몸치에서 탈출하고 싶다. 아, 어떻게 하지?

두지 일단 음악을 틀고 자기가 흔들고 싶은 대로 흔들어. 누가 뭐래? 너의 막춤은 괜찮아.

난다 수비를 잘하는 방법을 알아봐야 해. 멀쩡한 공격수 변신!

두지 공격수만 잘하면 되지 않아. 수비까지 다 잘해야 해? 못하면 못하는 대로 지내자는 게 작가가 하고 싶은 말 아닐까?

아이들 찬성이야.

사회자(미씨) 작가는 말해. 모두가 멀쩡하지 않고 다 한 가지씩 고민을 가지고 있다. 길치 이유정이 주인공이고 제목이랑 내용이랑 딴판인 멀쩡한 이유정을 우리가 다 읽었습니다. 토론 끝.

● 멀쩡한 이유정, 걱정 마! 이유정

5학년 3반 난다

엄청난 길치에 타고난 방향치인 유정이는 동생이 먼저 집에 가는 바람에 혼자서 집에 가기로 결심했다. 길을 찾고 또 찾아도 집은 나오지 않았다. 땀이 범벅이 돼서 돌아다니다 겨우 학습지 선생님을 만났는데 선생님까지 유정이네 집을 10분째 찾아 헤맨다는 것이다. 대략 난감!

작가는 왜 멀쩡한 이유정이라고 했을까? 멀쩡하면 정말 멀쩡해야 할 텐데. 상황은 점점 꼬이고 소심한 이유정은 혼자서 어떻게 문제를 풀어야 할까?

내가 이유정이라면 '아, 짜증나 왜 길을 이따구로 만들었고 왜 아파트는 저따구로 만들었지!' 했을 것이다.

책을 읽어도 나는 도저히 이해할 수가 없었다. 한 번 간 길을 왜 기억하지 못할까? 아파트를 나서면 보이는 것을 잘 기억하기만 하면 되는데.

길치를 벗어나는 길이 있다. 이유정은 자전거를 배워야 한다. 그래서 친구들하고 자꾸 나가 보고 건물을 보고 길을 익혀야 한다. 공부는 잘한다면서, 반장이라면서, 참 알 수 없는 캐릭터다.

그럼 나는? 나도 뭐, 자살골만 넣지 않으면 완벽하다. 공격은 되는데 수비가 안 된다. 진짜 수비를 잘하고 싶다. 이야기에서 멀쩡한 말이 멀쩡하지 않게 들리는 게 재미있다. 그런데 이유정이 예전에 살던 곳은 다 달랐다고 했다. 집 모양이 다르고 담벼락 낙서, 금이 간 모양이 조금씩 달랐다고 한다. 그런 곳에 가면 이유정은 멀쩡한 이유정이 될 것 같다. 똑같은 아파트가 더 복잡하다는 걸 이유정을 읽고 알게 되었다.

다음은 「할아버지 숙제」를 읽었다. 작품을 읽는 내내 말맛이 느껴졌고 특히 할머니의 대사는 강력한 웃음을 생산했다.

'난다'는 지난 번 읽은 「멀쩡한 이유정」과 「할아버지 숙제」의 닮은 점을 찾아냈다. '멀쩡한'과 '유명한'의 차이를 이야기하며 토론에 적극적으로 참여하는 변화를 보였다. 아이들은 주인공 '나'의 숙제하는 법을 알게 된 지점을 찾고 고학년다운(?), 이미 세상을 알아 버린 선배의 입장에서 경수가 할아버지를 소개할 수 있었던 것처럼 본인들의 할아버지를 아주 현실적으로 소개하였다.

난다 경수가 생각하는 유명한 거랑 할머니가 "유명했지." 할 때 그 유명은 뜻이 달라.

초코 도둑을 잡아 유명한 거 하고 골목에서 술만 마시면 노래 부르는 유명은 다르지.

곰탱 다르게 말하자면 식구들한테 유명한 건 '그저 평범하다'는 거야.

미씨 작가는 그걸 말해. 아이들이 유명하다고 한 것도 조기축구회 회장 이런 건데 이게 뭐 그리 유명한 것도 아니잖아.

난다 「멀쩡한 이유정」에서도 멀쩡한 게 멀쩡한 게 아니었지만 멀쩡해 보인 것처럼 여기서 유명은 '유우명해서' 유명한 거잖아. 푸하하핫! 재밌다.

아이들은 유은실 동화를 비평하며 자신이 정한 주제를 뒷받침하는 근거를 찾아서 말하는 법을 익혔다. 작품의 특정한 부분을 근거로 들어 의견을 제시하였다. 또한 상대방의 의견에 맞장구를 치고 적극적으로 칭찬하거나 다양하게 공감의 표시를 사용하였다. 무엇보다 가장 큰 변화는 작품을 꼼꼼하게 읽는 것이다. 토론 전에 미리 읽어 오기도 하고 읽은 후 다시 한번 본문을 눈으로 읽으며 내용을 좀 더 자세히 들여다본다.

초코 나는 처음에 경수가 할아버지의 진실을 감추고 좋게만 말하면서 사기 친다고 생각했거든. 근데 다시 읽어 보니까 재미가 있어. 웃겨. 여기 봐. 특히 할머니랑 엄마가 숙제를 하면서 주고받는 말 웃기잖아. '어떤 사람을 이해하려면 여러 가지로 볼 수 있어야 한다.' 뭐 이런 것도 생각이 났어.

난다 와우, 역쉬. 초코 짱.

두지 나는 허세가 중요하지 않다는 걸 느껴. 경수도 할아버지가 유명하지 않다는 걸 알고 좌절했고 명규도 자기 할아버지가 바람둥이란 걸 알면 충격을 받을 거야. 그러나 겉이 중요한 건 아니지. 오렌지도 딱 보면 맛을 알 수 없고 먹어 봐야 맛있다는 걸 알듯이 '사람도 드러나는 것이 제일 중요한 건 아니다.'를 말하고 있어.

곰탱 (두지를 보며 고개를 끄덕이고) 그렇지. 모든 사람에게는 사연이 있어. 그렇게 행동하는 것만 보지 말고 그 안에 진실은 따로 있다는 걸 알게 된 거야. 할아버지들이 유명하지 않아도, 평범하게 살아갔다는 걸 듣고 걱정이 작아졌다는 건 경수가 할아버지들을 조금은 이해할 수 있어서 위로를 받았다는 거지.

미씨 끝에 경수가 다른 할아버지들은 다 유명한 줄 알았는데 명규 할아버지 이야기를 듣고 자기 할아버지처럼 나쁜 점이 하나씩 있다는 걸 알게 되잖아. 그러니까 경수가 유명하지 않은 사람으로 자기 할아버지라는 것을 인정하는 과정을 읽으면서 독자가 우리 할아버지를 다시 생각해 보고 안심하게 되는 걸 작가는 바라고 있어.

난다 휴, 왜 다들 이렇게 말을 잘하지? 연습했어? 나는 별 생각이 없는데. 우리 할아버지는 원래 우리 할아버지였으니까. 외할아버지는 돌아가셔서 잘 모르겠지만.

초코 숙제를 하려니까 그런 거지. 남들 앞에 소개해야 되는 일이잖아. 그러니까 세상에 쉬운 일은 없는 거지. 게다가 숙제가 할아버지니까 어렵지. 할머니였다면 더 쉬웠겠지?

아이들은 작품이 열어 주는 새로운 세계에 재미를 느끼고, 아쉬운 대목은 걱정하며 실제 자기 할아버지 문제를 가지고 토론을 했다. 자신들이 추천한 작가여서 그런지 평소에 소극적이던 난다가 매우 주도적으로 토론에 참석하는 것을 볼 수 있었다.

난다 물론이야. 할머니였다면 유명한 것과 다르게 뭘 잘 만드시고 잘해 주시고 도와주시고 이렇게 쓰면 되니까. 역시 할아버지들이 문제야. 집 나간 아빠는 또 어떡하냐?

두지 맞아. 문제는 남자들이야.

초코 막 화를 내고 집을 나가 버리잖아?

두지 존심이 상하니까, 자기도 아버지니까 그렇지. 엄마나 할머니는 말로 해서 문제를 푸는데 아빠는 그 방법을 모르는 거지. 쩝.

미씨 할아버지들도 그랬을 거야. 술 먹는 거 말고 이야기를 했다면 좋았을 텐데. 그걸 왜 몰랐을까?

두지 우리 할아버지는 인터넷 골프나 바둑을 한다고 할머니한테 맨날 잔소리를 듣고 사셔. 휴가 때 할아버지 댁 가면 할머니는 어지러진 걸 하루 종일 치우고 일하셔서 허리가 많이 아픈데, 아파도 우리가 걱정할까 봐 말씀도 안 하셔. 할아버지는 밖에 나가서 친구들 만나고 집에서는 인터넷 바둑만 몇 년째 6급이니까 매일 잔소리를 듣고 각방 쓰잖아.

초코 우리 할아버지는 낚시를 잘하는데 강에 가서 고기를 잡아 와도 할머니가 싫어하셔. 비린내 난다고 그래서 우리 집에 가져와. 매운탕 끓여서 맛있게 드시는데 나는 안 먹어. 무슨 고긴 줄도 모르는데 찝찝하고 기분도 안 좋아. 할아버지들은 왜 할머니가 싫어하는 일을 하실까?

미씨 우리 할아버지는 평범하게 농사지으시고 지금도 그런데 남동생만 귀여워해. 차별이 아주 심하고 명절에 외갓집에 먼저 들렀다 가면 전화를 하도 자주 해. 왜 안 오냐고, 시댁이 제일 먼저라고. 그래서 엄마가 스트레스 폭발 직전일 때도 있어. 할아버지는 특히 심하게 전화를 해.

곰탱 이건 좀 그런 이야긴데……. 할머니가 돌아가시고 할아버지가 여자 친구를 사귀셨어. 그런데 집도 안 돌보고 농사도 안 짓고 해서 풀이 막 자라니까 고모나 부모님들이 싫어해. 그런데 이상하잖아. 할아버지 혼자 있으면 심심하니까 여자 친구 사귈 수도 있는데 자식들이 왜 이해를 못 할까?

난다 우리 할아버지는 진돗개를 키우니까 유명했는데 한번은 할아버지가 아파서 병원에 입원을 하셨는데 개가 혼자 새끼를 낳고 키우고 있었던 거야. 그런데 사람들은 모두 할아버지가 개를 잘 키웠다고 그랬어. 그 후에 개가 나이가 많이 들었다고 잡아먹었어. 같이 먹었는데 정말 맛있더라고. 참 이해하기 힘들지.

두지 야 다들 대단한 할아버지들이다. 만약에 할아버지 숙제를 한다면 우리 할아버지를 어떻게 써야 하냐? 이 나이에 엄마한테 물어볼 수도 없고.

곰탱 경수처럼 쓰면 되지. '여자 친구를 사귀는 멋진 우리 할아버지를 소개합니다.' 이렇게.

미씨 '우리 할아버지는 전화하기를 매우 좋아하신다.' 이렇게 써야겠네.

난다 '우리 할아버지는 진돗개를 잘 키우고 할아버지가 키운 진돗개는 무척 영리합니다.'라고, 콜.

두지 아, 난 정말 걱정이다. 취미는 인터넷 골프와 바둑이고 친구들을 좋아하십니다. 할머니와 각방을 씁니다. 이건 할아버지는 자유롭게 주무십니다. 이렇게 써야 되나?

곰탱 나는 경수 할머니가 꼭 드라마에 나오는 할머니 같아. 말을 재미있게 터프하게 하잖아.

미씨 그래 맞아. 우리 엄마가 좋아하는 드라마가 있는데 '인생은 아름다워'

야. 거기 나오는 할아버지도 맨날 할머니한테 욕먹고 살아. 싸우는 게 재미있어.

두지 와우! 「할아버지 숙제」가 '인생은 아름다워' 동화 버전이네.

곰탱 특히 이런 재미, 읽는데 말이 귀에 막 들리는 것 같아. "유명하지. 처 잡혔다고 해? 정광식이." 이런 말들이 할머니하고 딱 맞게 펄펄 살아 있는 거잖아.

초코 응 재미있어. 경수한테 엄청 중요한 '유명한 할아버지'가 사실 아무것도 아닌 거잖아. 다들 유명하지 않아도 우리 할아버지니까.

난다 오늘 진짜 중요한 거 배웠네.

아이들은 말이 재미있고 엉뚱하거나 능청맞은 캐릭터를 생생하게 그려내는 점에서 유은실식 동화에 환호했다. 그것은 작품의 주제와 관련하여 '뒤집어 말하기' 방식을 잘 쓴다는 것과 같다는 것을 알게 되었다. 등장인물들이 평범하지만 독특하게 자신만의 개성을 가졌고 그것은 인물이 쓰는 말과 행동에 잘 드러난다는 것을 찾아냈다.

한 작가가 쓴 여러 작품들을 읽으며 이야기의 재미 요소에서 인물이 주는 실감과 주제를 드러내는 표현 방식의 중요성도 함께 발견하게 되었다. 무엇보다 작품의 내용과 자신의 삶의 문제를 연관시킨 동화 비평은 즐거웠다.

● 할아버지 숙제를 하는 방법

미씨

유명한 것의 기준이 얼마나 다른지 알려 주는 이야기다. 그래서 재미가 있었다. 숙제를 해야 하는 경수가 할아버지라는 인물을 어떻게 받아들이느냐가 주제인 것 같다. 진짜 재치 있는 작품이다.

「할아버지 숙제」의 주인공 경수는 할아버지가 유명하지 않을까 봐 걱정이었다. 왜냐하면 숙제를 해 가야 하는데 다른 아이들이 다 자기 할아버지가 유명하다고 했기 때문이다. 이렇게 자기 이야기를 떠벌리는 건 3, 4학년 남자아이들의 특기다.

선생님 기분도 모르고 막 떠들다가 매일 벌을 받는, 그러나 절대 고쳐지지 않는 남자아이들이 유치하게 느껴질 때가 있다. 나는 책을 읽으면서 할머니랑 엄마가 경수 숙제를 하며 말하는 게 제일 재미있었다. 특히 할머니 말은 진짜 독특하고 재미있다. 드라마에 나오는 할머니처럼 생생하다.

그런데 경수네 할아버지, 외할아버지는 둘 다 그렇게 '유~명할' 수 있을까? 돌아가신 할아버지나 외할아버지를 바꿀 수도 없고 경수의 마음은 얼마나 무거웠을까?

토론할 때 자기 할아버지 이야기를 하는데 이건 뭐 책보다 더 재미있었다. 특히 곰탱이네 할아버지는 여자 친구를 사귀고 있다고 한다. 대단한 곰탱이네 할아버지. 이제 나도 우리 할아버지를 소개할 때 어떻게 해야 하는지 알게 되었다. 학교 숙제로 많이 한 가계도 그리기 말고 내가 아는 진짜 할아버지를 소개할 수 있다.

'우리 할아버지는 평범하게 농사지으신다. 남동생을 특히 귀여워하신다. 전화하는 걸 좋아하셔서 무척 자주 하신다. 명절에는 특히 더 자주 하신다.'

이건 무척 진실에 가까운 이야기다. 토론을 하면서 다른 친구네 할아버지도 그리 유명한 분이 없었기 때문에 나도 안심하고 우리 할아버지 이야기를 할 수 있었다.

어쩌면 자기 할아버지에 대해 말하는 건 쑥스러운 일이기도 한데 참 솔직하게 말할 수 있었다. 그동안 토론하면서 친해져서 그런가 보다. 이야기 속에 우리 이야기가 또 들어있다는 것도 알게 되었다.

갈등과 발견을 넘어 자립하는 독자

– 고학년 어린이의 단편 동화 읽기

1. 어린이 독자의 동화 읽기

2005년 이후 『너만의 냄새』(안미란 글, 윤정주 그림, 사계절출판사)를 포함하여 김남중, 이현, 박관희, 유은실 등의 단편집에 실린 몇몇 작품들은 현대적인 주제와 개성적인 문체 그리고 다양한 서사 기법을 잘 살려 썼다는 호평과 함께 어린이에 대한 고려가 부족하다는 비판도 동시에 불러일으켰다. 특히 '동화의 소설화 경향'으로 진단된 작품들을 두고 아동문학의 "근본적인 문제에 대해 진지하게 생각하는 담론"[9]이 지속적으로 형성되고 있다. 김민령은 제2회 창비어린이 신인문학상 평론 부문 수상작 「새로운 이야기 방식과 독자의 자리」에서 '동화의 소설화 경향'의 쟁점인 내포 독자 문제를 유은실 작품들을 통해 집중 조명하면서, "좋은 아동문학이란 삶의 무한한 가능성과 의미를 보여줄 수 있어야"[10] 하며 거기에는 다양하고 새로운 서사 전략이 필요하다고 했다.

● 9) 조은숙, 「낯선 징후들과 함께」, 『창비어린이』 2007년 겨울호.
● 10) 김문령, 「새로운 이야기 방식과 독자의 자리」, 『창비어린이』 2010년 가을호.

이처럼 작가들의 새로운 시도와 어른 독자들의 다양한 판단이 아동문학의 변화를 전면에 드러내고 있는 지금, 실제 독자인 어린이들은 과연 작품을 읽을 때 어떤 생각을 하는가를 묻지 않을 수 없다. 왜냐하면 아동문학은 아동문학에 관여하는 또 다른 주체인 어른들의 평가만큼이나 아동문학의 실제 독자인 '어린이'의 생각과 욕구를 소중하게 담아내야 하기 때문이다.

이 글은 앞서 제기된 담론의 중심에 선 「나를 싫어한 진돗개」(김남중 글, 이형진 그림, 『자존심』, 창비), 「3일간」(이현 글, 윤정주 그림, 『짜장면 불어요!』, 창비), 「다복이가 왔다」(박관희 글, 변영미 그림, 『힘을, 보여 주마』, 창비), 「내 이름은 백석」(유은실 글, 정성화 그림, 『만국기 소년』, 창비), 이렇게 네 작품을 어린이 독자와 함께 읽고 토론하며 작가의 표현 의도가 작품에서 어떻게 드러나는지를 알아보고, 네 작품이 가진 새로움과 변화가 어떤 방식으로 읽히는지 탐구해 보고자 한다. 그 과정에서 어린이 독자는 작품에서 구현된 서사 전략을 이해할 수 있는지 혹은 없는지, 작품과 어린이 독자 사이에 어떤 경험과 의미가 구성되는지, 어린이 독자들의 요구는 무엇인지 세밀하게 짚어 보고자 한다.

탐구 방법은 어린이문학 토론 동아리 '책 먹는 두더지'의 5, 6학년 어린이들과 일주일에 한 권씩 정해진 작품을 읽고 토론하는 방식으로 진행하였다. 이 글은 7월까지 진행한 1학기 활동 중에서 6월 한 달 동안 토론한 내용을 담고 있다.

작품을 함께 읽기 전, 작품과 관련된 이야기 나누기를 시작으로 소리 내어 읽어 주기를 하였다. 읽는 과정에서 독자는 자유롭게 끼어들어 말하고, 의견을 나누었고, 특히 할 말이 많아지거나 의견이 대립되는 지점을 살려 토론으로 연결하였다. 작품을 읽고 나서 메모지에 '첫 느낌 쓰기'를 하고 게시판에 붙여 모두가 돌려 읽은 후 중심 사건과 인물의 변화를 찾아 주제와 연결되는 토론을 진행하였다.

자료에 대한 분석은 토론 과정에서 독자가 한 말이나 쓴 글 그리고 행동의 변화를 포함한 다양한 반응을 중심으로 독자와 텍스트, 독자와 독자 사이의 상호작용에 주목하면서 주된 반응과 독자의 읽기 방식의 변화를 알아보았다. 특히 독자 변화는 독서 활동에 처음 참여한 '난다'에 맞추어 분석하였다.

2. 갈등하는 독자

문학작품에는 작가가 표현하고 싶은 의도 혹은 중심 생각이 담겨 있다. 어른들은 어린이 독자(이하 독자)가 작품을 읽고 그 의도를 얼마나 잘 이해하고 있는지 알고 싶어한다. 그러나 책을 읽은 대부분의 독자는 "재미있어요.", "좋아요."라고 말할 뿐이다. 사실 문학작품은 읽고 나서 뭐라 꼬집어 한마디로 이야기하기가 쉽지 않다. 그러나 혼자가 아니라 여럿이서 함께 읽으면 같은 작품이라도 서로 다른 의견이나 불만이 드러나고, 이 문제를 해결하는 과정에서 독자는 작품이나 다른 독자와 갈등하게 된다.

「내 이름은 백석」은 우선 '이름에 얽힌 이야기'라는 기대를 가지게 하였다. 이 작품을 읽고 '인물의 감정과 인식의 변화'를 통해 주제를 찾고 토론을 하였다. '첫 느낌 쓰기'에서 독자들은 이 작품의 주제를 '사람마다 잘하는 것이 있다.'나 '친구를 잘 사귀어라.'라고 하거나, 주제가 확실하게 드러나지 않는다고 생각하는 의견이 많았다.

은경샘 이 작품을 읽고 생각한 주제로 '사람마다 잘하는 것이 있다.'와 '친구를 잘 사귀어라.'가 나왔는데, 어떻게 생각해요?

곰탱 둘 다 아닌 것 같아요. 왜냐하면 「내 이름은 백석」에서 주인공은 백석이잖아요. 보통 주인공의 말과 행동에서 주인공의 성격을 찾고 주인공이 느끼고 변화하는 걸 찾아서 주제를 찾아보라고 배웠어요. 그런데…….

두지 우리가 주제라고 이야기한 건, 백석 아빠가 말하고 생각한 거네요.

초코 그럼 백석이 어떻게 말하고 생각하는지를 찾아야 되나요?

곰탱 아! 그런데 문제가 있어요. 문제는 선생님이 석이 아빠가 백석 시인을 알고 이름을 따라 지은 걸로 오해하면서, 자기도 백석 좋아한다고 아버지한테 전해 드리라고 해서 생긴 거잖아요? 그런데 아버지는 백석을 모른다는 거죠.

난다 그러니까 엉뚱한 질문과 대답을 해서 부부 싸움도 하게 되고 건어물집 아저씨 때문에 무식한 게 들통 나는 거지. 그러니까 주제는 '친구를 잘 사귀자.' 아냐?

난다는 무식한 아빠가 백석한테 '친구를 잘 사귀어라.'고 말하는 것이 이 작품의 주제라고 생각했다. 다른 독자와 달리 난다는 토론에서 인물의 감정 변화를 잘 찾아냈지만 주제와 관련하여 1인칭으로 말하는 방식이나 주인공이 아빠에 대해 무엇을 느끼는지 이해하기 어려워했다.

「나를 싫어한 진돗개」를 읽은 독자의 첫 반응은 색다른 등장인물에 대한 호기심과 아버지에 대한 불만이었다. 작품 속 아빠는 현실의 아버지들과 닮았지만, 그 아빠를 통해 작가가 굉장히 강요하는 느낌이 든다고 했다. 또 읽을 때마다 주인공의 변화가 무엇인가 생각하게 하는 이야기 방식은 처음이라고 했다.

곰탱 그러니까 색다른 등장인물이지. 보통 동화에 등장하는 개는 똘똘하고 주인을 잘 따르는 걸로 나오는데 여기 나오는 개는 진돗개인데도 늙고 병들고 중풍에 걸렸으니까. 너무한 거지. 또 그 개를 키우라고 하는 아빠의 생각이 이상해.

미씨 음……. (잠시 생각하고) 아빠는 자기가 데려왔으니까 자신이 책임져야 하는데 민호에게 다 맡겨 버린다. 부모가 어떻게 힘든 일을 아들에게 맡기지?

두지 아버지들은 다 그래. 가만히 있다가 막 뭐라 하고 때리고. 그러면 말 듣고 싶지 않지.

미씨 그렇지만 모든 아버지들이 그렇진 않아. 아이들이 원하는 건 애완견이고, 아버지라면 그건 당연히 아는 거잖아. 근데 민호 아빠는 왜 아이 마음을 몰라주었을까? 작가는 왜 이렇게 썼을까?

난다 그럼 아버지가 작가라는 이야긴가?

두지 그렇지, 작가가 아빠에게 말을 시키고 있는 거지.

이 작품을 두고 독자들 사이에 '아버지에게 혼나지 않았다면 민호와 도리도리의 관계는 계속 똑같지 않았을까?'라는 문제로 의견이 엇갈렸다. 작품에서 인물의 변화가 일어난 결정적인 계기가 민호와 도리도리에 의해 주체적으로 제시되지 않고 아빠에게 끌려가는 것을 인정하기 싫다는 의견이 많았다. 독자는 자신이 동일시하는 인물인 민호가 스스로 느끼고 변화할 수 있기를 기대한 것이다.

난다 잠깐, 질문. 아빠에게 혼나지 않았다면 민호와 도리도리는 계속 똑같지 않았을까?

두지 (큰 소리로) 그건 아니지. 아버지한테 혼이 나고서야 도리도리를 인정한 건 아니지. 민호가 바뀌게 된 건 도리도리랑 같이 아팠고 미운 게 없어졌기 때문이야.

곰탱 (뭔가 말하고 싶은 눈빛) 그렇지. 민호의 생각이 바뀌는 건 도리도리와 같은 처지가 되고 나니까 아빠에게 야단맞는 것보다 어떤 계기, 결정적인……, 스스로 느낄 수 있는 것.

「다복이가 왔다」를 읽고 첫 반응은 '불편함'이었다. '왜 이렇게 불편하지?'라는 질문은 독자 모두에게 각각 다른 이유로 적용되었다. 특히 수빈이가 예전에 다복이를 심하게 놀리지 않았는데도 괜히 가슴이 쪼그라들었다는 부분을 읽을 때 독자들은 그동안 자신이 모르는 척하고 지내왔던 일을 떠올리면서 '만약 내가 그 상황이었다면 나는 어떻게 했을까?'라는 질문과 마주치고 갈등했다.

미씨 '만약에 다복이 같은 아이가 있다면 나는 어떻게 했을까?' 생각하게 하는 거지. 한마디로 말하기 힘든 복잡한 심정이야.

곰탱 우리 반에 다복이랑 비슷한 아이가 있어. 괴물이라고 불러. 피부가 이상해. 아토피가 심해서 여자애들이 특히 싫어하고. 말하는 걸 봐도 과대망상증이야. 자기가 뭐, 세계 최고의 부자가 되고 어쩌고 하니까. 성격도 완전 아닌데, 착하지도 않고. 한 달 내내 똑같은 옷만 입고 오고 더러워. 엄마도 이상해. 진한 화장까지.

미씨 괴물이라는 아이도 다복이처럼 지내겠네?

곰탱 그렇지 뭐. 선생님이 도우미 점수도 준다고 하지만 다들 싫어해.

난다 다복이랑 비슷하네. 다복이네 반 애들도 처음에 다복이를 이해할 수 없었잖아. 거의 말을 안 섞으니까.

곰탱 그런데 다복이한테 거지라고 하는 거나 걔한테 괴물이라고 하는 거나 비슷하다는 생각이 들어. 이건 좀 변명인데, 걔는 평범하지 않아. 사실 잘해 줘야 되는 걸 알기는 하지만 현실에서는……, (말을 끊고 나서) 다들 교실에서는 바쁘니까 신경 쓰기 싫은 거지. 모두 다.

두지 「다복이가 왔다」에서 아이들하고 선생님이 느끼는 게 그런 거잖아. 그러니까 놀리고 비웃는 거지. 그래서 이 이야기가 현실적이라고 생각해.

난다 사실 현실에서도 다복이 같은 애는 친구가 없어. 축구 해도 역할만 주면 끝이고 말도 섞지 않게 돼. 그런데……, 그건 우리 책임이 아니잖아.

초코 가르쳐 줘도 잘 모르고, 친구끼리 말이 통해야 되는데 그게 안 되면 나도 지혜처럼 다복이가 귀찮아질 것 같은데.

독자는 자기 주변에 있는 다복이를 떠올리고 '잘해 줘야 되는 걸 알기는 하지만 다들 교실에서는 바쁘니까 신경 쓰기 싫고 그런 일이 우리 책임이 아니다, 귀찮다.'는 복잡한 마음을 솔직하게 드러냈다. 그러면서 작품이 아주 현실적이라고 평가했다. 하지만 한편으로는 이런 작품을 읽게 하려는 어른들의 의도를 의심했다.

두지 작가가 '외모지상주의'나 '알지만 모르는 척하기' 이렇게 여러 가지를 말하고 있는데 이건 힘든 문제야. 다복이네 식구들이 정상인이 될 수도 없고, 놀기 싫은데 만나야 하니까 찝찝하고. 막상 그런 놀림 받는 아이 만나면 피하고 싶어지니까. 에이, 그러니까 생각이 문제야, 생각이.

초코 어떤 생각?

두지 이 책을 보고 나서 우리는 다복이 같은 애들을 싫어하는 자신을 느끼잖아. 그리고 다복이의 처지를 다시 생각해 보고 다복이의 마음을 이해하게 되는 거지, 수빈이처럼. 그래서 다복이 같은 아이와 친구가 될 수도 있겠다는 생각을 하게 되고. 그런 생각이 희망이라는 거지.

곰탱 동화를 읽으면 집중해서 읽는 힘도 생기고 다른 사람 마음도 이해하게 되고. 그런 걸 바라는 거지.

난다 누가?

곰탱 어이그. 어른들, 작가들, 선생님들 모두 다.

초코 그래서 뭐 어떻다고? 이 책 읽으면 다복이랑 같이 놀게 돼? 왜 우릴 착하게 만들려는 거지?

3. 발견하는 독자

갈등을 경험한 독자는 문제를 해결하기 위해 작품을 다시 읽거나 다른 사람의 의견을 물었다. 필자는 발문을 통해 독자가 어떤 방법으로 문제를 풀어 가야 하는지를 전달하고 독자는 그 발문을 토대로 상상력을 발휘하여 작품에서 무언가 발견하는 기쁨을 누렸다.

은경샘 「내 이름은 백석」에서 이야기를 이끌어 가는 사람이 있나요? 그가 누구에 대해 어떤 생각을 가지고 이야기를 이끌고 있는지 알아보세요.

(아이들은 한참 딴생각을 하거나 낙서를 했다.)

두지 (책을 보다가 손을 들고) 있어요. 이야기에서 말하는 사람은 백석, '나'잖아요. 문제는 말이죠, 주인공 '나'가 뒤에 있어서 그래요. 말이나 행동은 아버지가 더 적극적으로 하잖아요. 문제도 주인공이 일으키지 않고요. 어른들의 문제니까.

초코 그러니까 주인공을 왜 뒤에 두냐고요? 따로 말도 안 하고 보고만 있는 주인공을 알아봐야 하니까 어렵다는 거죠.

두지 작가는 자기가 정해 놓은 자신만의 생각이 있어요.

초코 작가가 따로 정해 놓은 걸 어떻게 찾아? 독자도 느끼는 것이 다 다르고.

곰탱 그렇지. 작가와 독자는 서로 다르게 쓰고 다르게 느낄 수도 있는 거지.

두지 하지만 중요한 건, 글을 쓰다 보면 촌스럽지 않게 써야 한다고 생각한다는 거죠.

난다 우와! 진짜 작가 같은데.

두지 저는 주로 판타지를 짧게 써 보는데요. 쓰다 보면 '너무 촌스럽게 쓰지 말아야지. 이건 다 알 거야.' 이런 생각을 하니까 어렵게 꼬면서 쓰게 되더라고요.

독자는 교사의 발문을 통해 작품 전체에서 주인공의 위치를 찾아내고 촌스럽게 쓰지 않겠다(모든 걸 다 말해주지 않겠다)는 작가의 의도를 추론하면서 '아빠가 작게 보이지만 그래도 말하면 실망할까 봐 아무것도 못 하며 서 있는 백석의 마음'을 발견하였다. 난다는 작품의 결말에서 드러나는 아이러니 방식을 이해하기 힘들어 했지만 다른 독자들의 이야기를 듣고 '아빠가 기죽지 말고 백석의 마음을 알아줬으면 좋겠다.'는 결론을 내렸다.

토론 과정에서 드러난 읽기 방식의 중요한 특징은 우선, 작품을 동화와 소설로 나누어 의미를 파악한다는 점이다. 「나를 싫어한 진돗개」를 읽으며, 비슷한 주제나 소재를 가진 작품들을 비교하며, 동화와 소설의 특징을 발견하였다. 동화는 '주로 해피엔딩이나 결과를 예측할 수 있고 결과를 통해 흥미와 만족감을 주는 것', 소설은 '주인공의 변화를 찾아보고 자신의 현실과 견주어 보며 주제를 계속 생각하게 하는 것, 뭔가를 발견하고 알게 하는 것'이라고 둘을 구분하였다.

초코 저도 그런데 그런 경험을 하니까 주인공이 변했다고 생각해요. 그러니까 아빠는 그런 걸 경험시키려고 죽음 같은 것을 느끼게 하려고 했던 거죠.

곰탱 그게 강요처럼 느껴져요. 단편소설이어서 그런지 복잡하게 느껴져.

두지 소설이라서 그래. 동화면 『안내견 탄실이』처럼 되지. 절망한 소녀를 돕는 안내견 탄실이. 조금만 읽어도 해피엔딩을 예상할 수 있어요.

미씨 음, 『안내견 탄실이』도 특별한 경험을 전한다고 생각해. 누구나 장님이 될 수 있지만 되지 않을 수도 있으니까. 그러니까 감동이 있는 거지.

곰탱 「나를 싫어한 진돗개」는 그런 감동하고 달라. 읽으면서 계속 줄거리가 생각났고 또다시 읽으면서 핵심, 그러니까 주인공의 변화를 찾아봐야 하니까. 힘들었지만 뭔가 알 것 같은 느낌이야.

「3일간」은 '결말을 처리하는 방식이 동화 같지 않다. 이해할 수 없다.'는 의견이 많았고 이런 의문을 해결하기 위해 '작가는 왜 이런 방식으로 결말을 썼을까?'를 추론하면서 동화와 소설을 구별하였다.

곰탱 이 책의 내용이 동화로 썩 어울리지 않는 것 같아. 보통 동화에서 친구 간의 갈등은 화해로 끝나지만 「3일간」은 끝까지 보여 주고 있어. 서로 이해하지 못하는 그 현실, 진실을, 딱 잘라서 보여줘.

초코 일종의 막장 드라마 같아. 영화 '고사'에서 보여 주는 것 같은, 학교 이야기인데 뭔가 괴담 같은 느낌이야.

두지 맞아. 아예 화해한 것도 아니고 절교한 것도 아닌 어정쩡한 정지 상태로 끝나지.

난다 그래서 뒷이야기가 더 궁금하지만 이런 이야기는 불편해.

두지 글을 써 보면 알지만, (잠시 둘러보고서) 작가가 뭐 쓸 게 없을까 허둥거리고 바닥을 박박 기고 있는데 다른 책을 봤어. 그런데 다 화해만 시키는 거야. 그러니까 '좀 더 색다른 걸 쓰겠다. 왜 만날 이해하고 끝낼까? 둘러보면 싸우고 화해하지 않는 게 더 많은데, 이해할 수 없는 게 진실인데.' 이렇게 다르게 생각하는 거지.

곰탱 계속 고민을 하게 하는 이런 책도 필요하긴 하지만 『에밀과 탐정들』처럼 끝까지 긴장하게 만들고 늘어지지 않는 책, 그런 책이 좋고 읽고 나서 더 만족해.

미씨 동감이야. 이 책도 무지 억압하고 있어.

두지 작가는 진실만을 이야기하고 싶어 해. 소설을 쓰니까.

4. 자립하는 독자

앞에서 살펴본 것처럼 독자는 작품에서 의미를 파악해가는 모호하고 혼란스러운 과정을 거칠 때 우선 당황하고 어른에게 답을 묻거나 갈등한다. 하지만 반복적인 갈등의 경험은 교사의 발문을 바탕으로 '추론하기'와 '상상하기', '동화와 소설로 나누어 보기' 등 새롭게 보는 훈련 과정을 거치며 새로운 발견으로 나아가게 한다. 특히 작품 속에 전개되는 삶의 이야기를 독자의 문제로 받아들여 구체적으로 해석할 때 작품과 독자는 서로에게 깊은 의미를 갖게 되고 그 순간 독자는 스스로의 힘으로 완결된 생각을 해내는 일이 주는 만족감을 깊이 느낀다. 다음은 '두지'가 「내 이름은 백석」을 읽고 쓴 글이다.

● 그런데 「내 이름은 백석」은 6학년쯤 뭔가를 알 나이가 되었을 때 읽어야지 4학년까지는 절대 알 수 없는 이야기일 수도 있다. 내 경험으로 4학년 2학기 때 우리 엄마가 처음으로 날 버렸(포기했)다. 그전까진 뭐냐고? 우리의 꿈과 희망이었지.

4학년 2학기 수학 시험을 쳤는데 정말 어처구니없는 점수를 받은 날. 엄마는 "널 포기해야겠다." 하면서 수학 학원으로 보냈다. 대신 학원이 날 받아 주었다. 그런데 요즘 엄마가 항상 뭔가를 깜빡깜빡하는 걸 보면 '쯔쯔쯧…….' 하고 나도 엄마가 낮게(포기하게) 생각된다. 백석이 아버지를 향해 손을 흔들 수 없는 것도 뭐 그런 심정이 아니었을까? 그런데 석이 아빠는 어떻게 하나? 학원을 갈 수도 없고. 꼭 가야 하는 것도 아니지만. 이후 석이는 아빠와 어떤 이야기를 할 수 있을까? 대충 살아가는 이야기를 하겠지. 나처럼.

우후훗, 쓰고 보니 촌스럽지 않은 이야기를 읽고 촌스럽지 않게 쓴 글이군.

두지

두지는 「내 이름은 백석」을 읽고 자신의 처지에 새롭게 눈을 뜨고 자신의 입장에서 부모의 입장을 헤아리는 주인공을 만났다. 양 손에 닭을 든 아버지를 향해 손을 흔들 수는 없었지만 이후에도 백석은 아빠와 살아가는 이야기를 하며 지내게 되겠지, 하는 낙관적인 희망을 이 작품에서 본 것이다. 그러면서 엄마가 자신을 포기하며 학원으로 보낸 것처럼 자신도 엄마를 포기하게 된 경험을 떠올리고 엄마의 입장을 생각하게 되었다.

곰탱은 「나를 싫어한 진돗개」를 읽은 후 주인공의 변화를 살피며 자신이 예전에 햄스터를 키운 경험을 떠올렸다. 그 과정에서 작품 속 민호의 경험을 자신의 경험으로 확장시키며 새로운 의미를 만들어갔다.

곰탱 나는 이 책을 읽으면서 햄스터 '탱이' 키운 게 생각났는데, 탱이가 털이 빠지고 피부가 부은 걸 모르다가 친구가 습진이라고 해서 동물 병원에 갔어. 만성피부질환이라고 식물성 오일이랑 연고를 발라 주면서 깨끗하게 키우라고 그랬어. 아무튼 '얼마나 아팠을까?' 생각도 들고 '햄스터도 살아있고 아파하는구나!' 뭐, 그런 걸 느낀 거지.

미씨 그렇다면 아빠가 도리도리에게 가진 애정은 더 이상해. 병원에 가야 할 개를 왜 집으로 데려오고 보살피는 건지, 왜 민호에게 맡긴 건지.

두지 아빠도 결국 인간의 입장만 생각한 거 아닐까? '불쌍하다, 우리가 돌봐 주자.'

난다 그러니까 민호가 경험한 건 아무나 할 수 있는 게 아니란 거지.

초코 그렇지. 도리도리의 죽음이 자기 탓일 수 있으니까 그 다음에 아빠가 다른 강아지를 데려온다고 해도 거절한 거지.

곰탱 민호는 이제 아빠보다 생각이 더 깊을 수 있어. 강아지를 키우는 걸 쉽게 생각하지 않으니까.

미씨 음. (곰탱을 가리키며) 곰탱이 말이 맞고 또 좋아. 가슴이 '찌잉해.' 민호처럼 곰탱이도 그런 경험을 한 거니까.

난다 미씨가 말한 가슴이 '찌잉해' 이거 중요한 거죠. (웃음) 무한감동 백만 볼트, 피슈.

「나를 싫어한 진돗개」를 읽고 나서 곰탱이 햄스터를 키우며 경험한 일을 얘기하자 미씨가 가슴 찡함을 느꼈고, 그 감동이 난다에게 날아가 '무한감동 백만 볼트'로 터졌다.

어린이 독자는 작품이 전하고자 하는 인간에 대한 가능성과 아름다움에 어른 독자가 생각하는 것 이상으로 훨씬 더 가깝게 자리하고 있다. 뭔가를 생각하고 그 생각을 자신의 말로 표현하고 글로 쓰면서 문학작품이 어떻게 작용하는가에 대해 배우고 스스로 의미를 만들어내며 자립하는 것이다.

5. 새로운 상상력을 꿈꾸며

"우리가 읽은 이런 소설들, 결말이 해피엔딩도 아니고 문제가 다 해결되지 않은 채 끝이 나 있어. 왜 그럴까? 어렵게 자꾸 생각만 하게 하는 이야기. 작가들은 왜 이렇게 쓰는 거지? 우리가 왜 이런 걸 읽어야 하는 거지? 아, 문제에, 문제에, 또 문제가 쌓인다."

네 작품을 읽는 마지막 토론을 마치며 두지가 한 질문이다.

곰탱 우리가 읽은 것이 거의 단편이기 때문에 그렇지 않을까?
미씨 글이 짧기 때문에 이야기를 압축해서 인상적으로 보여 주기 위해서라고 생각해.
초코 독자들의 기억에 남게 하려고.
난다 작가의 인생이 해피엔딩이 아니라서. (웃음)
미씨 사회적인 이슈나 뭐 그런 것들을 중요하다고 생각해서 썼겠지.
은경샘 그렇다면 작품은 당시의 사회적이고 문화적인 상황에 영향을 받는다고 볼 수 있을까요?

두지 예. 그렇다고 할 수 있어요. 특히 소설일 때.

은경샘 예를 들면 어떤 거죠?

두지 가난한 아이 문제, 자연과 인간의 문제 그리고…….

미씨 공부, 자살, 왕따, 전쟁 같은 것들이 들어 있어요.

두지 중요한 건 기대잖아요. 책을 보기 전에 뭔가 기대하는 것.

초코 책 읽고 '이렇게 갈등을 풀면 되겠구나.' 하는 걸 느낄 수 있으면 좋겠어요.

곰탱 그렇죠. 주인공의 갈등이 풀리는 걸 보고 내 문제를 생각하면 읽고 나서 마음이 후련하잖아요.

두지 촌스럽지 않게 끝까지 갈등을 놓지 않아야 하고.

미씨 결말이 이상하다면 내가 다시 써 보면 되지. 뒷이야기 쓰기나 상상하여 쓰면 작가가 하지 못한 이야기를 내가 할 수 있잖아요. 어른들 없이 아이들끼리 해결하는 이야기 어때?

두지 대박! 소설 속의 결말이 전부가 아니라는 것?

곰탱 소설 속에 현실이 들어 있다는 것. (모두 박수)

난다 질문, 그걸 꼭 내가 써야 해? 나는 그냥 재미있는 걸 읽고 싶다고요.

은경샘 오호라! 나도 찬성이야. 어떤 책이 재미있었지?

두지 만화 같지만 『완득이』. 똥주 같이 독특하고 성깔 있는 캐릭터가 좋아.

초코 나는 『멀쩡한 이유정』. 이유정은 엉뚱하고 독특하니까.

미씨 『신기한 시간표』처럼 환상적이고 신비한 이야기가 최고.

난다 무서운 이야기, 이상한 이야기는 다 좋아. 홍콩할매귀신, 빨간마스크 같은 것들 짱.

두지 질문 있는데. 우리가 왜 이런 단편만 읽어야 하는 거지? 선생님이 읽으라는 책은 좀 답답해. 우리가 좋아하는 책으로 토론하면 좋겠다.

곰탱 『구덩이』가 좋다. 결말이 맘에 들어. 새로운 상상력이 필요해.

두지 『내가 나인 것』. 집 나가면 개고생 아니다. 가출해서 여친도 생기고 혼자 힘으로 세상이 어떤 곳인지 알게 되지. 나도 이런 책 쓰고 싶다.

난다 『해리 포터』에 나오는 공간은 답답하지 않다. 가 보지는 않았지만 꼭 가 보고 싶은 곳. 읽으라고 강요하지 않아도 저절로 읽게 되는 책이니까.

미씨 『모모』같은 소설이 좋아. 단순하지 않으니까. 작가가 다음에 또 뭘 이야기할지 기대가 돼. 선물 받는 것처럼.

어린이 독자의 요구는 어른의 생각보다 넓고 깊다. 환상적이고 신비한 세계, 답답한 일상이 아닌 꼭 가 보고 싶은 세계, 무섭고 이상한 세계를 실감나게 그리면서 재미는 기본이고, 황당하고 엉뚱하고 독특한 캐릭터는 필수이며, 어른들의 설교나 간섭 없이 자신들의 이야기를 담아낸 작품을 원한다.

게다가 혼자 힘으로 세상이 어떤 곳인지 알게 되는 그런 책. 단순하지 않으면서 작가가 다음에 또 뭘 이야기할지 가슴 졸이며 선물을 받을 때처럼 기대하게 만드는 이야기. 그런 이야기를 만난 독자는 계속해서 읽고 또 읽으며 심지어 스스로 써 보고 싶다는 꿈을 꾸기도 한다.

과연 그런 이야기가 있을까? 그 이야기는 어디에서 올까? 분명한 건 작품 앞에서 어린이 독자는 여전히 기대한다는 것이다. 우리 아동문학이 가슴 두근거리고 설레는 어린이 독자의 마음을 작품으로 보여 준다면 새로운 상상력으로 가득 찬 자유로운 세계를 펼칠 수 있을 것이다. 그와 함께 어른 독자의 가슴 역시 깊이 출렁이지 않을까.

동화 비평 글모음

● 내 이름은 백석

두지

내 생각에 작가는 글을 쓸 때 '어떻게 하면 재미있게 쓸까?'도 생각하지만, '촌스럽지 않게 써야지.' 하는 생각을 한다. 그래서 이야기를 어렵게 꼬아 놓거나 비밀을 숨겨 둔다. 그냥 훤하게 드러나면 독자가 실망할지 모르니까.

「내 이름은 백석」에서도 백석의 아버지가 무식하다는 걸 백석이 알게 되는 장면에서 특히 마지막 장면, 아버지를 보며 백석 시집을 잡고 입을 꽉 다물고 있는 아이의 모습은 촌스럽지 않고 독특하다. 오래 기억이 남는다. 왜냐하면 아빠는 닭을 잘 안다고 했지만, 백석이는 그것만 알면 안 된다는 것, 뭔가 세상을 살아가는데 필요한 것, 개념이 생기는 장면이기 때문이다.

그런데 이 작품은 6학년쯤 뭔가를 알 나이가 되었을 때 읽어야지 4학년까지는 절대 알 수 없는 이야기일 수도 있다. 내 경험으로 4학년 2학기 때 우리 엄마가 처음으로 날 버렸(포기했음)다. 그전까진 뭐냐고? 우리의 꿈과 희망이었지. 4학년 2학기 수학 시험을 쳤는데 정말 어처구니없는 점수를 받은 날. 엄마는 "널 포기해야겠다." 하면서 수학 학원으로 보냈다. 대신 학원이 날 받아 주었다. 그런데 요즘 엄마가 항상 뭔가를 나처럼 깜빡깜빡하는 걸 보면 '쯔쯔쯧.' 하고 나도 엄마가 낮게(포기하게) 생각된다.

백석이 아버지를 향해 손을 흔들 수 없는 것도 뭐 그런 심정이 아니었을까? 그런데 석이 아빠는 어떻게 하나? 학원을 갈 수도 없고, 꼭 가야 하는 것도 아니지만. 이후 석이는 아빠와 어떤 이야기를 할 수 있을까? 대충 살아가는 이야기를 하겠지. 나처럼.

우후훗, 쓰고 보니 촌스럽지 않는 이야기를 읽고 촌스럽지 않게 쓴 글이군.

● 나를 싫어한 진돗개

곰탱이

처음 이 작품을 읽었을 때 색다른 인물들 이야기구나 생각했다. 또 핵심을 찾아야 한다는 생각을 했다. 두 번째 읽을 때는 상식 밖의 이야기라는 느낌이 들었다. 왜냐하면 개는 주인을 사랑하고 주인은 개를 아끼는 게 상식이다. 주인은 개를 먹여 주고 개는 주인을 따른다. 그런데 이 책에 나오는 도리도리는 민호를 싫어한다. 민호도 자신의 기대와 너무 다른 도리도리를 병신이라 무시하고 괴롭힌다. 서로 무시하고 싫어하는 관계이다.

그런데 이런 관계는 민호나 도리도리가 만든 게 아니다. 민호 아버지가 중풍에 걸린 늙은 개를 데려다 놓고 민호에게 돌보라고 한 것 때문이다. 물론 아버지도 시간이 날 때마다 도리도리를 돌봐 주지만 모든 책임을 민호에게 미룬 건 너무 한 거라고 생각한다. 아버지가 도리도리를 불쌍하게 여기고 데려온 건 애정이 있어서 그랬지만 이해하기 힘들다. 자신의 생각을 왜 강요하려고 하는지 작가가 이렇게 써서 뭘 말하려고 하는지 복잡하다는 생각이 들었다. 주제는 '아무리 싫어하는 관계라도 어떤 계기가 있으면 동물과 사람도 서로 친해질 수 있다.'라는 걸 알게 되었다. 그런 계기를 경험하게 되는 것도 중요하다는 걸 알게 되었다.

이 책을 읽고 우리 집에서 키우는 햄스터 탱이가 떠올랐다. 탱이는 친구에게 분양 받아서 잘 키우고 있었는데 새끼를 낳고부터 털이 빠지고 피부가 붓기 시작했다. 동물 병원에 갔더니 만성 피부염이고 산성이 강한 소나무 톱밥이 원인일 수 있다고 했다. 연고와 오일을 바르고 톱밥을 갈아 주었다. 탱이가 병이 들었다는 것을 몰랐다가 친구가 와서 알게 되었다. 그동안 탱이는 많이 아팠는데도 나는 몰랐다. 어릴 땐 아기라 생각해서 잘 돌봐 주고 놀아 주었는데 커 가면서 먹이만 주게 되었다. 탱이가 진짜 필요한 걸 아는 것. 주인이 아니라 탱이의 입장이 되어 보는 것이 중요하다는 걸 느꼈다.

● 다복이가 왔다.

초코

장애 동생과 정신이상인 엄마를 지키며 살다가 아빠와 함께 살면서부터 빵집에서 일하게 된 5학년 여자아이가 바로 다복이다. 정말 이름과 맞지 않다. 다복이라면 복이 많아야 하는데 정반대다. 다복이를 다시 만난 반 친구들과 선생님도 불편하게 생각하고 눈도 마주치지 않는다. 물론 다복이에게 잘못한 일을 떠올리며 불편해 할 뿐이다. 한동네 살던 수빈이만 눈이 마주쳐서 옆에 앉아 책을 같이 볼 뿐이다.

읽고 토론하는 내내 결말도 어정쩡하고 읽고 뭘 찾아내야 한다는 느낌이 들었다. 또 '아이들이 이런 책을 좋아할까?'를 토론했는데 내 생각은 '아니다.'이다. 재미있고 즐거운 이야기를 좋아하지 이렇게 깊이 생각해야 하는 빡빡한 줄글은 별로다. 분명 좋지 않은 기억을 떠올려야 하는 이야기는 노. 좋아한다고 해도 '수빈이가 착하네.' 정도로 생각하지 않을까?

6학년이 되면 알게 된다고 했지만 그래도 나는 별로다. 우리가 왜 불편함을 주는 책을 읽어야 하는가? 어려운 상황에 있는 친구들을 이해하라고? 책을 읽고 나서 반성하고 친하게 지내라고? 나는 정말 이해가 가지 않았다. 오히려 다복이의 마음을, 다복이의 생각을 자세하게 쓴 동화라면 감동을 받을 텐데. 다복이의 마음이 나중에 드러나 겨우 수빈이만 다복이의 마음을 알게 된다. 하지만 현실적인 이야기라고 생각한다. 누군가 다복이 같은 아이가 떡볶이 먹으러 가자고 하면 쉽게 가지 않을 거고, 가도 떡볶이만 먹고 친구는 하지 않을 테니까.

● 3일간

난다

윤서, 희주, 영선이는 친한 친구다. 그런데 윤서의 가출과 그 이후 3일간 벌어지는 사건들을 보면 이 셋에 대한 관계가 다 허물어지는 걸 보여주고 있다. 일단 6학년 여자아이들의 이야기라 생각도 복잡하고 섬세하고 잘 모르겠다. 절친이지만 상황이 다 다르니까.

고학년이 되면서 친구들끼리 갈등도 많고 왕따도 있다. 그런 상황에서 이 책을 읽는다면 친구 관계에 대해 다시 생각을 할 수 있을 것 같다. 3일간 이렇게 많은 일이 일어난 것도 어려운 일처럼 느껴진다.

● 우정이나 배신 「3일간」

곰탱이

이 작품은 친구 사이의 신뢰나 배신 혹은 인간의 양면성에 대해 생각하게 한다. 정말 친한 친구라면 전적으로 신뢰하고 지지해 주어야 한다고 생각한다. 그리고 친구가 옳지 못한 판단을 할 때 그건 아니라고 이야기해 주어야 한다고 생각한다. 그런데 희주가 윤서에게 그렇게까지 한 건 (가출할 방법을 가르쳐 준 것) 정말 실감이 나지 않는다. 작가는 이 장면을 통해서 희주가 윤서를 부러워하는 마음과 부러운 대상이 조금이라도 불행해졌으면 하는 사람의 마음, 이중성을 표현한 거 같다.

영선이는 왜 그렇게 아무 말도 없었던 것일까? 3학년 때 왕따인 짝을 위해 나섰다가 자기가 왕따 당한 기억이 있으니까 친구 관계에서도 소극적일 수밖에 없었겠지만, 부모님이나 친구에게 자신이 바라는 것을 일찌감치 포기해 버리는, 이제는 혼자라는 게 오히려 편한 인물이 되었다. 6학년답지 않다. 뭔가 무지 늙은 느낌이 든다. 영선이가 마지막에 나는 그저 이 모든 일을 지켜본 사람이라고 했던 것도 그렇다.

그리고 나는 이런 주제가 고학년 아이들에게 필요하다고 생각된다. 왜냐하면 항상 해피엔딩으로만 끝나는 동화를 보는 것보다 현실(진실)을 직시하는 이런 책을 읽어서 현실에 대해서 받아들일 필요가 있다고 생각되기 때문이다. 뭔가 현실을 미리 알려 주면서 정말 그런 때가 되었을 때 잘 적응해 나갈 수 있도록 하는 교훈적이지 않으면서 교훈적인 작품이다.

동화 비평 활동 과정

차시	읽은 작품	작품 내용	목표와 활동 내용
1차시	설문지	자기 소개하기, 목록과 일정	소개하기를 통해 친밀감을 형성하고 일정과 목록을 정한다.
2차시	**만년 샤쓰** 『엄마 마중』, 방정환 외 글, 겨레아동문학 연구회 엮음, 보리	1927년 3월 「어린이」지에 실린 소년소설. 유쾌한 말썽꾸러기 창남이는 고단하고 핍박 받는 당시 어린이들에게 희망을 주었을 뿐 아니라, 현재의 어린이에게도 당당하고 생기 넘치는 주인공을 만날 수 있는 재미를 주는 작품이다.	사건의 전개와 인물의 관계를 파악한다. - 작품과 작가에 대한 배경지식을 활용하여 읽기 - 인터뷰로 인물의 성격 알아보고 인물을 그려보기 - 사건 전개와 인물이 연관이 있음을 이해하기
3차시	**나비를 잡는 아버지** 현덕 글, 김환영 그림, 길벗어린이	1946년 『집을 나간 소년』에 발표됐던 소년소설. 바우는 가정 형편 때문에 중학교 진학을 못 하지만 자기보다 공부는 못했어도 중학교에 진학한 마름집 아들 경환이와 다투게 된다. 이 둘의 싸움은 결국 참외밭 사건으로 이어지고 바우는 아버지에게 야단을 맞고 소중한 그림책까지 찢기고 만다. 그러나 제목처럼 '나비를 잡는 아버지'를 발견한 바우의 모습이 감동적으로 그려져 있다.	인물 간의 갈등을 통해 사건 전개의 원인과 배경을 파악한다. - 작품과 작가에 대한 배경지식을 활용하여 읽기 - 인터뷰를 통해 인물의 성격을 알아보기 - 사건의 발전 과정과 인물의 변화 과정 찾아보기
4차시	**고구마** 『물딱총』, 현덕 외 글, 겨레아동문학 연구회 엮음, 보리	1938년 11월 「소년」에 실린 작품으로 가난하기 때문에 도둑으로 몰린 수만이와 그 반 아이들을 통해 현실에서 고통 받는 아이들의 삶과 갈등을 실감나게 그려 내고 있다.	인물 간의 갈등을 통해 사건 전개의 원인과 배경을 파악한다. - 인터뷰를 통해 인물의 성격과 처지를 알아보기 - 갈등의 원인을 찾고 인물간의 갈등 파악하기
5차시	**해룡이** 『사과나무 밭 달님』, 권정생 글, 정승희 그림, 창비	『사과나무 밭 달님』에 실린 단편 동화이다. 문둥병에 걸린 해룡이는 사랑하는 가족들을 위해 집을 떠나 살다가 다시 고향 집에 돌아와 가족들의 신발을 만져 보고 기뻐한다. 그러나 다시 길을 떠나는 해룡이. 가족을 생각하는 해룡이의 마음이 깊은 울림으로 다가오는 작품이다.	사건과 배경, 인물과 사건, 주제의 관계를 파악한다. - 인물의 성격과 처지를 파악하기 - 인물의 선택과 행동에 대해 토론하기

차시	읽은 작품	작품 내용	목표와 활동 내용
6차시	**독후감 숙제** 『문제아』, 박기범 글, 박경진 그림, 창비	『문제아』에 실린 단편 동화로 주인공은 독후감을 쓸 만한 책이 한 권도 없는 집에서 엄마와 살고 있다. 숙제를 하기 위해 주워 온 「작은책」 속에 나오는 이야기를 읽고 다시 엄마에게 읽어 주게 되는데……. 작품 속에 그려지는 주인공과 엄마가 서로에게 느끼는 진솔함과 사랑이 고스란히 느껴진다.	상황과 인물의 관계를 파악하고 인물의 감정 세계를 이해하고 공감한다. - 인물(주인공)의 감정 변화를 한 단어로 표현하기 - 인물(주인공)을 통해 새롭게 느낀 점 토론하기
7차시	**닭** 『다슬기 한 봉지』, 강무지 글, 이승민 그림, 낮은산	『다슬기 한 봉지』에 실린 동화로 별명이 책벌레인 기윤이와 책 보는 건 까먹어도 매일 닭 모이 주는 일과 일주일에 한 번 닭장 청소하는 건 빼먹지 않는 사촌 동생 은정이를 통해 지금 이 시대 농촌에서 살아가는 아이들의 모습을 실감나게 그려내고 있다.	상황과 인물, 주제의 관계를 파악한다. - 인터뷰를 통해 인물의 특성 작품 속 상황 알아보기 - 작품의 쟁점 찾아 토론하기
8차시	**너만의 냄새** 『너만의 냄새』, 안미란 글, 윤정주 그림, 사계절출판사	심하게 다쳐 몸을 움직일 수 없는 고양이와 그에게 보금자리를 빼앗긴 쥐돌이가 나흘간 서로 아웅다웅하며 지내다 헤어지는 이야기다. 쥐돌이는 고양이가 새끼를 밴 것을 알게 되고 엄마를 떠올리며 먹을 것을 나눠주며 새로운 관계를 맺어간다.	사건과 인물 및 주제의 관계를 파악한다. - 사건의 전개 과정에 따른 인물의 정서 변화 파악하기 - 제재와 주제 구별하기
9차시	**나를 싫어한 진돗개** 『자존심』, 김남중 글, 이형진 그림, 창비	동화집 『자존심』에 실린 작품으로 중풍에 걸린 진돗개를 맡아 기르게 된 주인공은 자신이 싫어하는 만큼 진돗개도 자신을 싫어하는 것을 알게 된다. 비 오는 날 몸을 움직이지 못하는 진돗개를 돌보지 않아 꾸중을 듣고 결국 진돗개는 죽게 되는데 그 과정에서 주인공은 전과 다른 아이로 변하게 된다.	사건과 인물 및 주제의 관계를 파악한다. - 줄거리와 중심 사건 찾기 - 인물의 정서 변화 파악하기 - 주제 토론
10차시	**3일간** 『짜장면 불어요』, 이현 글, 윤정주 그림, 창비	『짜장면 불어요』에 실린 「3일간」은 각기 다른 환경과 처지에 놓인 세 아이들의 견고한 우정이 가출 사건으로 인한 편견과 오해 때문에 깨지는 과정을 각기 다른 시점으로 그려 내고 있다. 특히 가난하고 문제적인 아이가 관습적으로 그려지지 않는 결말은 독자에게 많은 생각과 의문을 갖게 한다.	사건과 인물 및 주제의 관계를 파악한다. - 작품의 구성과 인물의 인식의 변화 파악하기 - 주제 토론

차시	읽은 작품	작품 내용	목표와 활동 내용
11차시	**다복이가 왔다** 『힘을, 보여 주마』, 박관희 글, 변영미 그림, 창비	『힘을, 보여 주마』에 실린 단편이다. 다섯째 시간. 너무도 나른한 오후, 예고도 없이 다복이가 왔다. 다복이를 따돌리거나 놀리던 기억을 떠올리는 다섯 명의 아이들과 선생님의 내면을 짧은 문장을 사용하여 잘 그려내고 있다.	인물의 인식을 중심으로 주제를 파악한다. - 작품의 구성과 인물의 인식 변화 파악하기 - 의문 나는 점 토론하며 작품의 특징 파악하기
12차시	**내 이름은 백석** 『만국기 소년』, 유은실 글, 정성화 그림, 창비	『만국기 소년』에 실린 동화이다. 아이들이 자라며 느끼는 것 중 하나가 한없이 크게만 느껴지던 부모님의 모습이 어느 순간 작고 초라하게 보이는 때의 감정이다. 「내 이름은 백석」에 나오는 석이와 아빠의 관계가 바로 그런 순간을 그리고 있다. 이 작품을 통해 독자는 작아진 아버지의 모습에 어쩌지 못하는 주인공과 만나게 된다.	인물의 감정과 인식의 변화를 중심으로 주제를 파악한다. - 줄거리와 중심 사건 찾기 - 인물의 감정과 인식의 변화 파악하기 - 주제 토론
13차시	**멀쩡한 이유정** 『멀쩡한 이유정』, 유은실 글, 변영미 그림, 푸른숲주니어	「멀쩡한 이유정」의 주인공 유정이는 길치이다. 2학년짜리 동생을 따라 다니던 유정이가 어느 날 혼자 집을 찾아가야 하는 데서 사건은 시작된다. 독자는 주인공을 통해 자신의 '멀쩡한' 부분을 발견하고 그것을 인정하며 또 다른 자신을 발견하게 될 것이다.	작품의 특징을 알아보고 쟁점을 찾아 토론한다. - 인물의 특징과 작가의 주요한 표현 방법 찾기 - 주제 토론
14차시	**할아버지 숙제** 『멀쩡한 이유정』, 유은실 글, 변영미 그림, 푸른숲주니어	『멀쩡한 이유정』에 나오는 작품으로 할아버지에 대한 이야기를 써 오는 숙제를 받은 경수는 할아버지의 실제 이야기를 듣고 낙심한다. 그러나 엄마와 할머니의 도움을 받고 숙제를 하게 되는 과정에서 유명하지 않는 할아버지를 안심하고 받아들이게 된다.	작품의 특징을 알아보고 쟁점을 찾아 토론한다. - 인물의 특징과 작가의 주요한 표현 방법 찾기 - 주제 토론
15차시	**착한 아이** 『청소녀 백과사전』, 김옥 글, 나오미 양 그림, 낮은산	『청소녀 백과사전』에 나오는 작품으로 학교에서 조금 삐딱하게 보이는 현주는 안개 속에서 부딪힌 지홍이를 갑자기 좋아하기 시작한다. 이야기는 주인공 현주를 통해 사춘기가 막 시작된 아이들의 변화와 성장을 따뜻하게 담아내고 있다.	작품 읽고 감상문 쓰기

●●● 추천사 ●●●

이야기 읽어 주는 선생님과 아이들이 빚어낸 또 하나의 이야기 세계

강승숙 (인천 부광초등학교 교사)

눈에 들어온 문장은 이것이었다.

이 책에 실린 글은 지난 2003년부터 지금까지 아이들과 함께 동화를 읽었던 이야기다. 무엇보다 동화를 읽을 때마다 나와 아이들에게 찾아와 함께 울고 웃어준 동화 속 인물들을 만나는 즐거움에 대한 기록이다.

2003년부터이니, 교사 최은경이 이야기를 읽어 주고 기록한 시간은 십여 년 가까운 셈이다. 긴 시간이다. 조금 상투적일수도 있는 '울고 웃으며' 같은 표현은 십 년간의 기록이라는 시간 앞에서는 나를 자못 진지하게 했고 펼쳐질 이야기에 호기심을 갖게 했다.

십 년이라는 시간은 내게도 중요했다. 학교 현장에서 경험한 것 때문일수도 있겠는데, 안타깝게도 현장 연구를 하는 교사들이 논문을 급하게 내는 경향이 있다. 고민과 통찰을 고유하게 담아낼 여유를 갖지 못하고 서둘러 결과를 내놓는 것이다. 그런 점에 비추어 볼 때 최은경의 실천은 일단 귀하게 다가온다.

서문을 본 뒤 무슨 이야기를 담아냈을지 궁금하지 않을 수 없었다. 서

점에 나가면 그림책이나 동화책을 읽어 주고 기록한 책들이 제법 눈에 띈다. 이들 책 가운데에는 아이들의 형편을 잘 살피면서 처지에 맞는 책을 골라 현장감 있게, 감동을 담아 쓴 글들이 꽤 있다. 이러한 실천과 기록은 앞으로 계속 나와야 한다는 게 내 생각이다. 하지만 나는 최은경의 실천과 기록이 이전에 나온 것보다 조금 더 나아간 무언가가 있기를 바라는 마음이 있었다. 그가 지내온 여정이 그럴만해서다.

아이들에게 책을 읽어 주는 여정 중반부에 들어서며 지은이는 본격으로 아동문학 공부를 시작한다. 학교에서 아이들 가르치는 일도 만만치 않은데 대학원에 들어가 공부를 하게 된 것이다. 이럴 때, 그 가운데 하나는 소홀해질 수밖에 없다. 아무래도 현장 연구보다는 이론 탐구로 방향을 잡는 경우가 많다. 평론이나 작가 탐구 같은 분야에 애를 쓰게 되는 것이다. 물론, 그런 활동도 충분히 가치 있다. 그러나 나로서는 아쉬움이 있었다. 왕성하게 현장 실천을 해야 하는 이가 중도에서 멈추는 듯 해서다.

최은경은 이런 걱정을 비교적 말끔히 씻어냈다. 어린이 책이 좋아, 아이들이 좋아 읽어 주기에 골몰하다가, 깊이 있고 전문적인 공부를 하면서 그 계기를 얻은 흔적이 책 곳곳에서 읽힌다. 이렇게 얻은 높은 감식안은 아이들에게 더 가까이 다가가는 소중한 도구로 작용한다. 그러면서도 아동문학에 대한 식견을 표나지 않게, 여전히 어린아이 같은 마음으로 풀어놓는 태도는 단연 눈길을 사로잡을 만했다.

글은 크게 네 장으로 나뉜다. 1장에서 3장은 차례로 저, 중, 고학년에게 책 읽어 준 이야기를, 4장은 고학년 몇 명과 그룹을 지어 토론 수업한 이야기를 실었다.

책을 건네거나 풀어내는 방식은 앞서 본대로 학년에 맞게 다채롭다. '여우누이'같은 으스스한 옛날이야기를 들려줄 때에는 비 오는 날 빗소리 한바탕 듣고 불을 어둡게 해 놓은 뒤 시작한다. 연출력이 돋보인다. 이야기가 시작되면 책에 빠져든 아이들의 신음이나 감탄들이 섞여들고 이런 감흥들은 저학년 아이들의 심리에 맞게 연극이나 놀이로 이어진다.

중학년으로 들어서는 책 읽기는 더 나아간다. 여기에서는 저학년 책읽기와 달리 작품에 대해 생각할 기회를 주려고 애쓴 점이 두드러진다. 아이들은 이야기를 듣고 제목도 정해 보고 작중 인물이 되어 말해 보기도 한다. 저자가 아이들에게 건네는 질문은 지금까지 국어 시간에 하던 것과 사뭇 다르다. 단답형 질문이 아닌 인물 속으로 한걸음 들어가게 하는 질문이다. 토론에도 무게를 둔다. 토론은 작품을 읽고 문제를 찾아하는 토론이 아니다. 예를 들자면 독후 활동이 부모와 갈등을 빚는 현실 문제를 두고 하는 토론이다. 제 문제이니만큼 아이들이 생각을 활발하게 표현하면서 자연스레 답안을 얻어가는 수업 이야기가 마음에 와 닿는다.

최은경은 이따금 문학 공부를 하는 연구자로서 평가 받은 작품을 아이들이 어떻게 읽는지 관심 있게 살피기도 한다. 그 과정에서 작가의 의도를 이해하지 못하는 아이들을 만나기도 하는데 그런 상황은 아이들 수준에 맞는 작품을 고르는 문제, 또는 주제 찾기 수업에 대해 의미 있는 과제를 남긴다. 이 점은 이 책을 쓴 최은경의 큰 장점이라 할 만하다.

3장은 고학년이다. 사춘기에 접어든 아이들과 소통하는 일이 결코 쉬울리 없다. 하지만 좋은 문학은 때로 거칠어진, 마음 문을 잠그려 드는 아이들 마음을 녹여 준다. 저자는 그 아이들에게도 옛이야기를 읽어 주는데, 흥을 잘 돋우어 마치 마당극과도 같은 상황이 펼쳐진다. 선생님이 이야기를 읽어 주는 사이에 아이들은 끊임없이 끼어들거나 추임새를 넣는 것이다. 마치고 나면 이야기에서 재미있는 꺼리를 끌어내 저희들 놀이로 만든다.

고학년답게, 진지한 작품을 읽을 때는 공부하듯 중요한 부분에 밑줄을 긋거나 느낌을 쓰면서 멈추어 생각하게 한다. 저학년과 달리 한바탕 몸짓 놀이로는 도무지 해결되지 않는 친구 간의 갈등도 문학으로 풀어 간다. 인내를 가지고 기다리거나 편지쓰기 같은 정서적 방법으로 문제 해결을 꾀하는 것이다. 고학년에서는 격식을 갖춘 본격 토론에 들어가기도 하는데 이럴 때는 컴퓨터 같은, 아이들에게 민감한 문제를 소재로 한 작품을 골라 아이들의 입과 마음을 열게 한다.

꽉 짜인 시간표 속에서 짬 내기 어려운 고학년 아이들에게 문학의 향기를 느끼게 하려는 저자의 노력은 학년 마지막 수업까지 이어진다. 떠나보내는 아이들에게 문학으로 교사의 마음을 실어 보려는 장면이 있는데 퍽이나 인상 깊다.

4장은 앞의 장과 달리 학급이 아닌 독서반 아이들하고 책 읽은 이야기가 실려 있다. 글을 보면 아이들이 생각하고 공감하는 힘이 대단하다는 걸 알 수 있다. 토론 모임에 참여한 아이들은 교사의 안목으로 고른 다양한 작품을 읽고 수준 있는 비평을 한다. 자신의 경험을 끌어내고 공감하기도 하고 아이들 자신이 불편해지는 작품을 읽고서는 작가의 의도에 저항하기도 한다. 여기서 돋보이는 점은 저자가 아이들이 지적 허영에 빠지는 것을 경계한다는 점이다. 아이들은 책을 읽으면서 끊임없이 자신의 주변을 생각하고 속마음을 떠올린다.

소그룹 문학 토론은 국어과 문학 수업의 전형을, 토론 수업의 방향을 잘 보여 준다. 독서 토론이 무슨 기술을 갖추어야 하는 것처럼, 뭔가 배워야 잘하는 거라는 생각은 이 장을 보면서 달라질 것이다.

최은경은 잠자리 눈을 가진 듯하다. 교과서 문학 단원의 문제를 보는 눈, 좋은 작품을 고르는 눈, 아이들 일상을 관찰하는 눈, 아이들 마음을 읽는 눈. 여러 개 눈을 가진 저자는 촉수를 예민하게 세우면서 읽어 줄 때를 찾는다. 그렇게 때를 잘 찾아 들어간 문학은 아이들과 행복한 만남을 한다.

이 책을 읽고 나면 책 읽어 주기를 한번도 하지 않았던 어른도 아이들을 만나고 싶은 마음이 생길 것 같다. 그런 이들을 포함하여 아이들하고 행복한 책읽기, 깊이 있는 문학 수업을 소망하는 이들에게 이 책을 권하고 싶다. ⓐ

창이 환한 교실 3
동화로 여는 국어 수업, 동화로 크는 아이들

1판 3쇄 펴냄 2016년 8월 15일

지은이 최은경
펴낸이 김두레

편집 이용석
디자인 김태우
인쇄 천일문화사

펴낸곳 상상의힘
등록 제 2010-000312호(2010년 10월 19일)
주소 서울시 영등포구 양평동 4가 32-8 그랑드빌 505호
전화 070-4129-4505
팩시밀리 02-2051-1618
홈페이지 www.sseh.net

©최은경, 2013

ISBN 978-89-97381-24-1 03370

이 도서의 국립중앙도서관 출판시도서목록(CIP)은 서지정보유통지원시스템 홈페이지(http://seoji.nl.go.kr)와
국가자료공동목록시스템(http://www.nl.go.kr/kolisnet)에서 이용하실 수 있습니다.(CIP제어번호: CIP2013027986)

* 이 책의 판권은 지은이와 출판사에 있습니다.
이 책의 내용 전부 또는 일부를 쓰려면 반드시 양측의 서면동의를 받아야 합니다.
* 책값은 뒤표지에 있습니다.
* 잘못된 책은 책을 산 곳에서 바꿔 드립니다.